五年制高职文秘类专业“十三五”规划教材

中高职衔接课程改革精品教材

秘书写作
（高职阶段）

主　编　黄立新

副主编　宋纪连

参　编　邵琰泽　徐楚齐

主　审　吴燕嘉

机械工业出版社

本书是为五年制高等职业文秘类专业学生学习公文写作知识，获得文秘写作技能而编写的教材。本书努力体现五年制高职教学改革成果，体现五年制高职文秘专业特色，采取项目教学和任务驱动的编写模式，促使学生在工作情境中边做边学，获得基础实用的文秘写作本领。

本书设置八个工作项目，即了解秘书工作和秘书写作、拟写行政公文、拟写事务文书、拟写社交文书、拟写会议文书、拟写商务文书、拟写法规文书、拟写法律文书。项目下设置了28个典型工作任务。

本书供五年制高职文秘类专业学生使用，也可以供各类机构培训文秘人员参考，还可以作为秘书职业技能鉴定的参考书。

图书在版编目（CIP）数据

秘书写作：高职阶段/黄立新主编．—北京：机械工业出版社，2017.3

五年制高职文秘类专业“十三五”规划教材　中高职衔接课程改革精品教材

ISBN 978-7-111-56604-5

Ⅰ.①秘…　Ⅱ.①黄…　Ⅲ.①公文—写作—高等职业教育—教材　Ⅳ.①H152.3

中国版本图书馆CIP数据核字（2017）第080256号

机械工业出版社（北京市百万庄大街22号　邮政编码100037）

策划编辑：宋　华　责任编辑：宋　华　王　慧　徐永杰

封面设计：路恩中　责任校对：李　丹

责任印制：李　飞

北京机工印刷厂印刷（三河市南杨庄国丰装订厂装订）

2017年5月第1版第1次印刷

184mm×260mm · 13.5印张 · 328千字

0001— 2000册

标准书号：ISBN 978-7-111-56604-5

定价：34.80元

凡购本书，如有缺页、倒页、脱页，由本社发行部调换

电话服务

服务咨询热线：010－88379833

读者购书热线：010－88379649

网络服务

机工官网：www.cmpbook.com

机工官博：weibo.com/cmp1952

教育服务网：www.cmpedu.com

金书网：www.golden－book.com

前　言

为贯彻落实国务院一系列关于深化职业教育改革，加快发展现代职业教育的文件精神，推进五年制高等职业教育文秘类专业课程改革，机械工业出版社组织开发全新的五年制高职文秘类专业教材。我们有幸参与这项工作，深感责任重大。

长期以来，五年制高职文秘类专业呈现稳中有进的良好发展态势，专业教学实践中的改革成果丰硕，但教材建设上显得滞后，尤其缺少体现课程改革成果和切合目前五年制高职教学实际的教学用书。本书在此背景下编写，希望能够弥补当前五年制高职文秘类专业教材建设的缺憾。

本书是专门为五年制高职文秘类专业编写的新教材，具有如下特色：

一、体现五年制高职特点

五年制高职学生，是在中职专业三年学习的基础上继续两年高职深造。经过三年中职阶段的学习，文秘类专业学生具备了一定的文化基础和专业知识技能，但文化素养、综合素质仍然不足。

本书在编写中充分考虑到学生的实际情况，在学习内容上，选择了文秘专业岗位需要使用的常用公文文种进行教学；在理论深度上，按照“基础、实用”的原则，只介绍各类常用公文文种最基础的知识和写作方法；在引导学生完成项目任务的训练中，则采用从范文阅读到台阶训练，再到完成任务的循序渐进方式，以扎扎实实地帮助学生掌握秘书写作的知识和技能。

二、体现课程改革成果

职业教育课程改革，提倡“以就业为导向，以学生为主体，以能力为本位”的人才培养模式，与之相适应的是职业教育课程改革中教学新方法的引进、消化和普及。时下，项目教学和任务驱动学习，已经成为主流教学方法。本书吸纳了职业教育课程改革成果，遵循“做中学”这一课改新理念，以秘书写作的典型任务为中枢，贯穿理论知识学习和实践技能训练，驱动学生自主学习，让学生在“做”与“学”的结合中，构建起文秘岗位需要的公文写作知识体系，获得基本的公文写作技能和一定的实践经验。

三、与秘书岗位需求密切结合

本书编写过程中参考了人力资源和社会保障部颁布的《秘书职业技能鉴定标准》（2012版）以及教育部颁布的《中等职业学校文秘类专业教学标准》，吸收了文秘行业专家、职业教育专家最新的研究成果，以源于文秘岗位实践活动的鲜活案例、工作情境，反映了当前秘书岗位对秘书写作的需求情况、秘书写作的内容和特点等。

四、创建了公文写作课程学习和训练的整体解决方案

本书编写，以八大项目下的28个具体情境任务作导入，以各个训练文种的范文阅读分析为借鉴，先帮助学生形成感性认识。再以知识链接，为学生提供各公文文种写作的基础理论知识，使学生在任务驱动下自主学习，将感性认识上升到理性认识，形成知识体系。写作任务训练，则先设置台阶训练，或分析范文，或比较文种使用范围，或改错纠偏。在学生具

备了一定理论和训练的基础上，再要求其完成工作情境中要求完成的任务。任务形成成果后，利用评价表对完成成果的质量做出评价。最后，以拓展阅读和拓展训练，促进学生加深认识，开阔视野，强化技能。这个教学解决方案，呈现科学化、互动化、整体化的特点，能够保障学生学习秘书写作取得实效。

教师在使用本书时，宜注重组织引导学生开展自主学习、训练和相互评价。教师可以适当增补公文案例，适度讲解、分析例文和知识链接中的内容，督促学生认真完成工作任务，做好成果评价，把好课堂教学质量关。

教学课时安排建议

序号	教学项目	课时安排建议
1	项目一　了解秘书工作和秘书写作	6
2	项目二　拟写行政公文	24
3	项目三　拟写事务文书	12
4	项目四　拟写社交文书	12
5	项目五　拟写会议文书	12
6	项目六　拟写商务文书	14
7	项目七　拟写法规文书	14
8	项目八　拟写法律文书	10
合计		104

本书由南京财经高等职业技术学校黄立新副教授主编（承担项目一、二），南京晓庄学院宋纪连副教授担任副主编（承担项目七、八），南京财经高等职业技术学校邵琰泽（承担项目三、四）和徐楚齐（承担项目五、六）老师参与编写。企业资深办公室主任吴燕嘉老师进行主审。

本书在编写过程中得到浙江衢州行知职教集团董事长徐飚老师的指导和帮助，在此表示衷心感谢。本书编写中参考和引用了一些网络资料，在此对提供者表示感谢。

由于编者水平有限，书中难免有不妥之处，希望使用者提出批评和建议。本书涉及的公司名和人名多为编写需要而虚拟，特此说明。

编　者

目录

项目一　了解秘书工作和秘书写作

秘书，是在领导者身边，为之提供事务处理、政务参谋等综合辅助的人员。秘书写作，就是指秘书人员围绕秘书工作岗位需要进行的文书拟写工作。

要做一个合格的秘书，就必须掌握秘书工作的核心技能，即能够"办文""办会"和"办事"。这"三办"里面，"办文"指的是拟写文书和处理文书工作。"办会"指的是会议组织和管理工作，"办事"指的是对日常事务的办理工作，它们往往都需要通过"办文"来规范管理和沟通各方，因此，离不开拟写文书。可以说，秘书写作技能又是秘书核心技能中最重要的技能。

要掌握秘书写作技能，首先应该了解秘书岗位的工作内容，了解秘书写作的内容、特点。这是学习秘书写作的前提。

项目目标

了解秘书工作内容和特点，并了解秘书写作相关知识。

项目分解

任务1　了解秘书工作内容

任务2　了解秘书工作特点

任务3　了解秘书写作内容和作用

任务4　了解秘书写作的特点

任务1　了解秘书工作内容

一、学习目标

1. 了解文秘岗位设置情况和岗位职责。

2. 理解秘书工作基本内容。

二、任务分解

（一）案例阅读

（二）案例分析

（三）概括文秘岗位工作基本内容

三、任务实施

（一）案例阅读

为了帮助大家了解秘书工作岗位的工作内容，先来看几则秘书工作岗位的招聘启事。

案例一

文员岗位招聘启事

某人才招聘网发布了一家传媒公司招聘前台文员岗位的招聘启事，下面是其中关于前台文员岗位的工作职责的描述。

公司前台文员负责的工作有：

1. 前台日常来访接待。

2. 总机电话接听和转接。

3. 传真、快递、邮件、期刊等收发。

4. 日常考勤登记。

5. 公司行政及总务事务管理方面的基础文件打印及发放。

6. 会议组织安排及会议记录。

7. 领导交办的公司其他行政事务。

案例二

秘书岗位招聘启事

某人才招聘网站登载了一则某航空公司招聘秘书岗位的招聘启事，下面是其中关于秘书岗位的工作职责的描述。

公司秘书负责的工作有：

1. 起草企业规章制度，撰写日常行政公文、重要文稿、年度工作总结和工作安排等。

2. 承担企业及部门文件的下发及公文流转工作。

3. 负责公司信息采编，编制公司大事记和公司发展史。

4. 收集日常新闻报道进行初审，撰写宣传报道，在行政办公室主任的指导下开展企业内部宣传工作。

5. 协助建设企业文化，制定相关培训制度，组织开展培训活动。

6. 负责企业会议及活动的组织与服务工作。

7. 负责公司档案管理工作，包括公文处理，机要保密文件以及各类公文、员工档案的整理、登记、归档和使用等，并对各部门实施业务指导。

案例三

行政总监岗位招聘启事

某人才招聘网站登载了一家科技公司行政总监岗位招聘启事，下面是其中关于行政总监岗位的工作职责的描述。

公司行政总监负责的工作有：

1. 全面负责公司一切行政工作，对本部门下属的日常工作加以督导、考核，对部门秘书、分公司行政工作进行指导配合。

2. 公司各类文件、规章制度、流程的草拟、制定与督办。

3. 文件流转日常工作的督导管理。

4. 档案管理日常工作的督导管理。

5. 固定资产的统筹管理。

6. 公司日常采购工作的控制督导。

7. 行政费用年度、月度预算的修订审核，日常行政费用支出的控制。

8. 部门备用金的日常管控。

（二）案例分析

请分析以上招聘启事中三个文秘岗位的主要工作内容侧重点，说说三个文秘岗位对文书写作的不同要求，并填写下表：

岗位名称	工作内容侧重点	对文书写作的要求
前台文员		
秘书人员		
行政总监		

提示：

案例一主要涉及公司前台文员岗位的工作内容，侧重于接待联络、文件收发等事务性工作，需要做简单的文书写作工作。

案例二主要涉及公司普通秘书岗位的工作内容，侧重于文件处理、信息处理、宣传报道、文化活动策划、立卷归档等文书工作，需要从业者具备较强的写作能力。

案例三主要涉及行政总监岗位的工作内容，侧重于行政部门工作的控制督导，需要统筹处理公司的复杂事务和制定公司制度文件，要督导公司文书处理工作，因此需要从业者具备很强的写作能力。

（三）概括文秘岗位工作基本内容

虽然在职场中，各个用人单位对文秘岗位设置不同，岗位职责要求也不会完全一样，但从这三则招聘启事中，我们可以提取文秘岗位工作的基本内容。请你概括一下：

文秘工作岗位基本内容可以概括为三方面：________________________________。

提示：

文秘岗位工作基本内容概括起来讲，主要是“办文”“办会”和“办事”三方面，即秘书的“三办”。

任务2　了解秘书工作特点

一、学习目标

1. 理解秘书工作特点。

2. 了解秘书工作。

二、任务分解

(一)案例阅读

(二)案例分析

(三)概括出秘书工作的主要特点

三、任务实施

(一)案例阅读

秘书小刘的一天

秘书小刘从汇文职业学校毕业3年了,现在是金土地种业公司办公室秘书。公司是一家主营农作物种子的小型商贸企业,有员工20来人,但“麻雀虽小,五脏俱全”,公司办公室每天都有忙不完的工作等着小刘,她感到在公司秘书岗位上学有所用,十分充实。

小刘每天上班都提前15分钟到岗,在这段时间,她会打扫办公室,准备饮用水,回顾昨日的工作,初步安排当日的工作。

今天刚上班,公司办公室何主任就找到小刘,让她向公司市场部黄总监了解一下将推广的新产品的情况,然后为公司韩总经理准备一份讲话稿,用于下周召开的面向大客户的推介会。何主任还交代小刘在公司短信平台上向公司全体员工发通知,要求大家今天下午4点到大会议室开会,不得请假,公司领导要宣讲最新的员工绩效考核方案。

上午9点,小刘将今天要做的工作梳理完毕,按照轻重缓急排了序,便开始紧张繁忙的工作。

9点15分,小刘已经完成会议通知拟写,并向公司全员发出了通知短信。10点整,小刘与市场部黄总监进行了沟通,了解了新产品情况,接着开始拟写讲话稿。11点23分,小刘完成初稿,请办公室何主任审稿,再请韩总经理审定。11点40分,小刘按照领导审稿意见将讲话稿做了修改,重新打印、校对,呈送领导。

下午1点上班时间,小刘开始会议室布置工作:开门开窗,打扫卫生,备齐桌椅,烧好饮用水,检查电气设备,测试音响和空调,准备签到本、会议记录本和会议文件等。2点整,办公室何主任接待来访的兄弟公司人员,请小刘到场参加接待,端茶递水和拍照,并记录谈话内容,为公司网站拟写新闻稿。3点30分,小刘写好新闻稿,交给何主任审稿,稍作修改后发布到公司网站上。4点整,全体员工会议准时召开,小刘负责会议服务工作,包括出席人员考勤、会议记录、会场摄影等。5点钟,会议结束,小刘等参会人员全部退场后,又收拾了会场,关窗锁门。

5点30分,下班时间到了,小刘回顾了当天的工作,整理好文档,准备回家。此时,何主任打电话给小刘,让她今天晚上6点到附近的酒店餐厅参加公司领导宴请来宾活动。

这一天,小刘一直忙到晚上10点才回家,真是“不亦乐乎”。

(二)案例分析

身处公司办公室的小刘工作十分繁忙,但也受到很多锻炼。请说说小刘的秘书工作,主要为哪些方面服务?与公司业务部门单一的工作比较,有什么不同?

提示:

小刘所处的办公室,是组织机构中的中枢,上面有领导者,平级有各个业务部门,下面面对着全体员工。秘书工作内容综合性强。

（三）概括出秘书工作的主要特点

特点1	特点2	特点3

提示：

秘书工作的主要特点有以下几条。

1. 近身辅助性特点

秘书的产生，源于领导者的辅助需求。

领导者要管理好组织机构，仅仅凭借个人的精力、智力和能力是不可能从容应对各种繁杂事务的，这就需要在身旁随时辅助他们处理事务、出谋划策的专职秘书人。秘书辅助是领导者行使管理职能的需要，所以近身辅助性是秘书工作的最重要特点。

2. 中介服务性特点

领导要履行职能，管理好组织机构，需要部署任务给机构内部各个部门和员工；部门和员工对领导的意见和建议，也需要有渠道与领导沟通。秘书或秘书部门，是领导行使职能的助手，也是部门和领导沟通的渠道。秘书或秘书部门，处于领导和部门、员工的中间，就具有上情下达、下情上传的“纽带”和“桥梁”作用。秘书要为领导、部门和群众做好服务。

3. 综合性特点

综合性特点体现在职能辅助的全面性上。领导行使职能的综合性决定了秘书辅助工作的综合性，从领导决策，到贯彻执行决策，到反馈效果，这个过程中的政务和事务辅助工作复杂多样，有极强的综合性，对秘书办文、办会、办事能力提出了很高要求。与秘书部门相比，业务部门对领导的辅助则限于部门业务范围内，相对来说比较单一。

任务3　了解秘书写作的内容和作用

学习目标

1. 了解秘书写作的内容。
2. 理解秘书写作的作用。

任务分解

（一）案例阅读

（二）案例分析

（三）概括秘书写作的内容

（四）概括秘书写作的作用

任务实施

(一)阅读案例

案例1

同为秘书,有所差异

小萱和小雯是某职业学校文秘专业同班同学。毕业后,小萱进入县机关,在县委办公室做文员,小雯进入一家民营企业,在企业办公室工作。两位虽然都是办公室秘书,但工作内容有别,经常拟写的文书也有所不同。

小萱在机关办公室工作,常常需要随领导到基层单位调研,了解基层单位情况,在此基础上制定政策,因此经常要写调查报告、经验总结等,并制发各种通知、通告、请示、批复、决定、意见、函、纪要等法定公文。

小雯在企业工作,常常需要辅助领导进行企业管理,行政事务类文书写得多,如会议通知、单位工作总结、领导讲话稿、管理规章制度、对外宣传资料、单位活动的新闻报道稿等。

案例2

一篇"纪要"解决问题

为贯彻国务院深化教育改革,加快发展职业教育的精神,江苏省教育厅下属联合职业技术学院召集所辖数十所五年制高职学校分管教学的领导,召开五年制高职学校课程改革研讨会,会议形成了几条共识。根据会议记录,联合职业技术学院会后下发了《五年制高职学校课程改革研讨会纪要》,要求下属各个学校抓紧宣传落实会议精神。

南京市女子中等专业学校领导很快组织全体教师学习文件,结合学校实际情况,提出落实要求。各个专业以"纪要"和学校的要求为依据,制定了本专业的课程改革计划。一个学期下来,学校在课程改革方面有了不少成果。学校利用校园网将这些成果加以宣传报道,并向江苏省联合职业技术学院领导写了工作汇报。文秘写作在实际工作中发挥了积极作用,大大提升了学校的形象。

(二)案例分析

1. 请分析案例1,说说政府机关和企业的秘书在公文写作内容方面的侧重点有什么不同。

提示:

政府机关是社会管理职能部门,各个政府部门围绕其管理职能范围开展工作,需要根据社会发展需要制定相关法规、指导管辖单位工作,其秘书写作多为党政机关法定文书。

企业是生产、销售产品和提供服务的营利性组织,是独立的法人机构,其工作是围绕企业发展日标开展管理,其秘书部门为企业领导的行政管理工作提供全方位的服务,写作多是日常应用文书。

2. 请分析案例2,说说案例反映出了秘书写作具有哪些方面的作用?

提示：

秘书写作在上下沟通、管理指导工作、宣传教育等方面都发挥了积极作用。

（三）概括秘书写作的内容

1. 党政机关文书写作侧重点：____

2. 企业文书写作侧重点：____

提示：

秘书写作是秘书从业人员根据岗位工作需要，在自己职责范围内撰写各类公务应用文书的写作实践活动。

秘书岗位的工作内容，一般认为主要包括“办文”“办会”“办事”三个方面。“办文”是指撰写和处理组织机构各类文件。“办会”和“办事”，需要用到大量相关的文件，也少不了撰写与处理文书。因此，秘书写作成为秘书工作最富有独特性的一种标志，也被视为秘书人员的核心技能。

秘书写作内容涉及的面也十分广泛，我们以党政机关秘书和工商企业秘书为例来简要说明：

（1）党政机关秘书写作内容：党政机关、部门需要围绕各自的行政职能范围来制定政策，这就经常需要秘书人员按照机关领导要求，拟写相应的法定文书，如拟写公告、决定、意见、通知、通报、请示、批复等法定文书。除此之外，围绕辅助领导进行信息调研、宣传推广典型经验等机关工作，也经常需要拟写常用公务文书。

（2）工商企业秘书写作内容：工商企业秘书需要协助领导管理企业，不论行政管理、人事管理、传播信息、公关事务、经济往来、司法事务等，领导都需要秘书人员来辅助。秘书人员需要拟写大量行政管理公务文书，如拟写信息摘编、组织活动简报、事项通知、会议记录、宣传册页、请示、报告、规章制度、经济合同、司法文书等。

可见，秘书写作内容涉及组织机构行政管理工作的各个方面，以应用文书为主要文体。根据组织机构、行业等的不同类别和不同需要，秘书写作的内容和经常使用的应用文文种也有一定差异。

（四）概括秘书写作的作用

1. 宣传教育作用

党和政府制定的路线、方针、政策，通过书面形式来体现，并以此向有关单位和人民群众做宣传教育，指导他们领会精神，贯彻执行。上级机关的大多数文件，都有这种宣传教育的职能。如决议、决定、报告、意见、批复、通知等上级领导机关的文件，一般都包含着工作指导思想，党和国家的方针政策内容以及实施方案，这些都离不开秘书和秘书部门的写作。有关单位和人民群众组织开展学习活动，需要深入领会上级的部署，广泛地宣传动员，向上级、向本单位员工、向社会传递开展活动的各个阶段的信息，这些也离不开秘书写作。

2. 管理指导作用

秘书和秘书部门协助领导机关和领导者开展管理工作。秘书写作发挥着管理指导作用。贯彻党的方针、政策，依法治国，科学管理等，需要通过制发公文、制定规章制度、订立协议等来进行管理。特别是法规性和政令性文件，对下属机关、各地区、各单位具有权威性的领导、管理作用。

3. 信息沟通作用

秘书和秘书部门处于中介地位，秘书写作发挥着信息沟通的作用。上级制定的方针、政策、指示和意见等信息,需要尽快向下级传达;下级的希望要求、工作情况以及所属部门、单位的各种动态,需要及时向上级反映;同级或不同部门相互之间交流情况,商洽工作,协作办事,都需要沟通信息。

4. 凭证依据

上级机关在制定方针、政策或做出决定、规划时,有关领导人在亲自深入基层调查研究外,还需要以下级机关上报的总结、报告、会议纪要、简报和秘书部门撰写的调查报告等文书为依据。下级机关开展工作、处理问题、解决矛盾时,上级机关发布的有关决定、决议、条例、办法等文书,则是其办事的主要依据。在经济活动中,合同等文书,则是人们履行约定、处理纠纷的凭证。

任务4 了解秘书写作的特点

学习目标

了解秘书写作的特点。

任务分解

(一)案例阅读
(二)案例分析
(三)概括秘书写作的特点

任务实施

(一)阅读案例

小李秘书写作总结

小李是刚刚走上工作岗位的新秘书。大学中文系毕业的他,在报纸杂志上发表了一些文学作品,可以算是个才子。小李为此颇为自负。

年底,领导让小李写一篇工厂年度总结,把各个部门一年里的主要成绩和主要经验好好做个总结。小李认为这是展示自己才华的机会,一定要写出水平,显示出自己的才华。

小李按照厂领导要求,阅读了各个部门上交的总结后,认为这些总结过于笼统,缺少感人的故事和生动的笔法,特别是缺少细节描写。他心潮澎湃,展开想象,在各个部门的工作实绩中添加上许多生动的细节描写。什么生产车间员工冒着40℃高温挥汗如雨地赶任务,数名员工累倒在岗位上还坚持不下火线;什么销售部门某员工为推销出企业产品不惜与客户拼酒,以致住院数日;什么后勤部门员工为节约成本,搞好伙食,不惜跑到数十公里外的农村采购蔬菜,与农民讨价还价。在文末总结处,小李还引用古代诗歌名句概括每一条经验。

自以为写出大手笔文章的小李将自己的杰作上交给领导,以为领导会大加赞赏,不料领导看后，把他叫去严肃批评了一顿，要求他彻底放弃这篇总结，重写一篇。

（二）案例分析

小李写的总结为什么被领导否决，你知道秘书写作与文学创作有哪些区别吗？

提示：

小李拟写的总结被领导否决，主要问题在于他没有弄清楚秘书写作的特点，不了解其与文学作品创作的根本区别。

（三）概括秘书写作的特点

提示：

1. 秘书写作是单位领导授意下的被动写作

秘书和秘书部门的主要职能是为领导者和领导机关服务。秘书写作，体现的是领导者和领导机关的意图，写作任务由领导者部署和授意，是一种被动的写作方式。秘书不能够随心所欲地发挥，不可以自作主张，自以为是。

2. 秘书写作是以事实为依据的写作

秘书的写作，围绕领导管理工作需要进行，为领导决策及决策实施提供帮助，需要掌握组织机构真实情况。因此，秘书写作必须依据事实，既要为领导者提供真实可信的信息，也要准确反映领导者的管理意图，向社会传播组织的实际状况，不能够弄虚作假，不可以用想象代替事实。

3. 秘书写作是以应用文为主要文体的写作

秘书写作大多数时候是应用文写作。秘书工作是辅助领导开展组织管理的工作，管理工作需要制定政策、制度并实施落实，需要内外沟通协调，需要请示汇报等，这些方面的文书都属于应用文写作范畴。

写作应用文，除了忠于事实，还需要按照不同文种的使用范围和规范格式来拟写，表达方式上也不可以像文学作品那样注重描写、抒情，应用文语言需要平实、简洁、明了，叙述、说明、议论是常用的表达方式。

项目二　拟写行政公文

行政公文是指党政机关、企事业单位、社会组织等在行政管理过程中形成的具有法定效力和规范体式的文书，是依法行政和进行公务活动的重要工具。中共中央办公厅和国务院办公厅于2012年颁布并实施的《党政机关公文处理工作条例》（中办发〔2012〕14号）中所规定的行政公文有15种：决议、决定、命令（令）、公报、公告、通告、意见、通知、通报、报告、请示、批复、议案、函、纪要。

在政府机关和企事业单位，秘书要协助领导做好管理工作，需要经常拟写行政公文。本项目选择机关和企事业单位较为常用的部分行政公文文种进行教学和训练，帮助大家掌握常用行政公文的知识和写作方法。

项目目标

了解秘书行政公文的内容和写作方法，学会写作常用行政公文。

项目分解

任务1　拟写通知

任务2　拟写公报、公告

任务3　拟写通报、通告

任务4　拟写请示、批复

任务5　拟写函

任务1　拟写通知

任务目标

1. 知识目标

（1）了解通知的概念、特点、分类。

(2)掌握通知的写作格式。

2. 能力目标

(1)能够区分发布性通知、批转性通知、转发性通知的使用范围。

(2)能够正确写作发布性通知、批转性通知、转发性通知。

任务情境

小文今年大学毕业,被分配到某市教育局担任秘书。

某天,教育局办公室董良材主任给小文布置了3项任务:

一是为教育局将要发布的《某市2014年中考实施方案》拟写一份发布政策的通知;二是将教育局职业教育处的《关于在我市职业学校广泛开展技能考核的意见》拟写一份批转性通知;三是为向各个直属学校下发市政府办公厅的《关于做好冬季防火工作的通知》拟写一份转发性通知。

小文一听有点晕。心想在学校学习应用文写作课程时,就总是搞不清楚这几种通知类型,怎么刚开始实习,就接到这样一个任务。

领导布置了,总不能拒绝。怎么办?只能认真学习了。

请问,如果你是小文,你该怎样完成这些任务?

任务要求

1. 范文阅读:正确区分发布性通知、批转性通知、转发性通知的使用范围。

2. 台阶训练:改正病文中的错误。

3. 拟写公文:完成领导交给的3项拟写任务。

任务实施

1. 范文阅读

(1)发布性通知。

关于印发《因公临时出国经费管理办法》的通知

财行〔2013〕516号

党中央各部门,国务院各部委、各直属机构,总后勤部、武警总部,全国人大常委会办公厅,全国政协办公厅,高法院,高检院,各人民团体,各民主党派,各省、自治区、直辖市、计划单列市财政厅(局)、人民政府外事办公室,新疆生产建设兵团财务局、外事局:

根据中共中央政治局《关于改进工作作风、密切联系群众的八项规定》的要求和《党政机关厉行节约反对浪费条例》的精神,为进一步规范因公临时出国经费管理,我们对《临时出国人员费用开支标准和管理办法》(财行〔2001〕73号)进行了修订。现将修订后的《因公临时出国经费管理办法》(以下简称《办法》)印发给你们,请认真遵照执行。

请各地区各部门各单位根据《办法》基本原则和要求,结合实际制定具体规定,并于2014年2月1日前报送财政部备案。边境地区有频繁出国任务的,由所在省、自治区财政厅根据实际情况制定本地区因公临时出国经费开支标准和管理办法,并于2014年4月1日前报送财政部备案。

附件:因公临时出国经费管理办法

财政部　外交部

2013年12月20日

附件

因公临时出国经费管理办法

第一章　总　　则

第一条　为了进一步规范因公临时出国经费管理,加强预算监督,提高资金使用效益,保证外事工作的顺利开展,根据《中华人民共和国预算法》《党政机关厉行节约反对浪费条例》等法律法规,制定本办法。

……(略)

(2)批转性通知。

国务院批转发展改革委等部门关于
深化收入分配制度改革若干意见的通知

国发〔2013〕6号

各省、自治区、直辖市人民政府,国务院各部委、各直属机构:

国务院同意发展改革委、财政部、人力资源社会保障部《关于深化收入分配制度改革的若干意见》,现转发给你们,请认真贯彻执行。

收入分配制度是经济社会发展中一项带有根本性、基础性的制度安排,是社会主义市场经济体制的重要基石。改革开放以来,我国收入分配制度改革不断推进,与基本国情、发展阶段相适应的收入分配制度基本建立。同时,收入分配领域仍存在一些亟待解决的突出问题,城乡区域发展差距和居民收入分配差距依然较大,收入分配秩序不规范,隐性收入、非法收入问题比较突出,部分群众生活比较困难。当前,我国已经进入全面建成小康社会的决定性阶段,按照党的十八大提出的千方百计增加居民收入的战略部署,要继续深化收入分配制度改革,优化收入分配结构,调动各方面积极性,促进经济发展方式转变,维护社会公平正义与和谐稳定,实现发展成果由人民共享,为全面建成小康社会奠定扎实基础。

我国仍处于并将长期处于社会主义初级阶段,当前收入分配领域出现的问题是发展中的矛盾、前进中的问题,必须通过促进发展、深化改革来逐步加以解决。解决这些问题,也是城乡居民在收入普遍增加、生活不断改善过程中的新要求新期待。同时也应该看到,深化收入分配制度改革,是一项十分艰巨复杂的系统工程,不可能一蹴而就,必须从我国基本国情和发展阶段出发,立足当前、着眼长远,克难攻坚、有序推进。

深化收入分配制度改革,要坚持共同发展、共享成果。倡导勤劳致富、支持创业创新、保护合法经营,在不断创造社会财富、增强综合国力的同时,普遍提高人民富裕程度。坚持注重效率、维护公平。初次分配和再分配都要兼顾效率和公平,初次分配要注重效率,创造机会公平的竞争环境,维护劳动收入的主体地位;再分配要更加注重公平,提高公共资源配置效率,缩小收入差距。坚持市场调节、政府调控。充分发挥市场机制在要素配置和价格形成中的基础性作用,更好地发挥政府对收入分配的调控作用,规范收入分配秩序,增加低收入者收入,调节过高收入。坚持积极而为、量力而行。妥善处理好改革发展稳定的关系，着力解决人民群众反映突出的矛盾和问题，突出增量改革，带动存量调整。

各地区、各部门要深入学习和全面贯彻落实党的十八大精神，充分认识深化收入分配制度改革的重大意义，将其列入重要议事日程，建立统筹协调机制，把落实收入分配政策、增加城乡居民收入、缩小收入分配差距、规范收入分配秩序作为重要任务。各有关部门要围绕重点任务，明确工作责任，抓紧研究出台配套方案和实施细则，及时跟踪评估政策实施效果。各地区要结合本地实际，制定具体措施，确保改革各项任务落到实处。要坚持正确的舆论导向，引导社会预期，回应群众关切，凝聚各方共识，形成改革合力，为深化收入分配制度改革营造良好的社会环境。

附件：关于深化收入分配制度改革的若干意见

国务院

2013 年 2 月 3 日

（此件公开发布）

附件

关于深化收入分配制度改革的若干意见

发展改革委 财政部 人力资源社会保障部

为贯彻落实党的十八大提出的“实现发展成果由人民共享，必须深化收入分配制度改革”要求，深入推进“十二五”规划实施，完善收入分配结构和制度，增加城乡居民收入，缩小收入分配差距，规范收入分配秩序，现提出以下意见：

……

（3）转发性通知。

国务院办公厅转发教育部等部门
关于实施教育扶贫工程意见的通知

国办发〔2013〕86 号

各省、自治区、直辖市人民政府，国务院各部委、各直属机构：

教育部、发展改革委、财政部、扶贫办、人力资源社会保障部、公安部、农业部《关于实施教育扶贫工程的意见》已经国务院同意，现转发给你们，请认真贯彻执行。

附件：关于实施教育扶贫工程的意见

国务院办公厅

2013 年 7 月 29 日

附件

关于实施教育扶贫工程的意见

教育部　发展改革委　财政部　扶贫办
人力资源和社会保障部　公安部　农业部：

为贯彻党的十八大精神，落实中央扶贫开发工作会议要求和《中国农村扶贫开发纲要

(2011－2020年)》《国家中长期教育改革和发展规划纲要(2010－2020年)》的战略部署,充分发挥教育在扶贫开发中的重要作用,培养经济社会发展需要的各级各类人才,促进集中连片特殊困难地区(以下简称片区)从根本上摆脱贫困,现就组织实施教育扶贫工程提出以下意见:

……(略)

阅读理解:

(1)发布性通知用于颁发本机关单位制定的规章制度等公文,有关公文作为附件下发。

(2)批转性通知用于上级机关批准发出下级机关或业务部门的公文,有关公文作为附件下发。

(3)转发性通知用于转发、印发上级、平级和不相隶属机关的公文,有关公文作为附件下发。

提示:注意仔细比较3处发文方式和原公文拟制者的不同。

2. 台阶训练

××市教育局关于批转教育部《教育工作座谈会纪要》的通知

×市教〔2013〕26号

各县区教育局:

现将教育部《教育工作座谈会纪要》批转给你们,望认真组织学习讨论,提出修改意见,并要根据《纪要》精神,订出具体执行步骤,抓好抓实。

____。

2013年9月27日

附件:教育工作座谈会纪要(略)

请指出这则通知的几点问题:

(1)这则通知的类型应该是________________________________。

(2)内容中不恰当句子是________________________________。

(3)格式上存在的问题是缺少________________和________________位置错误。

3. 拟写公文

根据任务情境,完成领导交办的拟写通知任务。

任务评价

请老师或同学评价你的写作成果:

通知类型	标题评价	内容评价	格式评价	评价等第	评价人
发布性通知					
批转性通知					
转发性通知					

知识链接

1. 通知的概念

通知是向特定受文对象发送的告知性公务文书，它用来传达要求下级机关办理和需要有关单位周知或者执行的事项，发布本机关单位制定的规章制度，批转下级机关的公文，转发上级机关和不相隶属机关的公文，以及任免人员等。

2. 通知的特点

(1)广泛性。在所有公文中，通知的适用范围最为广泛，上至国家机关，下至基层单位；大到全国范围的重大安排，小到一个基层单位内部告知的具体事项，均可以通知行文。

(2)晓谕性。通知包括“晓”和“谕”两重文体功能，即有所告晓，有所要求。它告诉人们有关事项或要求办理的事项、需遵守执行的事项。

(3)时间性。在所有公文中，通知的时间性最强，无论是通知事项还是要求办理的事项，一般都有很强的时间要求。

3. 通知的分类

根据适用范围的不同，通常可以将通知分为发布性通知、批转性通知、转发性通知、事项性通知、会议通知、任免性通知。

(1)发布性通知。这类通知用于颁发本机关单位制定的规章制度等公文，有关公文作为附件下发，如《公安部关于印发〈高速公路交通应急管理程序规定〉的通知》《国家计委、财政部、教育部关于印发〈教育收费公示制度〉的通知》《教育部办公厅关于印发〈西部地区国际教育交流与出国留学工作研讨会暨“西部地区人才培养特别项目”签约仪式会议纪要〉的通知 》。

(2)批转性通知。这类通知用于上级机关批准发出下级机关或业务部门的公文，有关公文作为附件下发，如《国务院批转发展改革委〈关于2014年深化经济体制改革重点任务的意见〉》。

(3)转发性通知。这类通知用于转发、印发上级、平级和不相隶属机关的公文，如江苏省文化厅《关于转发国家文物局〈关于加强基本建设工程中考古工作的指导意见〉的通知》《国务院办公厅转发教育部等部门〈关于开展经常性助学活动意见〉的通知》。

(4)事项性通知。这类通知用于处理日常工作中的各类事务，把工作中的有关事项或要求告知相关对象，如《南京市文物局关于2010年元旦、春节期间加强文物安全工作的通知》《教育部、公安部关于对中小学校车开展集中排查整治的紧急通知》《中共教育部党组关于在教育系统开展向长江大学“全国见义勇为舍己救人大学生英雄集体”学习活动的通知》。

(5)会议通知。这类通知用于会议召开前向出席会议的有关单位或个人说明会议的议题、时间、地点、要求等，如《中国中期投资股份有限公司关于召开2010年第一次临时股东大会的通知》。

(6)任免性通知。这类通知用于任免和聘用干部，如《国家邮政局任免通知》。

4. 通知的写作格式

(1)通知的标题。通知的标题由“发文机关 + 事由 + 文种”组成，如《中共中央办公厅、国务院办公厅关于严禁用公费变相出国(境)旅游的通知》。

也可以“事由 + 文种”组成标题，如《关于印发〈规范国有土地租赁若干意见〉的通知》。

发布规章的通知，所发布的规章名称要出现在标题的主要内容部分，并使用书名号，如

《卫生部 工业和信息化部 农业部 商务部 工商总局 质检总局 国家食品药品监管局关于印发〈食品安全风险评估管理规定(试行)〉的通知》。

批转和转发文件的公文,所转发的文件内容要出现在标题中,如《国务院办公厅转发教育部等部门关于进一步加快高等学校后勤社会化改革意见的通知》、江苏省文化厅办公室《关于转发文化部市场司〈关于印发2007年第2期"违法音像制品查缴目录"的通知〉的通知》。

(2)通知的主送机关。通知的发文对象比较广泛,主送机关较多。拟写主送机关时,要注意主送机关排列的规范性,如《国务院批转发展改革委等部门关于深化收入分配制度改革若干意见的通知》(国发〔2013〕6号)的主送机关排列为"各省、自治区、直辖市人民政府,国务院各部委、各直属机构"。

(3)通知的正文:

1)通知缘由。这部分主要用来表述与通知有关的背景、根据、目的、意义等。

2)通知事项。这是通知的主体部分,所发布的信息,安排的工作,提出的方法、要求、措施和步骤等,都在这一部分中有条理地组织表达。

3)执行要求。发布指示、安排工作的通知,可以在结尾处提出贯彻执行的有关要求。

(4)通知落款。在正文右下方写发文单位,发文单位下方写发文日期。

拓展阅读

写好转发类通知的三个技巧

转发类通知是指转发上级机关、同级机关和不相隶属机关文件的通知,在承上启下的机关使用频率很高。这类通知内容相对比较简单,但要写好写精也不易。

一、标题的写法

公文的标题由发文机关、事由、文种构成,转发类通知的标题,一般也由"发文机关+关于转发+原文标题+文种"组成。

但实际办文中,有省略发文机关的,也有省略重复的介词的等,如《某某市人民政府办公室转发市卫生局等部门关于农村卫生机构改革与管理的实施意见的通知》。

在转发通知中,经常会遇到转发的层次较多的情况,这时标题中"关于""转发""通知"反复在一个标题内多次出现,十分累赘,让人读起来别扭,理解起来困难。为使标题简练、流畅,方便理解,可采取以下方法处理:

(1)省略法。一是省略发文机关名称,二是省略介词"关于"或文种"通知"。当原文标题中有"关于"一词时,且文种为通知,标题可拟为"转发+原标题"。如《转发昆明市科技局关于激励创新办法的实施细则(试行)的通知》。三是省略被转发文件联合发文机关名称,如《国务院办公厅转发监察部等部门对征用农民集体所有土地补偿费管理使用情况开展专项检查的意见的通知》。

(2)替代法。有的文件标题很长,采用省略法拟制标题仍然很长,可用发文字号作为新拟标题的事由,以替代原文标题。如《转发监察部监发〔2004〕2号文件的通知》,若不替代省略,标题就应是《转发监察部关于贯彻实施〈行政许可法〉加强对贯彻执行〈行政许可法〉情况进行监察的通知的通知》。用替代法拟制标题的不足是看不出发文事由,也可用发文字号加事由的办法来解决这一问题。如《山东省人民政府办公厅关于转发国办发[2004]38号文件切实做好固定资产投资项目清理工作的通知》,既避免了冗长,又标明了事由。

(3)简称法。在系统内部行文,可使用规定的规范化简称。如"南京师范大学继续教育学院",可简称"南师大继教院"。

二、正文的写法

转发通知正文基本上有以下两种写法:一是不提具体要求的写法,常见于党委、政府办公厅(室)转发部门的意见等。写法上通常先表明态度,提出转发原则要求,一般篇幅较简短。二是提出具体要求的写法,常见于下级机关转发上级机关的文件。一般开头直说转发事项,再对如何贯彻执行提出具体要求。可以对被转发文件阐述不够充分的加以补充、说明、深化,也可以结合本单位实际对上级的有关要求加以重申、强调,并做出适当的安排。

三、引文的写法

在正文里,引文一定要先引标题,后引发文字号。在标题上不引发文字号,如标题上没有发文机关,还应该再加上发文机关。

拓展训练

1. 风影集团公司收到下属风影科技股份公司《风影科技股份公司实施科技人才培养计划的经验总结》。风影集团公司领导认为这份经验总结写得好,体现了风影科技股份公司在科技人才培养方面的创新做法,值得集团各个分公司学习借鉴。风影集团公司领导要求办公室拟写通知,以集团公司〔2015〕3号文号批转下发《风影科技股份公司实施科技人才培养计划的经验总结》,要求各个分公司组织学习,并制订本单位的人才培养计划,于2015年6月8日前上报集团公司。

请拟写这份批转通知。

2. 南京塞斯职业中专工业企业管理专业打算在2015年12月底开展一次"人文之星大赛"活动,活动时间周期为一周,大赛将通过对参赛学生理论考试、技能考核和个人才艺测评的方式,评选出10位在学习专业知识和掌握专业技能方面表现突出,并且具备良好综合素养的"人文之星"。

请你就此事项,以工业企业管理专业办公室名义写一则《关于在工业企业管理专业开展"人文之星大赛"的通知》。

参考样例:

关于开展新能源汽车推广应用城市考核工作的通知

财办建〔2015〕26号

有关省、自治区、直辖市、计划单列市财政厅(局)、科技厅(科委)、工业和信息化主管部门、发展改革委:

为进一步落实《国务院办公厅关于加快新能源汽车推广应用的指导意见》(国办发〔2014〕35号)的有关精神,按照《关于继续开展新能源汽车推广应用工作的通知》(财建〔2013〕551号)等文件的要求,财政部、科技部、工业和信息化部、发展改革委(以下简称四部委)将组织开展新能源汽车推广应用城市(区域)考核工作,具体事项通知如下:

一、考核内容

考核各有关城市(区域)新能源汽车推广应用实施方案完成情况,并重点对新能源汽车推广应用数量、充电设施建设、市场开放程度、商业模式创新、地方扶持政策、组织领导及安全监管等情况进行督查。

二、考核方式和时间

(一)考核方式

由四部委带队组织专家,对各城市(区域)推广情况进行现场督查。科技部电动汽车重大项目管理办公室协助四部委,负责考核的具体组织和联络工作。

(二)考核时间

考核时间为2015年5月15日—6月15日,具体考核时间另行通知。

三、相关要求

请各有关城市(区域)根据附件要求认真编写2013-2014年新能源汽车推广情况报告及相关资料,于5月10日前将材料上报至四部委。

四、联系方式

财政部经济建设司	010-68552×××
科技部高新技术发展及产业化司	010-58881×××
工业和信息化部装备工业司	010-68205×××
发展改革委产业协调司	010-68501×××

附件:

1. 2013—2014年新能源汽车推广情况报告提纲
2. 新能源汽车推广应用城市(区域)考核主要内容
3. 2013、2014分年度推广应用车辆信息表
4. 基础设施建设信息表

科技部

2015年5月5日

3. 为了适应职业教育课程改革新形势,开发出符合改革发展需要和具有专业特色的高水平文秘教材,机械工业出版社打算在本月28日召开全国五年制高职文秘专业新教材编写研讨会,会议邀请10多位教材主编人员与会,会期2天。会议议程为:出版社领导讲话,特邀教育部教材编写专家介绍教材开发新趋势、新方法,各位主编人员提出教材编写方案,研讨交流,出版社与各位主编签订出版协议。

会议地点安排在南京市女子中等专业学校的明德园酒店,地址是南京市莫愁路419号,报到时间是27日全天。联系人是学校文秘组黄老师,联系电话是137××××6789。

请依据此情境拟写一则会议通知。

参考样例:

关于召开"十二五"国家规划中职
文秘专业教材开发会议的通知

各位专家:

根据教育部《关于中等职业教育专业技能课教材选题立项的函》(教职成司〔2012〕95号)

文件精神，我社中职文秘等19个专业被教育部立项出版“十二五”国家规划教材。按照教育部的要求，我社决定于7月19日－21日在北京召开新一轮中职文秘专业国家规划教材开发会议，现就有关事项通知如下：

一、会议内容

1. 学习中等职业学校文秘专业教学标准及相关文件。

2. 讨论我社中职文秘专业教材编写体例。

3. 落实中职文秘专业教材编写人员及相关事宜。

二、会议时间、地点及联系人

（一）会议时间

7月19日下午报到；7月20日全天，7月21日上午会议；7月21日午餐后会议结束，下午可安排返程。

（二）会议地点

报到、住宿及会议地址：北京宾馆（北京市东城区××街5号）。

（三）联系人

武文，电话：×××××××××，电子邮箱：×××××。

三、会议费用

不收会务费，会议期间食宿费由我社承担，差旅费自理。

四、说明

1. 响应中央号召，会议从简，务实高效，不安排与会议无关的考察活动。

2. 会议不集中接送站。

××××出版社
2013年7月9日

任务2　拟写公报、公告

任务目标

1. 知识目标

（1）了解公报、公告的概念、特点、分类。

（2）掌握公报、公告的写作格式。

2. 能力目标

（1）能够区分公报、公告的不同。

（2）能够正确写作企业公告。

任务情境

张瀚是民营企业福建省福州市海峡股份公司办公室的秘书。公司这几年发展良好，目前，正积极参与福建省新一轮的国企改革，打算参股国有福建华南铁路建设公司。根据业务发展需要,公司将于2016年7月1日起将办公地点由海星路30号迁到华南路3号。

公司领导要求张瀚拟写一份公司迁址公告向社会发布。

任务要求

1. 范文阅读:正确区分公报、公告。
2. 台阶训练:回答问题,辨析公报、公告异同。
3. 拟写公文:帮张瀚完成领导交办的拟写公告任务。

任务实施

1. 范文阅读

(1)会议公报。

中国共产党第十八届中央委员会第五次全体会议公报

(2015年10月29日中国共产党第十八届中央委员会第五次全体会议通过)

中国共产党第十八届中央委员会第五次全体会议,于2015年10月26日至29日在北京举行。

出席这次全会的有,中央委员199人,候补中央委员156人。中央纪律检查委员会常务委员会委员和有关方面负责同志列席了会议。党的十八大代表中部分基层同志和专家学者也列席了会议。

全会由中央政治局主持。中央委员会总书记习近平作了重要讲话。

全会听取和讨论了习近平受中央政治局委托作的工作报告,审议通过了《中共中央关于制定国民经济和社会发展第十三个五年规划的建议》。习近平就《建议(讨论稿)》向全会作了说明。

全会充分肯定党的十八届四中全会以来中央政治局的工作。一致认为,面对国内外形势的深刻复杂变化特别是经济下行压力加大的挑战,中央政治局高举中国特色社会主义伟大旗帜,全面贯彻党的十八大和十八届三中、四中全会精神,以马克思列宁主义、毛泽东思想、邓小平理论、“三个代表”重要思想、科学发展观为指导,深入贯彻习近平总书记系列重要讲话精神,团结带领全党全军全国各族人民,坚持“四个全面”战略布局,坚持统筹国内国际两个大局,坚持稳中求进工作总基调,积极引领经济发展新常态,着力推进改革开放,加强和创新宏观调控,有效化解各种风险和挑战,保持经济平稳较快发展和社会和谐稳定,开展“三严三实”专题教育,隆重纪念中国人民抗日战争暨世界反法西斯战争胜利70周年,党和国家各项事业取得了新的重大成就。

全会认为,到2020年全面建成小康社会,是我们党确定的“两个一百年”奋斗目标的第一个百年奋斗目标。“十三五”时期是全面建成小康社会决胜阶段,“十三五”规划必须紧紧围绕实现这个奋斗目标来制定。

全会高度评价“十二五”时期我国发展取得的重大成就,认为面对错综复杂的国际环境和艰巨繁重的国内改革发展稳定任务,我们党团结带领全国各族人民顽强拼搏、开拓创新,奋力开创了党和国家事业发展新局面，我国经济实力、科技实力、国防实力、国际影响力又上了一个大台阶。尤为重要的是，党的十八大以来，以习近平同志为总书记的党中央毫不动摇坚持和发展中国特色社会主义，勇于实践、善于创新，深化对共产党执政规律、社会主义建设规律、人类社会发展规律的认识，形成一系列治国理政新理念新思想新战略，为在新的历史条件下深化改革开放、加快推进社会主义现代化提供了科学理论指导和行动指南。

全会深入分析了"十三五"时期我国发展环境的基本特征，认为我国发展仍处于可以大有作为的重要战略机遇期，也面临诸多矛盾叠加、风险隐患增多的严峻挑战。我们要准确把握战略机遇期内涵的深刻变化，更加有效地应对各种风险和挑战，继续集中力量把自己的事情办好，不断开拓发展新境界。

全会提出了"十三五"时期我国发展的指导思想：高举中国特色社会主义伟大旗帜，全面贯彻党的十八大和十八届三中、四中全会精神，以马克思列宁主义、毛泽东思想、邓小平理论、"三个代表"重要思想、科学发展观为指导，深入贯彻习近平总书记系列重要讲话精神，坚持全面建成小康社会、全面深化改革、全面依法治国、全面从严治党的战略布局，坚持发展是第一要务，以提高发展质量和效益为中心，加快形成引领经济发展新常态的体制机制和发展方式，保持战略定力，坚持稳中求进，统筹推进经济建设、政治建设、文化建设、社会建设、生态文明建设和党的建设，确保如期全面建成小康社会，为实现第二个百年奋斗目标、实现中华民族伟大复兴的中国梦奠定更加坚实的基础。

全会强调，如期实现全面建成小康社会奋斗目标，推动经济社会持续健康发展，必须遵循以下原则：坚持人民主体地位，坚持科学发展，坚持深化改革，坚持依法治国，坚持统筹国内国际两个大局，坚持党的领导。

全会提出了全面建成小康社会新的目标要求：经济保持中高速增长，在提高发展平衡性、包容性、可持续性的基础上，到2020年国内生产总值和城乡居民人均收入比2010年翻一番，产业迈向中高端水平，消费对经济增长贡献明显加大，户籍人口城镇化率加快提高。农业现代化取得明显进展，人民生活水平和质量普遍提高，我国现行标准下农村贫困人口实现脱贫，贫困县全部摘帽，解决区域性整体贫困。国民素质和社会文明程度显著提高。生态环境质量总体改善。各方面制度更加成熟更加定型，国家治理体系和治理能力现代化取得重大进展。

全会强调，实现"十三五"时期发展目标，破解发展难题，厚植发展优势，必须牢固树立并切实贯彻创新、协调、绿色、开放、共享的发展理念。这是关系我国发展全局的一场深刻变革。全党同志要充分认识这场变革的重大现实意义和深远历史意义。

全会提出，坚持创新发展，必须把创新摆在国家发展全局的核心位置，不断推进理论创新、制度创新、科技创新、文化创新等各方面创新，让创新贯穿党和国家一切工作，让创新在全社会蔚然成风。必须把发展基点放在创新上，形成促进创新的体制架构，塑造更多依靠创新驱动、更多发挥先发优势的引领型发展。培育发展新动力，优化劳动力、资本、土地、技术、管理等要素配置，激发创新创业活力，推动大众创业、万众创新，释放新需求，创造新供给，推动新技术、新产业、新业态蓬勃发展。拓展发展新空间，形成沿海沿江沿线经济带为主的纵向横向经济轴带，培育壮大若干重点经济区，实施网络强国战略，实施"互联网+"行动计划，发展分享经济，实施国家大数据战略。深入实施创新驱动发展战略，发挥科技创新在全面创新中的引领作用，实施一批国家重大科技项目，在重大创新领域组建一批国家实验室，积极提出并牵头组织国际大科学计划和大科学工程。大力推进农业现代化，加快转变农业发展方式，走产出高效、产品安全、资源节约、环境友好的农业现代化道路。构建产业新体系,加快建设制造强国,实施《中国制造二〇二五》,实施工业强基工程,培育一批战略性产业,开展加快发展现代服务业行动。构建发展新体制,加快形成有利于创新发展的市场环境、产权制度、投融资体制、分配制度、人才培养引进使用机制,深化行政管理体制改革,进一步转变政府职能,持续推进简政放权、放管结合、优化服务,提高政府效能,激发市场活力和社会创造力,完善各类国有资产管理体制,建立健全现代财政制度、税收制度,改革并完善适应现代金融市场发展的金融监管框架。创新和完善宏观调控方式,在区间调控基础上加大定向调控力度,减少政府对价格形成的干预,全面放开竞争性领域商品和服务价格。

全会提出,坚持协调发展,必须牢牢把握中国特色社会主义事业总体布局,正确处理发展中的重大关系,重点促进城乡区域协调发展,促进经济社会协调发展,促进新型工业化、信息化、城镇化、农业现代化同步发展,在增强国家硬实力的同时注重提升国家软实力,不断增强发展整体性。增强发展协调性,必须在协调发展中拓宽发展空间,在加强薄弱领域中增强发展后劲。推动区域协调发展,塑造要素有序自由流动、主体功能约束有效、基本公共服务均等、资源环境可承载的区域协调发展新格局。推动城乡协调发展,健全城乡发展一体化体制机制,健全农村基础设施投入长效机制,推动城镇公共服务向农村延伸,提高社会主义新农村建设水平。推动物质文明和精神文明协调发展,加快文化改革发展,加强社会主义精神文明建设,建设社会主义文化强国,加强思想道德建设和社会诚信建设,增强国家意识、法治意识、社会责任意识,倡导科学精神,弘扬中华传统美德。推动经济建设和国防建设融合发展,坚持发展和安全兼顾、富国和强军统一,实施军民融合发展战略,形成全要素、多领域、高效益的军民深度融合发展格局。

全会提出,坚持绿色发展,必须坚持节约资源和保护环境的基本国策,坚持可持续发展,坚定走生产发展、生活富裕、生态良好的文明发展道路,加快建设资源节约型、环境友好型社会,形成人与自然和谐发展现代化建设新格局,推进美丽中国建设,为全球生态安全作出新贡献。促进人与自然和谐共生,构建科学合理的城市化格局、农业发展格局、生态安全格局、自然岸线格局,推动建立绿色低碳循环发展产业体系。加快建设主体功能区,发挥主体功能区作为国土空间开发保护基础制度的作用。推动低碳循环发展,建设清洁低碳、安全高效的现代能源体系,实施近零碳排放区示范工程。全面节约和高效利用资源,树立节约集约循环利用的资源观,建立健全用能权、用水权、排污权、碳排放权初始分配制度,推动形成勤俭节约的社会风尚。加大环境治理力度,以提高环境质量为核心,实行最严格的环境保护制度,深入实施大气、水、土壤污染防治行动计划,实行省以下环保机构监测监察执法垂直管理制度。筑牢生态安全屏障,坚持保护优先、自然恢复为主,实施山水林田湖生态保护和修复工程,开展大规模国土绿化行动,完善天然林保护制度,开展蓝色海湾整治行动。

全会提出,坚持开放发展,必须顺应我国经济深度融入世界经济的趋势,奉行互利共赢的开放战略,发展更高层次的开放型经济,积极参与全球经济治理和公共产品供给,提高我国在全球经济治理中的制度性话语权,构建广泛的利益共同体。开创对外开放新局面,必须丰富对外开放内涵,提高对外开放水平,协同推进战略互信、经贸合作、人文交流,努力形成深度融合的互利合作格局。完善对外开放战略布局,推进双向开放,支持沿海地区全面参与全球经济合作和竞争,培育有全球影响力的先进制造基地和经济区,提高边境经济合作区、跨境经济合作区发展水平。形成对外开放新体制,完善法治化、国际化、便利化的营商环境,健全服务贸易促进体系，全面实行准入前国民待遇加负面清单管理制度，有序扩大服务业对外开放。推进“一带一路”建设，推进同有关国家和地区多领域互利共赢的务实合作，推进国际产能和装备制造合作，打造陆海内外联动、东西双向开放的全面开放新格局。深化内地和港澳、大陆和台湾地区合作发展，提升港澳在国家经济发展和对外开放中的地位和功能，支持港澳发展经济、改善民生、推进民主、促进和谐，以互利共赢方式深化两岸经济合作，让更多台湾普通民众、青少年和中小企业受益。积极参与全球经济治理，促进国际经济秩序朝着平等公正、合作共赢的方向发展，加快实施自由贸易区战略。积极承担国际责任和义务，积极参与应对全球气候变化谈判，主动参与2030年可持续发展议程。

全会提出，坚持共享发展，必须坚持发展为了人民、发展依靠人民、发展成果由人民共享，作出更有效的制度安排，使全体人民在共建共享发展中有更多获得感，增强发展动力，增进人民团结，朝着共同富裕方向稳步前进。按照人人参与、人人尽力、人人享有的要求，坚守底线、突出重点、完善制度、引导预期，注重机会公平，保障基本民生，实现全体人民共同迈入全面小康社会。增加公共服务供给，从解决人民最关心最直接最现实的利益问题入手，提高公共服务共建能力和共享水平，加大对革命老区、民族地区、边疆地区、贫困地区的转移支付。实施脱贫攻坚工程，实施精准扶贫、精准脱贫，分类扶持贫困家庭，探索对贫困人口实行资产收益扶持制度，建立健全农村留守儿童和妇女、老人关爱服务体系。提高教育质量，推动义务教育均衡发展，普及高中阶段教育，逐步分类推进中等职业教育免除学杂费，率先从建档立卡的家庭经济困难学生实施普通高中免除学杂费，实现家庭经济困难学生资助全覆盖。促进就业创业，坚持就业优先战略，实施更加积极的就业政策，完善创业扶持政策，加强对灵活就业、新就业形态的支持，提高技术工人待遇。缩小收入差距，坚持居民收入增长和经济增长同步、劳动报酬提高和劳动生产率提高同步，健全科学的工资水平决定机制、正常增长机制、支付保障机制，完善最低工资增长机制，完善市场评价要素贡献并按贡献分配的机制。建立更加公平更可持续的社会保障制度，实施全民参保计划，实现职工基础养老金全国统筹，划转部分国有资本充实社保基金，全面实施城乡居民大病保险制度。推进健康中国建设，深化医药卫生体制改革，理顺药品价格，实行医疗、医保、医药联动，建立覆盖城乡的基本医疗卫生制度和现代医院管理制度，实施食品安全战略。促进人口均衡发展，坚持计划生育的基本国策，完善人口发展战略，全面实施一对夫妇可生育两个孩子政策，积极开展应对人口老龄化行动。

全会强调，发展是党执政兴国的第一要务，各级党委必须深化对发展规律的认识，完善党领导经济社会发展工作体制机制，加强党的各级组织建设，强化基层党组织整体功能。动员人民群众团结奋斗，贯彻党的群众路线，提高宣传和组织群众能力，加强经济社会发展重大问题和涉及群众切身利益问题的协商，依法保障人民各项权益，激发各族人民建设祖国的主人翁意识。加强思想政治工作，创新群众工作体制机制和方式方法，最大限度凝聚全社会推进改革发展、维护社会和谐稳定的共识和力量。加快建设人才强国，深入实施人才优先发展战略，推进人才发展体制改革和政策创新，形成具有国际竞争力的人才制度优势。运用法治思维和法治方式推动发展，全面提高党依据宪法法律治国理政、依据党内法规管党治党的能力和水平。加强和创新社会治理，推进社会治理精细化，构建全民共建共享的社会治理格局。牢固树立安全发展观念，坚持人民利益至上，健全公共安全体系，完善和落实安全生产责任和管理制度，切实维护人民生命财产安全。实施国家安全战略，坚决维护国家政治、经济、文化、社会、信息、国防等安全。

全会分析了当前形势和任务,强调当前和今后一个时期,全党全国的一项重要政治任务,就是深入贯彻落实全会精神,把《建议》确定的各项决策部署和工作要求落到实处。全党要把思想统一到全会精神上来,认清形势,坚定信心,继续顽强奋斗,团结带领全国各族人民协调推进“四个全面”战略布局,如期完成全面建成小康社会的战略任务。要坚持全面从严治党、依规治党,深入推进党风廉政建设和反腐败斗争,巩固反腐败斗争成果,健全改进作风长效机制,着力构建不敢腐、不能腐、不想腐的体制机制,着力解决一些干部不作为、乱作为等问题,积极营造风清气正的政治生态,形成敢于担当、奋发有为的精神状态,努力实现干部清正、政府清廉、政治清明,为经济社会发展提供坚强政治保证。

全会按照党章规定,决定递补中央委员会候补委员刘晓凯、陈志荣、金振吉为中央委员会委员。

全会审议并通过了中共中央纪律检查委员会关于令计划、周本顺、杨栋梁、朱明国、王敏、陈川平、仇和、杨卫泽、潘逸阳、余远辉严重违纪问题的审查报告,确认中央政治局之前作出的给予令计划、周本顺、杨栋梁、朱明国、王敏、陈川平、仇和、杨卫泽、潘逸阳、余远辉开除党籍的处分。

全会号召,全党全国各族人民要更加紧密地团结在以习近平同志为总书记的党中央周围,万众一心,艰苦奋斗,共同夺取全面建成小康社会决胜阶段的伟大胜利!

(2)事件公报。

2010年第六次全国人口普查主要数据公报[1]

(第1号)

中华人民共和国国家统计局

2011年4月28日

根据《全国人口普查条例》和《国务院关于开展第六次全国人口普查的通知》,我国以2010年11月1日零时为标准时点进行了第六次全国人口普查[2]。在国务院和地方各级人民政府的统一领导下,在全体普查对象的支持配合下,通过广大普查工作人员的艰苦努力,目前已圆满完成人口普查任务。现将快速汇总的主要数据公布如下:

一、总人口

全国总人口为1 370 536 875人。其中:

普查登记的大陆31个省、自治区、直辖市和现役军人的人口[3]共1 339 724 852人。

香港特别行政区人口[4]为7 097 600人。

澳门特别行政区人口[5]为552 300人。

台湾地区人口[6]为23 162 123人。

二、人口增长

大陆31个省、自治区、直辖市和现役军人的人口,同第五次全国人口普查2000年11月1日零时的1 265 825 048人相比,十年共增加73 899 804人,增长5.84%,年平均增长率为0.57%。

三、家庭户人口

大陆31个省、自治区、直辖市共有家庭户[7]401 517 330户,家庭户人口为1 244 608 395人,平均每个家庭户的人口为3.10人,比2000年第五次全国人口普查的3.44人减少0.34人。

四、性别构成

大陆31个省、自治区、直辖市和现役军人的人口中，男性人口为686 852 572人，占51.27%；女性人口为652 872 280人，占48.73%。总人口性别比（以女性为100，男性对女性的比例）由2000年第五次全国人口普查的106.74下降为105.20。

五、年龄构成

大陆31个省、自治区、直辖市和现役军人的人口中，0－14岁人口为222 459 737人，占16.60%；15－59岁人口为939 616 410人，占70.14%；60岁及以上人口为177 648 705人，占13.26%，其中65岁及以上人口为118 831 709人，占8.87%。同2000年第五次全国人口普查相比，0－14岁人口的比重下降6.29个百分点，15－59岁人口的比重上升3.36个百分点，60岁及以上人口的比重上升2.93个百分点，65岁及以上人口的比重上升1.91个百分点。

六、民族构成

大陆31个省、自治区、直辖市和现役军人的人口中，汉族人口为1 225 932 641人，占91.51%；各少数民族人口为113 792 211人，占8.49%。同2000年第五次全国人口普查相比，汉族人口增加66 537 177人，增长5.74%；各少数民族人口增加7 362 627人，增长6.92%。

七、各种受教育程度人口

大陆31个省、自治区、直辖市和现役军人的人口中，具有大学（指大专以上）文化程度的人口为119 636 790人；具有高中（含中专）文化程度的人口为187 985 979人；具有初中文化程度的人口为519 656 445人；具有小学文化程度的人口为358 764 003人（以上各种受教育程度的人包括各类学校的毕业生、肄业生和在校生）。

同2000年第五次全国人口普查相比，每10万人中具有大学文化程度的由3 611人上升为8 930人；具有高中文化程度的由11 146人上升为14 032人；具有初中文化程度的由33 961人上升为38 788人；具有小学文化程度的由35 701人下降为26 779人。

大陆31个省、自治区、直辖市和现役军人的人口中，文盲人口（15岁及以上不识字的人）为54 656 573人，同2000年第五次全国人口普查相比，文盲人口减少30 413 094人，文盲率[8]由6.72%下降为4.08%，下降2.64个百分点。

八、城乡人口

大陆31个省、自治区、直辖市和现役军人的人口中，居住在城镇的人口[9]为665 575 306人，占49.68%；居住在乡村的人口为674 149 546人，占50.32%。同2000年第五次全国人口普查相比，城镇人口增加207 137 093人，乡村人口减少133 237 289人，城镇人口比重上升13.46个百分点。

九、人口的流动

大陆31个省、自治区、直辖市的人口中，居住地与户口登记地所在的乡镇街道不一致且离开户口登记地半年以上的人口为261 386 075人，其中市辖区内人户分离的人口[10]为39 959 423人，不包括市辖区内人户分离的人口为221 426 652人。同2000年第五次全国人口普查相比，居住地与户口登记地所在的乡镇街道不一致且离开户口登记地半年以上的人口增加116 995 327人，增长81.03%。

十、登记误差

普查登记结束后，全国统一随机抽取402个普查小区进行了事后质量抽样调查。抽查结果显示,人口漏登率为0.12%。

注释:

[1] 本公报中数据均为初步汇总数。

[2] ……

(3)联合公报。

中俄总理第十八次定期会晤联合公报

应中华人民共和国国务院总理李克强邀请,俄罗斯联邦政府总理德·阿·梅德韦杰夫于2013年10月22日至23日对中华人民共和国进行了正式访问。

访问期间,中华人民共和国国家主席习近平会见了梅德韦杰夫总理。国务院总理李克强与梅德韦杰夫总理举行了中俄总理第十八次定期会晤。全国人大常委会委员长张德江也会见了梅德韦杰夫总理。

一

两国总理对中俄关系进一步巩固、两国所有主要领域合作取得重大进展感到满意,认为双方继续积极推进中俄全面战略协作伙伴关系将为两国发展带来新的机遇,符合提高两国综合国力和国际竞争力的需要。

双方将继续在维护国家主权、领土完整、安全等涉及两国核心利益的问题上相互坚定支持,积极推动经贸合作,扩大人文交流,在国际和地区事务中开展有效协调。落实好《〈中华人民共和国和俄罗斯联邦睦邻友好合作条约〉实施纲要(2013年至2016年)》,将有助于完成上述任务。

双方高度评价中俄总理定期会晤机制及其下设的中俄能源合作委员会、人文合作委员会、总理定期会晤委员会在推动两国各领域务实合作方面发挥的作用,愿继续努力,进一步完善该机制并提高其效率。

二

……

三

……

四

……

五

……

六

……

双方商定,中俄总理第十九次定期会晤将于2014年在俄罗斯举行,具体日期将通过外交途径另行商定。

中华人民共和国国务院总理　　　　俄罗斯联邦政府总理

李克强　　　　德·阿·梅德韦杰夫

2013年10月22日于北京

(4)政府公告。

收回土地使用权公告

〔2013〕1257 号

根据《中华人民共和国土地管理法》第五十八条规定,因公共利益需要,经南京市人民政府批准(宁政国土批〔2013〕294 号),决定依法收回下列地块范围内的土地使用权,由具体实施单位依法对原土地使用权人进行补偿,涉及该范围的原土地使用者在完成补偿后 15 日内,持土地使用证到我局申请办理土地使用权注销登记手续,逾期不申请注销的,将依法直接办理土地使用权注销登记。

收回地块范围:该地块位于栖霞区马群街道。具体范围见附图,详情可到南京市国土资源局行政审批处查询。

联系人:……; 联系电话: ……

特此公告。

附件:收回地块范围图

南京市国土资源局
2013 年 12 月 25 日

附件(略)

(5)企业公告。

某股份有限公司涉及诉讼公告

公司董事会及全体董事保证本公告内容不存在任何虚假记载、误导性陈述或者重大遗漏,并对其内容的真实性、准确性和完整性承担个别及连带责任。

某股份有限公司(以下简称本公司)近日收到北京市第二中级人民法院(2013)二中民终字第 089 号《民事判决书》及《民事裁定书》,现将有关情况公告如下:

一、本次诉讼基本情况

本公司与某传媒集团有限公司(以下简称某传媒)于 2008 年 9 月、2009 年 12 月签订了一系列协议并开展业务合作。2011 年 7 月 5 日,某传媒以本公司没有履行合作协议,在人员、技术、宣传等方面违反协议约定,致使某传媒业务遭受严重损失为由,向北京市西城区人民法院递交民事起诉状。2011 年 7 月 18 日,本公司接到北京市西城区人民法院传票,该院已受理某传媒诉本公司合同纠纷一案。北京市西城区人民法院后将该案件移送至北京市朝阳区人民法院管辖。2011 年 11 月 2 日,本公司就本案向北京市朝阳区人民法院提出反诉请求。上述诉讼基本情况详见本公司 2012 年 4 月 26 日登载于上海证券交易所网站的《首次公开发行股票招股说明书》。

2013 年 1 月 15 日,本公司收到北京市朝阳区人民法院(2011)朝民初字第 325 号《民事判决书》,相关判决情况详见 2013 年 1 月 18 日登载于上海证券交易所网站的《涉及诉讼公告》。

某传媒因不服一审判决,向北京市第二中级人民法院提起上诉。

二、诉讼判决情况

2013 年 11 月 26 日,北京市第二中级人民法院做出二审判决,驳回某传媒上诉,维持原判。一审本诉案件受理费人民币 129 321 元,由某传媒负担;反诉案件受理费人民币 47 375

元,由某传媒负担人民币 14 000 元,由本公司负担人民币 33 375 元;二审案件受理费人民币 143 901 元,由某传媒负担。该判决为终审判决。

三、本次公告的诉讼对公司本期利润或期后利润等的影响

根据终审判决结果,某传媒于判决生效之日应给付本公司平台使用费人民币 250 万元及其利息。上述判决执行后,将对本公司本期利润或期后利润产生正面影响。

四、备查文件

北京市第二中级人民法院(2013)二中民终字第 089 号《民事判决书》及《民事裁定书》。

特此公告。

某股份有限公司董事会

2013 年 12 月 12 日

阅读理解:

公报是党政机关和人民团体向社会公众公开发布重大事件或重要决定事项的报道性公文。

公告是上至国家高级权力机关、行政机关向国内外宣布重要事项或法定事项,下至各机关部门、人民团体、企事业单位向有关方面或人民群众宣布重要事项的公文。

提示:注意比较发文机关和内容。

2. 台阶训练

某上市企业被认定为高新技术企业,在新一年将享受税收政策优惠,这将对企业的收益带来积极影响,请问该企业应该用什么行政公文向社会公众发布消息?

3. 拟写公文

根据任务情境,为张瀚完成领导交给的拟写公告任务。

任务评价

请老师或同学评价你的写作成果:

文种	标题评价	内容评价	格式评价	评价等第	评价人
公告					

知识链接

一、公报

(一)公报的概念

公报是党政机关和人民团体向社会公众公开发布重大事件或重要决定事项的公文。

(二)公报的特点

(1)内容重大庄严、权威严肃。公报内容,或为重要决定,或为重大事项。

(2)公开发布。公报通过广播、电视、网络等新闻媒体公开发布。

(3)发布机构层级高。公报发布者为高中级党政机关,发布的内容为党的重大会议情况,政府重大事件等。

（三）公报的种类

1. 会议公报

它是用以报道重要会议或会谈的决定和情况的公报。这种公报一般用于党中央召开的会议，如《中国共产党十八届三中全会公报》。

2. 事项公报

它是党政机关用以发布重大情况、重要事件的文件。如中华人民共和国国土资源部《2012 年中国海洋环境状况公报》《2010 年第六次全国人口普查主要数据公报》。

3. 联合公报

它用以发布国家之间、政党之间、团体之间经过会议达成的某种协议，如《中华人民共和国和美利坚合众国联合公报》。

（四）公报的写作格式

公报包括首部、正文和尾部三部分。

1. 首部

首部包括标题和成文时间。

（1）公报的标题。常见的有三种形式：

1）会议公报，由会议名称和文种构成，如《中国共产党十八届三中全会公报》。

2）事件性公报，由事由和文种组成，如《中华人民共和国 2012 年国民经济和社会发展统计公报》。

3）由发表公报的双方或多方国家的名称或简称、事由和文种构成，如《中华人民共和国和美利坚合众国联合公报》。

（2）公报的发布时间。公报的发布时间是公报发布的日期，用括号在标题之下正中位置注明。如国家海洋局发布《2012 年中国海洋环境状况公报》的时间是"（2013 年 3 月 29 日）"，该日期在发布公文时写在标题下方居中位置。

2. 正文

公报的正文包括开头、主体两部分。

（1）开头。即前言部分。

1）会议性公报要求概述会议的名称、时间、地点、参加人员等。

2）事件性公报要求用最鲜明、最精练的语言概述事件的核心内容，即何时、何地、发生了什么重大事件。

3）联合公报要求概述公报的来由，即在何时、何地、谁与谁举行了什么会谈，签署了什么协议，或谁对谁进行了什么性质的访问等。

（2）主体。它是公报的核心内容，要求把公报的内容完整、系统、有序地表达清楚。常见的有三种写作方式：

1）分段式，即每段说明一层意思或一项决定。

2）序号式，多用于内容复杂、问题头绪较多的公报。

3）条款式，多用于联合公报。

3. 尾部

（1）会议性公报和事件性公报一般没有尾部。

（2）联合公报要在正文之后写明双方签署人的身份、姓名、日期。

二、公告

(一)公告的概念

公告是上至国家高级权力机关、行政机关向国内外宣布重要事项或法定事项,下至各机关部门、人民团体、企事业单位向有关方面或人民群众宣布重要事项的公文。

(二)公告的特点

(1)内容重大。政府公告发布的内容必须是重大事项或法定事项。机关部门、人民团体、企事业单位发布公告的内容也是本机构要向公众传播的主要事项。

(2)事件单一。公告要求发布的重大事项是单一的。

(3)公开发布。公告发布方式与公报一样,在广播、电视、网络等媒体上对公众公开发布。

(三)公告的种类

根据公告发布主体,公告可以分为政府公告和企事业单位公告。

1. 政府公告

它是国家各级政府机关发布重要事项或法定事项的公文,又可以分为国家重要事项公告和法定事项公告。

国家重要事项公告是宣布有关国家的政治、军事、经济等方面重要事项的公告;法定事项公告是国家公布有关法律、法令和行政法规及由司法机关依照法律、有关规定发布重要事项的公告。

2. 企事业单位、人民团体的公告

它是企事业单位、人民团体发布重要事项的公文。如某某单位发布的招标公告、某某上市公司发布的年度业绩公告。

(四)公告的写作格式

公告包括首部、正文和落款三部分。

1. 首部

(1)公告的标题。公告的标题有三种形式:

1)由发文机关名称、事项、文种组成,如《南京市人民政府征地补偿安置方案公告》。

2)由发文机关名称和文种组成,如《南京市人民政府公告》。

3)只写出文种“公告”即可。

(2)发布时间。通常写在标题之下。

2. 正文

公告的正文一般包括公告缘由、事项和结语三项内容。

公告缘由,要求用简要的语言写出公告的依据、原因、目的。

事项是公告的主体,要求明确写出公告的决定和要求。要求把公报的内容完整、系统、有序地表达清楚。

结语一般用“现予公告”“特此公告”等习惯用语,体现公告的严肃庄重。

3. 落款

公告的落款要求写出发布机关的名称和年、月、日。如果机关名称已在标题中出现,在落款处也可不写,只写年、月、日;如果年、月、日已经写在公告标题的下方,在落款处就不需要写了。

拓展阅读

公报与公告的区别

1. 从发布机关来说,党的领导机关多用公报,政府机关多用公告。
2. 从内容来说,宣布单独事件多用公告,发布会议情况、谈判情况、统计情况等多用公报。
3. 宣布要有关人员遵守的法定事项,用公告而不用公报。

拓展训练

1. 课外上网,选择国家或地方政府网站,查看公报案例,研读公报内容和写法。
2. 课外上网,选择两家上市公司网站,查阅其所发布的公告,研读企业公告的内容和写法。

任务3　拟写通报、通告

任务目标

1. 知识目标
(1)了解通报、通告的概念、特点、分类。
(2)掌握通报、通告的写作格式。
2. 能力目标
(1)能够区分通报、通告的不同。
(2)能够正确写作通告、通报。

任务情境

2011年春节期间,为维护夫子庙地区治安交通秩序,确保群众游览、观灯安全,经南京市政府批准,南京市公安交通管理局于2011年1月28日发布了《南京市公安局交通管理局关于加强春节期间夫子庙地区交通管理的通告》,告知民众节日期间将采取的交通管制措施:

一、管制范围:以夫子庙广场为中心,南至长乐路,西至中华路,北至建康路(以上不含道路),东至平江府路(含道路)的合围区域。

二、管制时间:2月3日(初一)至2月20日(正月十八),每日9:00至23:00。

三、管制措施:在上述范围,除公交车、执行任务车辆外,禁止一切车辆驶入。遇有特殊情况,公安交通管理部门将对活动所在地周边道路实施其他临时交通管制措施。通告请车辆驾驶人和广大人群众自觉遵守通告要求,服从公安民警和交通执勤人员的现场指挥和管理,并指出违者将予以处罚。由于这份公文适时发布和落实到位,2011年春节期间,南京夫子庙地区治安交通秩序井然,没有发生重大治安和交通事故。春节后,市政府办公室发文,通报表彰了在春节期间主要负责夫子庙地区交通管制的交警三大队和主要负责夫子庙地区治安工作的秦淮区公安局夫子庙派出所两家单位。

请你据此撰写一份通告和一份通报。

任务要求

1. 范文阅读:了解通报、通告的内容和写法,正确区分通报、通告。
2. 台阶训练:根据情境,辨析通报和通告的使用范围。
3. 拟写公文:完成领导交给的拟写通告和通报的任务。

任务实施

1. 范文阅读

(1)通告。

2014年高考期间市区部分路段交通管制通告

为维护市区道路交通安全畅通,确保2014年高考工作顺利进行,根据《道路交通安全法》的有关规定,现决定对市区部分路段实施限制交通的管理措施,通告如下:

一、限制通行路段

解放东路:东至天津路口西至富春花园北大门。

前进东路:东至天津路口西至石桥路口。

健康西路:东至北京北路口西至西安路口。

学苑路:北至健康西路口南至大治路口。

大治路:东至学苑路口西至西安路口。

西安路:南至淮海西路口北至黄河西路口。

二、限制通行时间

6月7日8时30分至12时,14时40分至17时30分。

6月8日14时30分至17时。

6月9日8时40分至10时40分,14时40分至16时40分。

三、限制通行车辆

在上述时间段内,西安路禁止货车通行,其他路段禁止一切机动车(公交车除外)通行。

特此通告。

淮安市公安局交通巡逻警察支队

2014年5月30日

(2)通报。

教育部办公厅关于教育部获得“全国离退休干部先进集体”和“全国离退休干部先进个人”荣誉称号情况的通报

教离退厅〔2014〕2号

部属各高等学校,各直属单位:

2014年11月26日,在中组部召开的全国离退休干部先进集体和先进个人(以下简称“双先”)表彰大会上,教育部机关离退休干部二十八党支部荣获“全国离退休干部先进集体”荣誉称号;北京大学离休干部杨辛、山东大学离休干部臧乐源、武汉大学退休干部杨昌林和西北农林科技大学退休干部王性炎等4位老同志荣获“全国离退休干部先进个人”荣誉称号。根据部领导指示精神,特将获表彰情况予以通报。

广大离退休干部是推动教育事业改革发展的宝贵资源和重要力量。受到表彰的先进集体和先进个人,是教育部离退休干部集体和个人的优秀代表。各个离退休干部集体尤其是离退休干部党支部要向受到表彰的先进集体学习,认真学习贯彻党的十八大和十八届三中、四中全会精神,认真学习习近平总书记系列重要讲话精神,自觉践行社会主义核心价值观,带头宣传改革开放以来我国经济社会发展取得的巨大成就和教育事业发展取得的新进展,充分发挥组织、凝聚、引导老同志的作用。广大离退休干部要以受到表彰的先进个人为榜样,学习他们信念坚定、对党忠诚的政治品格;学习他们牢记宗旨、心系群众的为民情怀;学习他们生命不息、奋斗不止的崇高精神。

各直属高校、各直属单位要认真学习贯彻习近平总书记在会见全国离退休干部先进集体和先进个人代表时的重要讲话和全国离退休干部“双先”表彰大会精神,认真落实离退休干部政治和生活待遇,全面做好新形势下的离退休干部工作。要大力宣传受到表彰的离退休干部集体和个人的先进事迹,进一步营造尊老敬老为老的良好氛围,组织引导老同志为党的教育事业增添正能量、做出新贡献!

附件:1. 教育部机关离退休干部二十八党支部先进事迹
2. 北京大学离休干部杨辛先进事迹
3. 山东大学离休干部臧乐源先进事迹
4. 武汉大学退休干部杨昌林先进事迹
5. 西北农林科技大学退休干部王性炎先进事迹

教育部办公厅
2014年12月24日

广东省纪委通报

为落实中央关于贯彻执行中央八项规定精神、纠正“四风”要突出重要节点、保持正风肃纪高压态势的要求,广东省各级纪委强化监督执纪问责,畅通群众投诉渠道,坚持“暗访、查处、追责、曝光”四管齐下,严肃查处各大节日期间违规公款吃喝、收送红包礼金、公车私用、公款旅游和违规发放津贴补贴等“节日病”问题。现将7起典型问题通报如下:

1. 潮州市潮安区委常委陈××等人违规接受公款宴请和公款礼金问题。2013年中秋节前夕,时任市政府副秘书长兼办公室主任陈××、时任市政府副秘书长林××和市政府办公室副主任黄××接受该市市直某单位宴请,公款消费人民币共计9 720元,并每人收受礼金人民币2 000元。上述餐费及礼金以购买“副食品”“茶具”等名义虚开发票在宴请单位入账报销。陈××、林××、黄××均受到党内严重警告处分,违纪款项被收缴国库。

2. 清远市清新区副区长徐××节日收受红包礼金问题。徐××在2011年至2014年中秋、春节期间,利用分管教育工作职务之便,收受其管理和服务对象章某、薛某两人以节日慰问名义给予的红包礼金,受到党内严重警告和行政降级处分,违纪款项被收缴国库。

3. 深圳市南山区委统战部副部长刘××违规发放补贴问题。2015年3月,南山区委统战部在港组织新春团拜活动期间,刘××作为分管财务工作的副部长,提议并安排工作人员向部分参与活动人员违规发放补贴港币 15 000 元,其本人领取港币 2 000 元。刘××受到党内警告处分,违纪发放款项被收缴国库。

4. 韶关市乳源县乳城镇司法所所长许××公车私用问题。2015 年清明节期间,许××驾驶公务用车送其朋友及家人 3 人到龙南扫墓,后又多次驾驶公务用车打麻将、吃宵夜、到茶叶店喝茶。许××受到党内严重警告处分,被责令补缴私用公车费用。

5. 揭阳市空港经济区地都镇教育组组长蔡××违规发放津贴补贴问题。2013 年春节前夕,蔡××授意下属以节日补贴的名义向辖属各中小学校长、幼儿园园长和教育组工作人员发放补贴共计人民币 63 000 元;2014 年元宵节前夕,蔡××授意下属以元宵节补贴名义向教育组等 8 名工作人员发放补贴共计人民币 4 200 元。蔡××受到党内严重警告处分。违纪发放款项被收缴国库。

6. 东莞理工学院工商管理学院公款旅游问题。2014 年中秋后,东莞理工学院工商管理学院党总支书记唐××、院长李××先后两次组织学院行政人员、教职工及部分家属赴清远旅游,两次旅游共支出 31 771 元,事后分别以赴广州大学、华南师范大学和深圳大学进行学术交流的名义报销了上述费用。唐××、李××均受到党内警告处分。违规旅游费用改由参与人员个人承担。

7. 阳江市阳东区塘坪镇赤岗村委会违规发放补助问题。2014 年元旦、春节期间,赤岗村委会在没有召开村民代表会议及没有合法合规开支渠道的情况下,村两委干部商议并擅自动用集体资金违规发放两委干部补助人民币 10 000 元。党支部书记兼主任梁××、副主任陈××、妇联主任梁××在当天各签领了补助款人民币 2 500 元。梁××受到党内严重警告处分,陈××、梁××均受到党内警告处分。违规发放款项被收缴至集体账户。

上述问题的发生,充分表明少数地区和单位“节日病”问题仍然存在,纠正“四风”任重道远。节日前后往往是“四风”问题的集中暴露期。中秋、国庆两节将至,各级党委要切实担负起主体责任,加强研究部署,强化对党员干部的教育、管理和监督,坚持以上率下,从小错抓起,动辄则咎,早发现早处置,真正把纪律立起来、严起来,推动中央八项规定精神落地生根。各级纪委要认真落实监督责任,敢于担当、敢于执纪,继续狠抓重要节点、盯住具体问题,严肃查处违规用公款发放节礼、津贴补贴以及违规公款吃喝、公款旅游等问题,不断释放执纪必严、久久为功的强烈信号,严防“节日病”反弹回潮,共同营造风清气正、欢乐祥和的节日环境。

来源:中央纪委监察部网站

发布时间:2015 年 9 月 1 日

我省甲型 H1N1 流感防控工作信息通报

江苏省卫生厅 12 月 31 日通报:截至 2009 年 12 月 30 日 24 时,我省累计报告甲型 H1N1 流感确诊病例 6 198 例,住院治疗 1 447 例。重症及危重病例 459 例,死亡 25 人。

截至 2009 年 12 月 30 日,全省累计接种甲型 H1N1 流感疫苗 286.05 万人,无严重不良反应报告。

2009 年第 51 周(12 月 21 日至 27 日),全省 29 家流感监测哨点医院报告的流感样病例占同期门急诊就诊病例总数的比例为 5.78%;14 家流感监测网络实验室对哨点医院所采集的监测标本进行了流感病毒核酸检测,阳性检出率为 46.10%;在全部阳性标本中,甲型 H1N1 流感病毒核酸阳性标本占 91.01%。

江苏省卫生厅

2009 年 12 月 30 日

阅读理解：

通报，适用于表彰先进、批评错误、传达重要精神和告知重要情况。

通告，适用于在一定范围内公布应当遵守或者周知的事项。

2. 台阶训练

(1)某企业在工厂大门口贴出一份通报，内容是告诉企业员工从7月1日起必须穿着企业夏季制服上班，否则不能够进入厂区。

请问这份公文文种是否运用正确？应该用什么文种才合适？

(2)某企业办公室贴出一份通告，告知企业员工本企业东大门重新翻建，员工在一个月时间内从南大门进出厂区。

请问文种使用是否正确？

3. 拟写公文

根据任务情境，拟写通告和通报。

任务评价

请老师或同学评价你的写作成果：

文种	标题评价	内容评价	格式评价	评价等第	评价人
通告					
通报					

知识链接

一、通告

(一)通告的概念

通告是在一定范围内公布应当遵守或周知事项时使用的公文。

(二)通告的特点

1. 约束性

通告所告知的事项常作为各有关方面行为的准则或对某些具体活动的约束限制，具有行政约束力甚至法律效力，要求被告知者遵守执行。

2. 业务性

通告常用于水电、交通、金融、公安、税务、海关等主管业务部门工作的办理、要求或事务性事宜，内容带有专业性、事务性。

3. 广泛性

通告告知范围广泛，适用范围也很广泛，不仅在机关单位内部公布，而且向社会公布。其内容可涉及社会生活各方面，因而各级机关、企事业单位、社会团体都可以使用。此外，通告的发布方式多样，可通过报刊、广播、电视公布，也可以张贴和发文，使公告内容广为人知。

(三)通告的种类

(1)周知性通告。周知性通告一般用于传达告知业务性、事务性事项，一般没有执行要求，仅供人们知晓。

(2)规定性通告。规定性通告一般用于公布国家有关政策、法规或要求遵守的约束事项,告知对象必须严格遵照执行,公布带有强制性的行政措施。为确保某一事项的执行与处理,它将提出具体规定,以要求相关单位与个人遵守。

(四)通告的写作格式

1. 标题

(1)由文种“通告”构成,如遇特别紧急情况,可在通告前加上“紧急”二字。

(2)由事由和文种构成,如《关于中山路片区停气的通告》。

(3)由发文机关、事由和文种构成,如《南京市政府关于元宵节期间对夫子庙地区施行临时交通管制的通告》。

(4)由发文机关和文种构成,如《上海市民政局通告》。

2. 正文

(1)发文缘由。主要阐述发布通告的背景、根据、目的、意义等。

通告常用特定承启句式“为……,特通告如下”或者“根据……,决定……,特此通告”引出通告的事项。

(2)通告事项。通告事项是通告正文的核心部分,包括需要周知事项和执行要求。

撰写这部分内容,首先要做到条理分明、层次清晰。内容较多时,可采用分条列项的方法;内容比较单一时,可采用贯通式方法。其次要做到明确具体,需清楚说明受文对象应执行的事项,以便于理解和执行。

3. 结语

在正文最后单独另起一行,用“特此通告”或“本通告自发布之日起实施”表达。

4. 落款

在正文右下方,标明发文机关单位和日期。

二、通报

(一)通报的概念

通报是适用于表彰先进、批评错误、传达重要精神和告知重要情况的公文。

(二)通报的特点

1. 政策性

对于表彰性通报和批评性通报来说,因为通报中的决定(即处理意见),直接涉及具体单位、个人或事情的处理,同时,此后也会牵涉到其他单位、部门效仿执行的问题,必须讲究政策依据。

2. 典型性

通报的事实,具有一定的普遍性、代表性和针对性,有典型的教育意义或指导意义。

3. 及时性

通报要及时发出,注重时效,以发挥通报的效用。

4. 指挥性

表彰性通报,引导人们学习先进;批评性通报,提醒人们引以为戒;情况通报,传达重要精神和情况,指导下级调整实际工作。

（三）通报的种类

1. 表彰性通报

表彰性通报，用以表彰先进单位和个人，公布受表彰者先进经验或事迹，宣布给他们的奖励，分析他们的先进经验，指出向他们学习的内容，并号召大家学习。

2. 批评性通报

批评性通报，用于批评犯错误的个人或群体，公布他们的错误事实，宣布给他们的处分，分析他们的错误性质，指明应该吸取的教训，并要求大家从错误中吸取教训。

3. 情况通报

情况通报，用于将领导部门掌握的重要精神或重要情况传达给下属，以便下属开展工作、处理问题时能做到了解全局，与上级统一认识，统一步调。

（四）通报的写作格式

1. 标题

（1）由发文机关名称、事由和文种组成，如《国务院办公厅关于××省××市××县擅自停课组织中小学生参加迎送活动的通报》。

（2）由事由和文种构成，如《关于给不顾个人安危勇于救人的王××同志记功表彰的通报》。

（3）由机关单位名称和文种，如《中共××市纪律检查委员会通报》。

2. 主送机关

通报应该标明主送机关，普发性通报除外。

3. 正文

通报正文一般由主要事实、事实评析、决定和要求组成。

（1）主要事实。概述所通报事件发生的时间、地点、单位或人、经过、结果。事实要有代表性和典型性。

内容要求写得清楚明白，准确无误，重点突出，切忌面面俱到。文字表述要简明扼要。

（2）事实评析。对通报的事实进行分析评论，指出事实的性质和产生的原因，阐明通报的意图。

表彰先进，要指出先进事迹的精神实质、典型意义；批评错误，要分析错误的性质、原因和危害；传达重要精神或者情况，要全面和准确。在评析时，要实事求是，旗帜鲜明。

（3）决定和要求。针对通报事实，做出表彰或处分（处理）决定，并由此引出应当吸取的经验或教训，提出希望与要求。

4. 落款

在正文右下方，标明发文机关单位和日期。

拓展阅读

通告、通报、通知的相同点和不同点

（1）通知是运用广泛的知照性公文，用来发布法规、规章，转发上级机关、同级机关和不相隶属机关的公文，批转下级机关的公文，要求下级机关办理某项事务等。

（2）通告是在一定范围内公布应当遵守或周知事项时使用的文种，其主要特点是知照性、

专业性、约束力,此外还具有规范性、广泛性和业务性的特点。

(3)通报是上级把有关的人和事告知下级的公文。通报的运用范围很广,各级党政机关和单位都可以使用,它的作用是表扬好人好事,批评错误和歪风邪气,传达重要情况。其目的是交流经验,吸取教训。

公告和通告的区别

(1)内容属性不同。公告用于向国内外宣布重要事项或者法定事项,兼有消息性和知照性的特点;与公告相比,通告的内容是在一定范围内应当遵守或周知的事项,具有鲜明的执行性、知照性。

(2)告知的范围不同。公告面向国内外的广大读者、听众,告知面广;通告的告知面则相对较窄,只是面向一定范围内的的有关单位和人员。

(3)使用权限不同。公告通常是党和国家高级领导机关宣布某些重大事项时才用,新华社、司法机关以及其他一些政府部门也可以根据授权使用公告。而通告则适用于各级行政机关和企事业单位。

拓展训练

2015 年 3 月 3 日晚 10 时许,光明职业中专 2014 级机加工 3 班同学李勇等 3 名同学不顾学校住宿生管理规定,擅自翻越围墙出校,与社会上闲散人员聚众滋事,打伤无辜路人多名,被派出所拘留。此前 3 日,学校也曾发生 2013 级电器维修 2 班王虎等 5 名同学擅自违规出校聚餐饮酒,夜不归宿事件。为加强管理,严禁此类现象发生,学校校长办公室对两起事件中违犯学校管理制度的同学做出了警告处分,并专门就此类事件向全校师生发出通报。

请你拟写这份通报。

任务 4　拟写请示、批复

任务目标

1. 知识目标

(1)了解请示、批复的概念、特点。

(2)掌握请示、批复的写作格式。

2. 能力目标

(1)能够区分请示、批复的不同。

(2)能够正确拟写请示、批复。

任务情境

为落实《中国足球改革发展总体方案》要求,向阳县红旗农机公司子弟小学向县教育局请示，拟将学校建设成本县足球特色学校，随文附件为《红旗农机公司子弟小学建设足球特色学校规划方案》。方案内容为该校拟引入社会资本200万元，由红旗农机公司投资，用于改造学校足球运动场地，增加训练设备。将来培训运动员收入，双方按照学校占70%，红旗农机公司占30%分成。教育局收到学校请示后数日，行文批复，同意学校的方案，将红旗农机公司子弟小学建设成本县足球特色学校，并希望学校认真开展工作，在计划的1年内完成项目施工，保证工程质量和学校师生安全。红旗农机公司将竭力开展足球运动科学训练，提高学生体质，培养足球后备力量，为中国足球改革事业做出贡献。

请你据此情境拟写一份请示和一份批复。

任务要求

1. 范文阅读：正确区分请示、批复。
2. 台阶训练：改错。
3. 拟写公文：完成情境任务。

任务实施

1. 范文阅读

（1）请示。请求指示的请示：

关于淮南市化工集中区有关问题的请示

淮安监〔2015〕190号

省安全监管局：

按照《关于贯彻〈安徽省人民政府办公厅关于促进我省化工产业健康发展的意见〉的通知》（皖安监三〔2012〕120号）文件精神，所有新建化工项目一律进入化工集中区，并作为项目备案、核准、审批的前置条件。未进入化工集中区的现有化工企业，不得扩大生产规模和品种。我市部分危险化学品生产企业、医药生产企业由于市场经济影响，拟扩大生产规模和品种。现将有关化工集中区的问题请示如下：

一、安徽淮化股份有限公司、安徽德邦化工有限公司和中科合成油淮南催化剂有限公司项目

淮南市政府于2014年9月30日下发了《关于市经济技术开发区和淮化集团化工集中区有关事项的批复》（淮府秘〔2014〕122号，见附件1），明确了安徽德邦化工有限公司年产60万吨纯碱项目、安徽淮化集团有限公司年产10万吨合成气制乙二醇和中科合成油淮南催化剂有限公司年产1万吨γ-丁内酯项目现属于化工集中区。

我局组织专家于2014年10月31日和2015年4月3日对安徽淮化集团有限公司年产10万吨合成气制乙二醇项目安全条件和安全设施设计进行了审查；于2014年11月20日和2015年5月22日对安徽德邦化工有限公司合成塔及配套设备节能改造项目安全条件和安全设施设计进行了审查；于2012年8月1日和2013年8月2日对中科合成油淮南催化剂有限公司年产1万吨γ-丁内酯项目安全条件和安全设施设计进行了审查，审查合格后分别出具了危险化学品建设项目安全条件审查意见书和安全设施设计审查意见书。

中科合成油淮南催化剂有限公司由于γ-丁内酯受市场环境影响,该项目2014年5月份建成后未投入生产,现主要装置未变,改生产2-甲基呋喃。安徽省经济和信息化委员会对1万吨/年2-甲基呋喃工艺安全可靠性进行了论证(见附件2)。我局分别于2015年6月16日和2015年8月12日对中科合成油淮南催化剂有限公司年产1万吨γ-丁内酯技改、2-甲基呋喃项目安全条件和安全设施设计进行了审查,审查合格后出具了危险化学品建设项目安全条件审查意见书和安全设施设计审查意见书。

目前,上述3家企业危险化学品建设项目已建成,拟进行试生产。

二、淮南市德瑞化工有限公司项目

淮南市政府于2015年6月24日下发了《关于淮南市德瑞化工有限公司属于化工集中区问题的批复》(淮府秘〔2015〕102号,见附件3),明确了淮南市德瑞化工有限公司技改项目现属于化工集中区。

2011年安全检查时发现该企业技改项目基础设施已建成,未履行建设项目安全设施"三同时"手续,我局下达了停建整改指令,要求该企业履行建设项目相关安全许可手续后方可进行建设。

三、安徽永安制药有限公司项目

安徽永安制药有限公司位于淮南市经济技术开发区淮南生物医药工业园内,该生物医药工业园于1999年经省政府批准设立(见附件4),2013年被安徽省经济和信息化委员会确定为安徽省新型工业化产业示范基地(见附件5),示范内容是医药化工。

2014年6月30日接群众举报,安徽永安制药有限公司存在没有办理安全报批手续非法生产5-氯水杨酸行为,经核查发现该企业5-氯水杨酸生产设备于2012年7月安装竣工,未履行建设项目相关许可手续。我局下达了停建整改指令,要求该企业履行建设项目相关安全许可手续后方可进行建设。

我局于2015年2月16日向省局提交了《关于安徽永安制药有限公司医药中间体技改项目选址意见的请示》(淮安监三〔2015〕42号),省局于2015年2月28日向我局复函,同意该公司四氯苯酐项目选址。但根据2015年5月1日实施的《危险化学品目录(2015版)》(国家安全监管总局等10部门公告2015年第5号),四氯苯酐(四氯邻苯二甲酸酐)属于危险化学品,因此,该建设项目属于危险化学品生产。

上述5家企业危险化学品建设项目选址是否符合要求,请批示。

附件:1.淮南市政府《关于市经济技术开发区和淮化集团化工集中区有关事项的批复》(淮府秘〔2014〕122号);

2.安徽省经济和信息化委员会《关于中科合成油淮南催化剂公司1万吨/年2-甲基呋喃项目通过工艺安全可靠性论证的函》(皖经信安全函〔2015〕194号);

3.淮南市政府《关于淮南市德瑞化工有限公司属于化工集中区问题的批复》(淮府秘〔2015〕102号);

4.安徽省人民政府《关于同意设立安徽淮南生物医药工业园的批复》(皖政秘〔1999〕110号);

5.安徽省经济和信息化委员会《关于公布第四批安徽省新型工业化产业示范基地名单的通知》(皖经信〔2013〕187号)。

淮南市安全生产监督管理局

2015年10月10日

请求批准的请示：

关于申请东坝到北渡河道圩堤维修加固经费的请示

桃李乡〔2016〕13号

县委、县政府：

自6月入汛以来，桃李乡遭受暴雨侵袭，特别是5月26日—28日，总降雨量达380多毫米，最高峰仅26日降雨量就达190.8毫米。大雨携带泥沙拥入河道，河面上涨达2.8米，导致东坝到北渡河道圩堤严重受损，近2/3的圩堤严重损坏；大面积农田被淹，近3 000亩农田无法正常灌溉；主干道牛岭线多处塌方、塌陷，沿河群众房屋汲汲可危，急需对该河道圩堤进行维修加固。

为保障群众生命财产安全，确保社会稳定，乡党委、政府决定对东坝到北渡8.3公里河道圩堤进行除险维修加固。初步预算：河道圩堤两岸总长16.6公里，总投资近1 350万元。

恳请县委、县政府考虑给予经费支持。

请批示！

桃李乡人民政府
2016年7月11日

请求批转的请示：

关于中国公民自费出国旅游管理暂行办法的请示

国务院：

随着对外改革开放的不断扩大，人民生活水平不断提高，近年来，中国公民自费出国旅游不断增加，为适应改革开放形势，加强中国公民自费出国旅游的管理，特制定了《中国公民自费出国旅游管理暂行办法》。

附件：中国公民自费出国旅游管理暂行办法

以上暂行办法如无不妥，请批转发布执行。

国家旅游局　公安部
××××年×月×日

(2)批复。

关于山东省体育训练中心运动员公寓项目可行性研究报告的批复

省体育局：

你局《关于申请批复〈山东省体育训练中心运动员公寓项目可行性研究报告〉的请示》(鲁体经字〔2014〕1号)收悉。经研究，批复如下：

一、为加强和完善我省体育训练中心的基础设施建设，适应建设国际一流体育训练基地的要求，满足运动员、教练员的集训和生活需求，同意山东省体育训练中心建设运动员公寓项目。建设地点位于济南市历城区，经十东路东首以北、凤鸣路以东、世纪大道以南、凤凰山西北，山东省体育学院东北部运动员公寓区内。

(中间略)

四、要认真按照国家和省投资管理规定,严格落实项目建设资金和环保、安全、节能等措施,在建设中要尽量采用节能减排的新技术、新材料,认真执行招标投标等制度,切实加强项目建设监督管理,严格按照批复的建设规模、建设内容、投资额和规定程序组织实施,确保工程质量。

项目建设期为2年。请据此抓紧编制初步设计概算报我委审批。

附件:山东省体育训练中心运动员公寓项目招标投标事项核准意见

山东省发展和改革委员会
2014年9月22日

阅读理解:

请示是下级机关向上级机关请求指示或批准的报请性公文。

批复是上级机关答复下级机关的请示事项时使用的公文。

2. 台阶训练

指出下面文种使用的错误:

(1)××乡人民政府给县财政局的《关于解决修路所需经费的请示》。

(2)××县电业局给县直各单位的《关于近期停电的通知》。

(3)××市教育局给县政府《关于调整县职业教育结构的批复》。

3. 拟写公文:

根据情境任务拟写一份请示和一份批复。

任务评价

文种	标题评价	内容评价	格式评价	评价等第	评价人
请示					
批复					

知识链接

一、请示

(一)请示的概念

请示是下级机关向上级机关请求指示或批准的报请性公文。

(二)请示的特点

(1)超前性。请示必须是在办事之前。

(2)说明性。请示的目的在于向上级说明情况,请求帮助。

(3)单一性。请示内容单一,目的较单纯,一文只能请示一事。

(三)请示的类型

1. 请求指示的请示

此类请示一般是政策性请示,是下级机关需要上级机关对原有政策规定做出明确解释,对变通处理的问题做出审查认定，对如何处理突发事件或新情况、新问题做出明确指示等的请示。

2. 请求批准的请示

此类请示是下级机关针对某些具体事宜向上级机关请求批准的请示，主要目的是为了解决某些实际困难和具体问题。

3. 请求批转的请示

此类请示是下级机关就某一涉及面广的事项提出处理意见和办法，需各有关方面协同办理，但按规定又不能指令平级机关或不相隶属部门办理，需上级机关审定后批转执行而向上级机关发出的请示。

（四）请示的写作格式

请示的结构由标题、主送机关、正文和落款四部分组成。

1. 标题

标题一般采用“发文单位 + 事由 + 文种”的形式，如《后勤处关于购买办公桌椅的请示》。标题不能只写“请示”二字。

2. 主送机关

请示一般写一个主送机关，如需要同时送其他机关，应当用抄送形式，但不得同时抄送下级机关；受双重领导的机关应写明主送机关和抄送机关，由主送机关负责答复。一般不得越级请示，因特殊情况越级请示时应抄送被越过的上级机关。

3. 正文

正文主要由请示的原因、内容、要求三部分组成，请示时应将理由陈述充分，提出的解决方案要合理，具体可行。结束语用“当否，请批示”“以上请示如无不妥，请批转各部门执行”等。

4. 落款

在正文右下方写明发文机关和日期。

二、批复

（一）批复的概念

批复是上级机关答复下级机关的请示事项时使用的公文。

（二）批复的特征

1. 被动性

批复是专门用于答复下级机关请示事项的公文，先有上报的请示，后有下发的批复，写批复是被动行文。

2. 针对性

批复事项必须针对请示内容来答复，表明对请示事项的态度，即是否同意或是否可行。

3. 政策性

撰写批复的上级机关，不管是发出指示还是批准事项，都必须有政策依据。下级机关办理请示事项，也需要以批复内容为依据。

（三）批复的分类

根据内容和性质，批复可以分为审批事项批复、审批法规批复和阐述政策的批复等三种。

（四）批复的写作格式

批复一般由标题、主送机关、正文和落款构成。

1. 标题

标题一般由“发文机关+事由+文种”或“事由+文种”构成。

2. 主送机关

主送机关一般只有一个,是报送请示的下级机关。批复不能越级行文,当所请示的机关不能答复下级机关的问题而需要向更上一级机关转报请示时,更上一级机关所做批复的主送机关不应是原请示机关,而是转报机关。如果批复的内容同时涉及其他的机关和单位,则要采用抄送的形式送达。

3. 正文

正文包括批复引语、批复意见和批复要求三部分。

(1)批复引语。批复引语要点出批复对象,一般称“收到某文”或“某文收悉”。一般要写明是对于何时、何文号、关于何事的请示的答复。

(2)批复意见。批复意见是针对请示中提出的问题所做的答复和指示,意思要明确,语气要适当,什么同意,什么不同意,依据和注意事项等都要写清楚。

(3)批复要求。批复要求是从上级机关的角度提出的一些补充性意见,或是表明希望、提出号召。

4. 落款

在正文右下方写明发文机关和日期。

拓展阅读

批复、复函、通知的区别

一、批复、复函、通知的共同点

批复、复函、通知均具有回复事项的功能。

批复是“适用于答复下级机关的请示事项”的行政公文。

函是“适用于不相隶属机关之间商洽工作,询问和答复问题,请求批准和答复审批事项”的行政公文。函分去函和复函。复函是对来函的答复函。

通知是“适用于批转下级机关的公文,转发上级机关的和不相隶属机关的公文,传达要求下级机关办理和需要有关单位周知或者执行的事项、任免人员”的行政公文。

二、批复、复函、通知的区别

批复是仅对请示的回复。

复函主要是对来函的回复,也兼有文秘部门经上级授权对请示的回复。

通知的回复事项主要体现为两点:一是用“批转”或“转发”的通知对上行文的意见进行回复,二是文秘部门经上级授权对请示的回复。

拓展训练

很多人将请示与报告混为一谈。请你上网搜索相关知识,了解请示与报告的区别。

任务5 拟写函

任务目标

1. 知识目标

(1)了解函的概念、特点、分类。

(2)掌握函的写作格式。

2. 能力目标

能够正确写作函。

任务情境

百得利连锁公司在与供货商甜美食品公司业务往来中常常需要发函沟通。

8月15日,百得利连锁公司发函告知供货商甜美食品公司,希望供货商改变原中秋节产品供货计划,提前10天,即在8月底将中秋节销售的月饼等产品发货到各个连锁门店销售,抢占节日市场先机。甜美食品公司复函,表示将立即调整原节日供货计划,安排生产厂家加班生产,调整物流送货方案,满足百得利连锁公司节日供货要求。

请你以双方名义拟写双方的往来函件。

任务要求

1. 范文阅读:了解函的种类、内容、写作格式。
2. 台阶训练:改正文种使用错误。
3. 拟写公文:完成函的写作。

任务实施

1. 范文阅读

(1)去函。

关于维修办公设备的联络函

惠民办公设备公司:

我公司去年从贵公司购入多功能一体机一台,型号为HKQ-2。该机至今使用一年3个月,于昨日出现严重故障,现已无法开机。

希望贵部能尽快派员工上门维修,我们感激不尽。

奋达科技公司行政部

2015年9月10日

(2)复函。

国务院办公厅关于同意建立推进大众创业
万众创新部际联席会议制度的函

国办函〔2015〕90 号

发展改革委:

你委《关于建立推进大众创业万众创新部际联席会议制度的请示》(发改高技〔2015〕1676号)收悉。经国务院同意,现函复如下:

国务院同意建立由发展改革委牵头的推进大众创业万众创新部际联席会议制度。联席会议不刻制印章,不正式行文,请按照国务院有关文件精神,认真组织开展工作。

附件:推进大众创业万众创新部际联席会议制度

国务院办公厅
2015 年 8 月 14 日

(此件公开发布)

附件

推进大众创业万众创新部际联席会议制度

为贯彻落实《国务院关于大力推进大众创业万众创新若干政策措施的意见》(国发〔2015〕32 号,以下简称《意见》)有关精神,进一步加强统筹协调,形成工作合力,共同推进大众创业万众创新蓬勃发展,经国务院同意,建立推进大众创业万众创新部际联席会议(以下简称联席会议)制度。

一、工作职责

(一)在国务院领导下,统筹协调推进大众创业万众创新相关工作,研究和协调《意见》实施过程中遇到的重大问题,加强对《意见》实施工作的指导、监督和评估。

(二)加强有关地方、部门和企业之间在推进大众创业万众创新方面的信息沟通和相互协作,及时向国务院报告有关工作进展情况,研究提出政策措施建议。

(三)完成国务院交办的其他事项。

二、成员单位

联席会议由发展改革委、科技部、人力资源社会保障部、财政部、工业和信息化部、教育部、公安部、国土资源部、住房城乡建设部、农业部、商务部、人民银行、国资委、税务总局、工商总局、统计局、知识产权局、法制办、银监会、证监会、保监会、外专局、外汇局、中国科协等部门和单位组成。

联席会议由发展改革委主要负责同志担任召集人,发展改革委、科技部、人力资源社会保障部、财政部、工业和信息化部分管负责同志担任副召集人,其他成员单位有关负责同志为联席会议成员。联席会议成员因工作变动需要调整的,由所在单位提出,联席会议确定。

联席会议办公室设在发展改革委,承担联席会议日常工作。联席会议设联络员,由各成员单位有关司局负责同志担任。

三、工作规则

联席会议原则上每年召开一至两次全体会议,由召集人或副召集人主持。可根据工作需要，临时召开会议。成员单位根据工作需要可以提出召开会议的建议。研究具体工作事项时，可视情况召集部分成员单位参加会议，也可邀请其他部门参加会议。联席会议以会议纪要形式明确议定事项，经与会单位同意后印发有关方面。重大事项要及时向国务院报告。

四、工作要求

发展改革委要会同科技部、人力资源社会保障部、财政部、工业和信息化部等部门切实做好联席会议各项工作，各成员单位要按照职责分工，认真落实《意见》确定的各项任务和联席会议议定事项，主动研究推进大众创业万众创新发展相关工作，及时制定政策措施或提出政策措施建议；要互通信息，密切配合，相互支持，形成合力，充分发挥联席会议作用，形成高效运行的长效工作机制。联席会议办公室要及时向各成员单位通报情况。

推进大众创业万众创新部际联席会议成员名单

召 集 人：略

副召集人：略

成　　员：略

2. 台阶训练

判断下面说法正确与否。

(1)函的内容必须单纯，一份函只能写一件事项。(　　)

(2)函用于平级机关或不相隶属机关单位之间。(　　)

3. 拟写公文

根据任务情境，完成拟写函的任务。

任务评价

请老师或同学评价你的写作成果：

文种	标题评价	内容评价	格式评价	评价等第	评价人
函					

知识链接

一、函的概念

函是不相隶属机关之间商洽工作，询问和答复问题，请求批准和答复审批事项的文书。

函的适用范围主要包括四个方面：

(1)平级机关或不相隶属机关单位之间的商洽性、询问性和答复性公务联系。

(2)向无隶属关系的业务主管部门请求批准有关事项。

(3)业务主管部门答复或审批无隶属关系的机关请求批准的事项。

(4)机关单位对个人的公务联系，如答复群众来信等。

二、函的分类

(1)按性质分，函可以分为公函和便函两种：公函用于机关单位正式的公务活动往来；便函则用于日常事务性工作的处理。

(2)按发文方向分,函可以分为去函和复函:去函是主动向对方发函,提出公事事项;复函则是被动回复对方所发来函件,对发函方所提事项进行答复。

(3)按内容和用途分,还可以分为商洽事宜函、通知事宜函、催办事宜函、邀请函、请示答复事宜函、转办函、催办函、报送材料函等。

三、函的特点

1. 体现平等沟通

函主要用于不相隶属机关之间商洽工作,询问和答复问题,体现着双方平等沟通的关系,这是其他所有的上行文和下行文所不具备的特点。

2. 使用者广泛

函对发文机关的资格要求很宽松,高层机关、基层单位,或党政机关、社会团体、企事业单位,均可发函。

3. 内容单一

函的内容必须单纯,一份函只能写一件事项。

4. 行文方向具有多向性

函的使用范围广泛,发函与受函单位的关系多样,行文方向也有平行、上行、下行多种。

四、写作格式

公函由标题、主送机关、正文、结束语、落款五部分组成。

1. 标题

公函的标题一般有两种形式。

(1)由“发文机关名称 + 事由 + 文种”构成,如《国家工商行政管理局商标局关于外国企业名称翻译的函》。

(2)由“事由和文种”构成,如中国国际信托投资公司《关于通报我公司对所属机构使用中信名称注册登记的规定的函》。

2. 主送机关

主送机关即受文并办理来函事项的机关单位,于文首顶格写明全称或者规范化简称,其后用冒号。

3. 正文

(1)开头。开头说明发函的缘由,要求概括交代发函的目的、根据、原因等内容。

复函的缘由部分,一般首先引叙来文的标题、发文字号,然后再交代根据,以说明发文的缘由。

(2)主体。主体是函的核心内容部分,主要说明致函事项。

无论是商洽工作,询问和答复问题,还是向有关主管部门请求批准事项等,都要用简洁得体的语言把需要告诉对方的问题、意见叙写清楚。如果属于复函,还要注意答复事项的针对性和明确性。

4. 结束语

通常应根据函询、函告、函商或函复的事项,选择运用不同的结束语,如“特此函询(商)”“请即复函”“特此函告”“特此函复”等。有的函也可以不用结束语,如属便函,可以像普通信件一样,使用“此致”“敬礼”。

5. 落款

落款包括发文机关署名和成文时间两项内容。

拓展阅读

函、通知、请示的区别

函作为公文中唯一的一种平行文种，其适用的范围相当广泛。在行文方向上，不仅可以在平行机关之间行文，而且可以在不相隶属的机关之间行文，其中包括上级机关或者下级机关行文。在适用的内容方面，它除了主要用于不相隶属机关相互商洽工作、询问和答复问题外，也可以向有关主管部门请求批准事项，向上级机关询问具体事项，还可以用于上级机关答复下级机关的询问或请求批准事项，以及上级机关催办下级机关有关事宜，如要求下级机关函报报表、材料、统计数字等。

通知是要求下级机关、组织或人员办理或周知的事项；发布行政法规和规章；批转下级机关公文，转发上级、同级或不相隶属机关公文时所使用的一种公文。

请示是指下级机关向上级机关请求对某项工作、问题做出指示，对某项政策界限给予明确，对某事予以审核批准时使用的一种请求性公文。

拓展训练

1. 请根据下面的情境，拟写一份去函。

华北传媒公司想培训一批企业公关人员，正巧得到当地的经济管理学院将在近期举办一期企业公关人员培训班的信息，华北传媒公司打算派 10 名公关人员去经济管理学院随班学习。现在要发函联系该校，征询是否可以接收学员，如果同意，华北传媒公司将表示感谢，并立即如数拨付培训费。

2. 请根据下面的情境，拟写一份复函。

经济管理学院收到华北传媒公司希望代培公关人员的来函后，经过研究，决定接收对方 10 名公关人员来院参加培训。

现在发函回复对方，表达欢迎和竭诚服务之意，并简要介绍报名时间、地点和学费总数，告知付款方式等。

项目三　拟写事务文书

事务文书是党政机关、社会团体、企事业单位和个人在处理日常公务和个人事务时，用来沟通信息、总结经验、研究问题、指导工作、规范行为的实用性文书，在日常工作中使用最为普遍和广泛，所以事务文书又被称为常用文书。

事务文书种类繁多，常用的有以下几类：计划类文书、报告类文书、规章类文书、简报类文书。由于篇幅原因，本项目就其中几种使用范围较广的文书加以介绍。

项目目标

了解事务文书的相关知识，学会写作常用事务文书。

项目分解

任务 1　拟写工作计划
任务 2　拟写工作总结
任务 3　拟写工作简报

任务 1　拟写工作计划

任务目标

1. 知识目标

(1)了解工作计划的概念、特点。

(2)掌握工作计划的写作要求。

2. 能力目标

(1)掌握工作计划的结构模式、写作方法及要领。

(2)学会撰写工作计划。

任务情境

小强今年刚毕业，在某公司做文员。本想大干一场，赢得经理的信任与赏识，为以后的发展铺平道路。不想经理交派的第一个任务就遇到了困难。

原来，经理认为小强是文秘专业毕业，对各种文书很熟悉，于是让他在新年伊始，写一份年度工作计划。小强确实对各种文书都比较熟悉，但那些知识更多的是书本里的理论，自己到底能不能胜任，将所了解的知识学以致用，并不自信。他只能在向经理咨询了相关问题后，硬着头皮接下这个任务。

如果是你，要完成这项任务，你会向领导咨询哪些问题呢？

任务要求

1. 阅读范文：了解工作计划的内容、写法。
2. 台阶训练：小组讨论，了解工作计划内容准备工作。
3. 拟写事务文书：完成领导交给的拟写任务。

任务实施

1. 范文阅读

2013—2014 学年第二学期工作计划

一、指导思想

以党的十八大、十八届三中全会精神为指引，紧紧围绕市教育局和分院办的工作要求，坚持“依法治校、以德兴校、质量强校”的办学原则，以提升办学质量为根本，以推进师资队伍建设为重点，以专业建设和课程建设为抓手，扎实开展教育、教学、科研工作，努力做好招生、就业、培训工作，不断开创教育事业新局面。

二、重点工作

（一）队伍建设

1. 学习贯彻《国务院关于加强教师队伍建设的意见》和教育部等《关于深化教师教育改革的意见》，学习上级教育部门对教职员工提出的具体要求及学校各项规章制度，自觉增强立德树人、教书育人的荣誉感和责任心，自觉增强为人师表、敬业爱生的社会责任感和从教责任心，以生为本、为生服务。尊重学生及家长，关爱学生，拒绝有偿家教，自觉主动承担教育责任。积极参与“南京市教师联盟”等志愿服务活动，向系统和社会传递教育正能量。

2. 有序做好新教师招聘，教师职称申报、晋升以及优秀班主任、优秀员工等评选工作。多途径引导全体教职工增强精品意识、服务意识和事业精神，提高工作能力和教育教学水平，形成积极向上的校园文化特色。

3. 加强教研组、备课组等教学团队建设，培养优秀团队带头人、学科带头人，培育团队创新气氛、协作精神和科研意识，加强“双师”素质培养，不断提高教师队伍教学科研业务能力。

4. 以《青年教师专业成长的实践研究》为引领,认真做好青年教师的教育和培养工作,做好个人成长档案的建设,鼓励青年教师在职攻博读硕,继续推进“青蓝工程”。提高校本培训的针对性和有效性,加大基本功考核力度,提高青年教师的政治思想水平和业务技能。

(二)德育工作

贯彻落实《江苏省中等职业学校德育工作督导评价标准》和《江苏省职业学校学生管理规范》等文件精神,以德育学分量化考核为抓手,研究完善学生考勤办法、晚自习管理办法。定期召开学生座谈会,听取学生对教育教学、德育管理、实习就业、生活服务等方面的意见。

要创新德育模式,开展实践教育、体验教育、生活教育和养成教育,培养语言文明、举止大方、仪容规范、心理健康的现代职业淑女和幼教绅士,彰显学校教育特色。定期组织“尚美之星”“中华诵·经典诵读行动”“中国汉字听写大赛”“规范汉字书写大赛”“校园吉尼斯”等主题活动。要紧紧抓住南京青奥会这一千载难逢的大好时机,参与“青奥进校园、青奥进课堂”“青奥体育艺术2+2计划”“青奥纪念徽章收藏升级”、青奥志愿者等活动,用奥运精神激励学生,提升学生的成长品质。各系要结合本系专业、学生特点进行德育模块二次开发,进一步丰富德育主题和内容,不断丰富和创新学校德育文化。

要加强德育科研和具体工作的指导,继续做好班主任岗位培训工作,逐步形成“个体优秀、群体优化”的德育工作团队与梯队。要切实加强常规教育与行为习惯养成教育,提高学生的文明素养和礼节礼仪,不断优化班级育人氛围。全体教师要不断提升学生管理的主动意识、责任意识、使命意识,多渠道关心和支持学生德育工作,努力形成人人育德、事事育德、处处育德的新机制。

优化校园文化建设平台,开展发挥学生天赋、潜能和特长的社团文化活动。定期开展走出校园、走进社区、走向社会的志愿者服务活动,不断提高学校社团的影响力和知名度。要重视学生党建工作,重视入党积极分子和发展对象的培养和发展工作,使更多的优秀学生加入党组织。

关爱学生成长,关注学生心理健康,多渠道开展心理健康教育活动。建立健全各类奖助体系。按时做好各类奖助学金的发放工作,规范各类奖学金的评选办法,发挥其激励引导作用。

(三)教学、科研工作

学习贯彻省《关于进一步提高职业教育教学质量的意见》,对课程建设、考试制度、教师评比推优办法、学生评教办法等规章制度进行进一步研究完善。优化人才培养方案,改革教育教学模式,加大教学管理工作力度。

认真执行领导干部听课制度,定期召开专题会议,研究教育教学工作。制定学校优质课堂标准,建立课堂教学质量分析、评比和反馈制度,推进备课、上课、说课、听课、评课等“五课”教研和示范课、研究课等“两课”评比,学生对课堂教学的满意率达85%以上。贯彻执行《南京市中小学生体质健康促进三年计划》,开展形式多样的阳光体育运动,提高学生的身体素质。认真组织实施“专转本”考试的复习工作,继承传统,推陈出新,努力在复习效率上下功夫,争取更好的复习成效。

支持教研组积极主动开展教研活动,以提升本学科教学质量。要加强教师信息技术应用能力培养,鼓励教师运用信息技术改造传统教学。要加大课程改革力度,注重因材施教,推行项目教学、场景教学、主题教学和岗位教学。改革教学评价考核办法,重视核心课程题库建设,重视技能标高的落实与考核的过程管理,建立行业企业、学生和家长共同参与教学质量评价的制度,深化教考分离制度。

充分利用校内数字平台，完善OA系统、教务管理系统、图书管理系统、精品课程系统等，引导教师自觉填写和查阅教学、科研等相关信息，争创南京市数字化示范校园。

继续实施《教科研奖励条例》，鼓励和引导教职工树立"教""研"并重，以"研"促"教"的理念。要加强课题规划指导，引导广大教师围绕专业开发、课程资源建设、学业水平测试、教学方式创新和教师专业成长等重点、难点问题开展研究，力争产出一批国内领先、紧贴实践的理论成果，为提高教学质量提供理论支撑和方法指导。

精心组织，认真准备，高质量完成2014年江苏省职业学校技能大赛职业英语项目的承办工作。做好2014年省技能大赛、信息化教学大赛、文明风采大赛、创新设计大赛和师范生技能大赛等的组织和参赛工作。要在总结往年参赛经验的基础上提高认识，精心组织，加强保障，刻苦训练，力争今年再创佳绩。各系、各教研组要以此引路，组织好校内技能节和学科活动。

（四）专业建设

改善教学条件，增添一些环境真实化、设备先进化的集现场教学、实训、技能考核为一体的实训教室。同时要加强软件资源建设，通过校企合作、工学结合等多种途径，有效整合和运用校内外实践教学资源，完成学前教育、旅游等专业实训课程辅助教学资源的设计、制作和开发。推进校企深入合作，选派教师到企业挂职顶岗，聘请企业负责人、技术骨干和能工巧匠到学校兼职。

发挥品牌专业、特色专业的作用，组织专题研讨，开展项目研究，精细管理，彰显特色。做强幼师男生专业建设，完善和落实专业发展计划、专业人才培养方案和男幼师生参加省高等教育自学考试助学专业工作执行方案。

加强中外合作，推进国际化进程。以"青奥"和第六届"宁台职业教育论坛"为契机，推进与德国、英国、澳大利亚、新加坡、中国台湾等国家与地区对口行业与学校的联合办学和研修工作，开展校与校、师与师、生与生之间的各级各类交流，提升办学水平。

（五）招生、就业、培训工作

完善机制，高质量完成2014年的招生工作。科学制订招生计划，完善招生体制机制，早策划、早启动、早宣传。优化音乐、舞蹈特长生，美术加试等招生工作模式，切实提高招生质量，为树立良好的校风、学风，提高教育教学质量打下基础。

进一步完善学生就业服务体系，规范就业指导工作程序。以加强人才供给与需求的衔接为导向，以构建学生就业信息服务平台为抓手，认真组织师范专业和非师范专业毕业生双选会，为学生就业创业提供更加精细的指导和服务，确保毕业生的初次就业率达到80%以上，年终总就业率达到98%以上。加强毕业生跟踪调查和优秀毕业生就业创业典型的收集、宣传和回访工作。

继续抓好培训工作，提升社会服务能力。结合市场需求和发展形势，继续做好市优青培训、网络培训工作，以"提升培训内涵、稳定培训质量、辐射培训理念、提高培训效益"为目标，重点抓好省优质园创建培训班、幼教培训者培训班，加强培训管理，理顺工作程序、强化岗位责任、提升经济效益，力争年度培训人数和培训质量较上年都有所突破。

（六）保障工作

坚持并进一步执行好领导一线带班制度，认真组织部门人员学习中央《八项规定》和党风廉政建设的文件精神，增强"一岗双责"意识。进一步完善校务公开制度，定期召开师生、家长、实习单位座谈会和教代会，认真听取意见，采纳合理化建议。调整校内布局改造，改善教师办公条件，支持工会开展各类有益于教职工身心健康的活动。

加强安全教育,重视日常巡查和重点时段、重点位置、重点人员的安全管理,重点抓好学校校舍、学生宿舍、公共卫生、用电防火、控烟工作、门卫执勤、机动车进校和突发事件等方面的安全管理,把各项安全措施和制度落实到人、落到实处。预防和控制 H7N9 禽流感、病毒性感冒、手足口、腮腺炎等传染病的发生和蔓延,做好防控应急预案。健全学校食堂食品安全工作机制。加强校园环境卫生管理,通过各种形式,强化师生爱护绿化、爱护校园环境卫生、校内禁烟的意识。

各系部要发挥学校主人翁精神,抓实抓细宣传工作,系部负责人要在宣传内容上把好关,确保宣传质量。要充分利用校内彩色电子屏和招办电子屏,以学习宣传党的十八大精神为主线,重点做好迎 130 周年校庆校园文化建设、迎青奥、招生信息等工作的宣传报道。同时要重视书香校园、现代淑女教育、艺术教育、系部建设等内容的宣传,求速度,求提升,扩大学校的美誉度和影响力。

南京幼儿高等师范学校
(南京市女子中等专业学校)
2014 年 2 月 12 日

2. 台阶训练

小组讨论,你认为在动笔之前,应向领导询问哪些问题?

____

____

3. 拟写事务文书

根据任务情境,替小强完成经理所交任务。

任务评价

请老师或同学评价你的写作成果:

文种	标题评价	内容评价	格式评价	评价等第	评价人
工作计划					

知识链接

一、工作计划

1. 工作计划的概念

所谓工作计划,是社会组织或个人根据客观情况和主观可能,提出未来一定时间内所要达到的目标以及实现目标所应采取的措施和步骤,并通过书面文字表达出来的一种事务文书。

2. 工作计划的特点

(1)预定性。“凡事预则立,不预则废”,为了使工作顺利进行,需要事先制订计划,做到未雨绸缪。

(2)目标性。目标是一个公司、一个单位开展工作要达成的目的。工作没有目标,就会无的放矢。

(3)实践性。任何计划的制订,都要经过实践的检验,计划只是手段,实现目标才是结果,没有实践可能性的计划犹如废纸一张。

(4)科学性。只有符合科学规律的计划,才具有合理性和可行性,才起到未雨绸缪的作用。

3. 工作计划的分类

工作计划的种类很多,从不同角度可以对其进行不同的分类。如按照时间划分,有长期计划、中期计划、短期计划;按形式划分,有条文式计划、表格式计划、条文和表格配合使用的计划。

4. 工作计划的写作格式

工作计划一般由标题、正文和落款三部分构成。

(1)标题。标题通常包括单位名称、完成时限、事由和文种等部分。大体可以分为完整式标题、省略式标题与加注式标题三种形式。

完整式标题通常由上述四个部分组成:单位名称 + 完成时限 + 事由 + 文种,如《××电器厂2014年财务工作计划》。省略式标题省略四部分中的某一部分或某两部分,省略时限,如《××服装商场销售计划》;省略单位,如《2013-2014年第二学期青年教师培养计划》;省略单位和时限,如《工作计划》《培养计划》等。

其中加注式标题较为特殊,是指所拟计划因需讨论或经上级批准等原因,不能定稿,应在标题的后面或下方用括号加注"草案""讨论稿"或"初稿"等字样,如《万科A(000002)A股股票期权激励计划(草案修订稿)》。

(2)正文。计划种类繁多,但不管是哪种计划,都万变不离其宗。从格式上来说,计划的正文一般包括引言、主体和结语三部分。

引言也称前言、导语。内容通常包括对基本情况的分析,制订计划的背景、依据、指导思想,计划的意义,以及要达到的目标。这是制订计划的基础,要写得简明扼要,灵活多样。

例如,"为全面提高我系青年教师的授课水平,提高青年教师综合素质。根据学院未来两年内对全体青年教师的总体要求,本着高标准、高起步、树典型、争一流的工作原则,特制订本计划。"

主体,也称为计划事项。一般包括目标和任务(做什么)、步骤(怎么做)、期限(什么时间完成)三个部分。这三个部分是计划的三个要素,缺一不可。具体事例可以参照前文引例。

结语,结语是总结全文,表明完成计划的决心,在正文的末尾提出希望和号召。结语部分也是可以略去不写的部分。

例如,"本次青年教师培训工作定会开展得有声有色,希望我系在本次青年教师培训工作的讲课比赛中,再创辉煌。"

(3)落款。计划的结尾要写上制订单位的名称与制定日期两项内容,位置在正文的右下方。如果标题中已标明单位名称,结尾可省去单位署名,写明制订日期即可。

拓展阅读

计划类文书的名称

根据计划目标远近、时间长短、内容详略等差异,计划有不同的称谓。下面对此进行简单介绍。

(1)规划,是一种时间跨度长、范围广、内容较为概括的具有全局性特点的计划。规划的时间跨度一般在5年以上,具有原则性和指导性。例如,《××市城市建设总体规划》。

(2)纲要,和规划相同,它们都是各级领导机关根据战略方针,为实现总体目标对某个地区或某一事项做出长远部署。不同的是,纲要比规划更具原则性和概括性,一般只对工作方向、目标提出纲领式要求和指导性措施。例如,《××市2015年经济发展纲要》。

(3)设想,是一种粗线条的、初步的、预备性的非正式计划。相对来讲,其适用时限较长。例如,《××市拓展就业安置门路的设想》《××省建立生态保护区的设想》。

(4)打算,短期内工作的要点式计划,是想法不太成熟的非正式计划。它的内容范围不涉及近期要做的,不做详细部署。例如,《××学校争创文明校园的打算》。

(5)要点,是将计划的主要内容择要摘编,使之简明突出,它适用于时间相对较短的计划。例如,《××局2016年工作要点》。

(6)方案,对某项工作完成的多种可能性进行比较、筛选、论证,从目的、要求、方式、方法、进度等方面进行部署,有很强可操作性的计划。方案一般适合专项性工作,多用于对需短期完成的目标和任务做出计划。方案的实施往往须经上级批准。例如,《××市住房分配制度改革实施方案》《××县粮材大案侦察方案》。

(7)意见,属粗线条计划,它适用于上级向下级布置工作任务并提供基本的思路、方法,交代政策,提出要求等。例如,《××公司关于下属企业2016年扭亏增盈全面提高经济效益的意见》。

(8)安排,是短期内要做的,且范围不大、内容单一、布置具体的一类计划。例如,《××学院第九周工作安排》。

拓展训练

新学期到来之际,学校要求每个学生制订本学期的个人学习计划,明确学习的具体目标,制定实现目标的具体措施。请你拟定这份计划。

任务2　拟写工作总结

任务目标

1. 知识目标

(1)了解工作总结的概念、分类、特点。

(2)掌握工作总结的写作要求。

2. 能力目标

(1)掌握工作总结的结构模式、写作方法。

(2)学会撰写工作总结。

任务情境

小明毕业后在某单位做秘书。辛辛苦苦、认认真真地工作了一年，得到了同事的肯定，赢得了领导的器重。不觉一年很快过去，领导找到小明，交给他一堆材料及一些奖状，让小明起草一份年终工作总结。小明心想关键时候不能掉链子，一年都表现很好，年底更不能退缩，“这点小事何足挂齿”。于是，欣然领命。回去后，将学校教材又重新翻了一遍，更是胸有成竹。

如果是你，你将怎样完成这个任务呢？

任务要求

1. 范文阅读：了解工作总结的内容和写法。
2. 台阶训练：准备工作总结的内容。
3. 拟写事务文书：完成领导交给的拟写任务。

任务实施

1. 范文阅读

2013—2014 学年第二学期学校工作总结

一学期来，在省市教育主管部门的领导下，全校教职工团结一致，奋发图强，加强内涵建设，注重细节管理，各项工作取得了可喜的成绩。校党委获得南京市教育系统“先进基层党组织”荣誉称号，学校获“南京市教育新闻宣传工作先进集体”荣誉称号，教学科研部获秦淮区“巾帼文明岗”荣誉称号。杭××老师被评为江苏省第四期“333 工程”培养对象，阮××、周××、杨××老师获“南京市优秀青年教师”称号，朱××、吕××被评为南京市教育系统优秀共产党员，杨××老师被评为南京市教育系统优秀党务工作者。现将本学期的工作总结如下：

一、重点工作

1. 有组织开展迎青奥活动

随着南京青奥会的临近，我们的相关活动也愈益繁忙。学生工作部协同舞蹈组和体育组选拔 400 多名学生参与青奥引导员，青奥体育、艺术表演活动，选拔学生志愿者积极准备蒙古、立陶宛和厄立特里亚三个结对国家文化小屋的建设工作，同时协助青奥导演做好训练管理工作。后勤工作部也为做好各项保障工作付出大量精力。在环境大扫除中，后勤工作部全力投入，清理了卫生死角和一些污渍，整顿了校内外环境。学校还选拔教师参与青奥组委会工作，承担青奥会体育展示表演志愿者通用培训，选拔青奥小志愿者、青奥火炬手等，为青奥加力。

我校少女合唱团受文化部委派代表中国赴白俄罗斯参加第十四届金蜜蜂国际儿童艺术节，夺得三等奖。圆满完成在中国驻白俄罗斯大使馆和白俄罗斯青少年宫与白少儿文艺团体的交流演出，得到当地观众的一致好评，同时在白俄罗斯期间通过各种交流途径向国际友人宣传青奥。

2. 周密部署技能大赛

今年,我校首次承办了省职业学校技能大赛职业英语比赛工作。全省13个大市选派了100多名师生参赛。参与组织服务的教学、校务、后勤等部门以细致的服务、周密的安排为赛事顺利举行提供了可靠保障。各系、教研组以团队作战的方式,选拔优秀学生,设计参赛方案,手把手反复指导训练。在省赛中,参加英语口语、导游、餐厅服务、模特等项目的师生为学校争得两金两银一铜的良好成绩。技能大赛再次检阅了我校的教学成果,展示了师生的职业技能,也凝聚着多个优秀教学团队的辛勤付出!

3. 有序开展招生、就业、升学工作

学校科学制订了今年的招生计划,并组织各系部有步骤开展宣传策划、面试、成绩统计、核实上报等工作。共有1 000多名应届初中毕业生参加了前期的报名面试。2014届毕业生共计436名。截至6月底,绝大部分毕业生落实了单位。其中28名师范专业学生在南京市新教师招聘考核中分别被下关、六合、溧水、江宁、沿江、栖霞六个区县录用;2014届73名师范生通过专升本考试,升入江苏教育学院本科段学习,升本率达82%;22名非师范专业学生升入晓庄学院、苏州大学应用技术学院、金陵科技学院就读本科。

在2015届学前专业毕业生“双选会”上,来自省市级机关幼儿园、南师大幼儿园、伊顿幼儿园等近130多家用人单位提供了800多个岗位,需求量再创新高。人文、艺术、外语系也通过举办校内实习双选会,走访用人单位等渠道妥善落实好了毕业班的实习与就业推荐工作。

二、教师队伍建设

为推动教师专业发展,学校继续落实《教师继续教育条例》,推进教师出国进修与省市级培训。承办了首届音乐、学前教师顶岗实践国培班,规范有序地开展了教职工定编定岗后的首次专业技术人员岗位晋级工作,组织开展了学校第三届师德先进个人、第六届优秀班主任评选及南京市师德先进个人、师德先进群体推荐,南京市第八届优秀青年教师推荐等工作。组织19名教师参加讲师、高级讲师评定,7名教师参加副教授职称申报,以及8名教师的初定讲师、7名教师转正定级工作。通过多环节考核选聘了两名新教师。继续以班主任例会、德育工作论坛推进班主任专业化成长。继续开展“青蓝工程”活动,并及时进行阶段性考核。组织青年教师开展教育理论、计算机操作、优秀教案、微课等多项教学基本功比赛,促进青年教师专业成长。组织教研组交流学习先进教改经验,推进队伍结构优化。

三、教学科研工作

教学科研部协同五系坚持对日常教学工作的常态检查,继续实行校、系、部联合巡课制度,保证了正常有序的教学秩序。组织教学工作委员会,对全校的教学计划、教案、作业等进行检查,有效规范各项教学行为。教研组以“五课”教研、“两课”评比为载体,组织集体备课、组内说课、相互听课、磨课等活动。经过努力,在今年的省职校“两课”评比中,赵××、徐××老师的课获得“示范课”的称誉,朱××老师的课获得“研究课”的称誉。

“五四”青年节,学生工作部和舞蹈组联合组织了以“走近青奥,炫舞青春”为主题的全校学生集体舞大赛。体育组指导健美操队参加江苏省职业学校健美操比赛获团体一等奖。音乐、舞蹈组指导舞蹈队、合唱团参加省高师第三届音乐舞蹈节,双双获得一等奖。舞蹈组选送的节目在省委宣传部组织的“中国梦,我心中的梦”江苏舞蹈新人新作比赛中获得金奖。语文组组织了10级学生童话剧汇演和图画书创编，提高了学生的幼教综合技能。数理化组围绕两课评比开展教研活动，特色鲜明，成效明显。音乐、舞蹈、外语、语文等教研组开展立足课堂，面向现场的市级教研活动，不断推动教学常规管理的创新和教学质量的提升。

教科室指导教师做好论文写作、参评和课题管理工作。选送20多篇论文参加各级各类教学论文、教学案例竞赛。指导十多项国家、省市级课题立项、开题、阶段汇报、结题等工作，编辑课题成果集。编辑出版两期《金陵女子教育》。积极参与省高师科研成果交流。通过校本培训、青年教师沙龙等方式指导全校教师的教研工作。完成了2013年教师教科研成果统计及学前教育教学成果、男生教育教科研成果等的整理编辑工作。

四、学生管理工作

学生工作部着力常规管理，着眼学生素质，通过抓常规，搞活动，奖优助贫等，将德育工作做得有声有色。

首先是常规管理。每天晨间，学工部及五系分管德育主任轮流在校大门值勤，加强对穿校服、不带食品进校园、教室卫生、迟到问题的管理，提高德育工作实效性。第二是促进班级文化建设，进一步优化德育模块，创新德育载体，培育德育特色，按照“三定一公开”的要求对班会课提出要求，定期开展全校主题班会观摩。第三是围绕“现代职业淑女”和“幼教绅士”教育目标，开展“尚美之星”和“明德之花”评选活动。本届“尚美之星”评选，历时五个月，通过德育评价、社会志愿服务、体能测试等十大项目，全面考察学生，影响广泛。开展了“感恩手语操”主题活动，对学生进行识恩、知恩、感恩教育。策划了“我已长大——感恩关怀责任”2011级学生成人仪式，通过“校长的祝愿”“父母的期望”“教师的祝福”“成人的心声”四个环节让学生体会成长的责任与喜悦。第四是积极推进社团建设，搭建学生成长平台。进一步完善了社团指导老师工作条例、考核办法和优秀社团评选办法，丰富社团服务内容，积极组织学生走出校园、走进社区、走向社会开展志愿者服务活动。第五是做好“评优奖助”工作。分批次做好了省市“三创学生”、优秀学生干部、优秀班集体以及优秀团支部、团干部的评选、上报。本学期国家资助政策调整，一、二、三年级学费全免，共减免1 102人，减免金额达96.525万元；另有一、二年级享受助学金66人，共发放助学金4.95万元；西藏学生126人，学费全免外，还有5人享受助学金，合计7500元。勤工助学常规岗50个，本学期勤工助学共发放助学金26 044元。第六是通过开设团校、业余党校、行为规范学习班引领优秀生发展，促进后进生改进。由于德育特色鲜明，淑女教育成效明显，学校被市教育局确定为南京市“八礼四仪”文明礼仪教育试点学校。

五、专业建设

各系以专业建设为己任，励精图治，取得丰硕成绩。学前教育一系以提高学生专业技能为抓手，提前准备，积极备战全省师范生基本功大赛。广泛联系各大幼儿园，安排学生保育实习和教育实习，邀请资深园长为实习生开设专业讲座，为即将走上工作岗位的学生引力助航。召开学代会、团代会，召开学生会、团总支表彰大会，做好学生干部队伍建设工作。开展宿舍收纳评比，手工布艺之“布老虎”展等活动，促进学生综合素质的提高。

学前教育二系根据4.5+0.5学制调整男生班各年级课程，开展技能过关考核，妥善组织2010级男生教育实习和2011级西藏生毕业实习，重宣传，重沟通，取得良好效果。按照西藏教育厅要求，有序做好2011级西藏毕业生的档案整理，对口单招报名审核，毕业典礼、返藏等工作。精心准备优秀节目参加第三届全省免费男幼师汇报展演，台上有舞蹈、小合唱等节目展演,台下有泥塑、油画棒画、陶艺制作、书法、图画书等作品呈现,学生的优秀表现赢得了社会的高度赞扬。

人文系对照《江苏省五年制高等职业教育品牌特色专业建设标准》,修订完善文秘专业人才培养方案、课程设置,开展符合职业特色的教学改革,补充专业建设资料,为迎查做准备。校内召开两场实习招聘会,妥善安排 6 个班级的毕业实习。举办"分享青奥,共筑未来"第三届人文系艺术节,为学生提供展示自己才艺的舞台。在第八届海峡两岸《民族心 · 中华情》青少年征文演讲比赛中获得佳绩。迎青奥书法比赛、学雷锋日环保活动、创意手工等学生活动丰富多彩,对活跃校园文化,提高同学们的综合素质起到了积极的作用。

艺术系狠抓学生常规,建立了以系德育办、班主任和任课老师层层落实、相互配合的德育全员管理制度。定期召开班主任例会、班主任论坛交流会,并组织主题班会观摩,德育工作成效明显。组织教师参加画展、参与南京市职教系统教师作品展等,做好外聘教师的管理工作。有序开展校企合作,组织学生参观职场,做好毕业实习安排和管理。成功举办 10 级设计作品展,举办"让奥运走近青年,让青年拥抱奥运"等多项主题创作比赛,开展"夹近"你我他、"心心相印迎青奥"等趣味体育比赛,组织入党积极分子探访孤儿院、赴玄武湖环境护绿公益活动,为"淑女教育"增加活力。

外语系重视教师队伍建设,以系工作会议、班主任例会、专业研讨会、学科研讨会为平台,推进师德与师能建设。有序开展专业技能考核,精心安排 10 级学生教育教学实习工作,聘请校内外专家和优秀毕业生为即将实习的学生做讲座,确定实习小组长和指导教师,定期进行工作总结,确保实习质量。召开学代会,组建了新的学生干部队伍。开展校园英文歌曲比赛、英文原创诗歌大赛、"最强大脑""一掷即中"等文体活动,努力提高学生的专业技能和人文素养。

六、对外培训工作

培训中心立足基层,加强调研,开拓创新,充分发挥学校师资优势和区位优势,筹划、开发出 8 个培训项目,实施南京市优质园创建培训,开设南京市优秀青年教师研修班、全市幼教系统课件制作培训班、育婴师培训班、江苏第二师范学院本科函授班,组织在校生参加南师大助学专业本科函授辅导班,开展南京市职业学校 200 多名宾馆服务专业学生技能鉴定工作等,为省市幼儿园在职教师继续教育做出了贡献。

七、保障工作

1. 党委纪委工作

认真学习贯彻十八大、十八届三中全会精神,组织理论中心组学习,开展党建工作论文评比,制定《学校"三重一大"事项决策和监管暂行办法》等文件,规范和监督各项行政事务,促进党风廉政和教育行风建设。积极开展教师志愿者联盟活动,推进师德师风教育。南京市教师志愿者联盟活动于去年 11 月份开始,我校有数十名教师注册成为志愿者,从团队建立开始,老师们就参与了与西藏中职班学生手牵手活动,为西藏学生带去了无私的关爱与帮助。本学期,校党委牵头启动"明德讲堂"项目,首期共 6 讲,党员教师担任主讲,主讲教师发挥个人才智,传播优秀文化,拓宽了同学们的知识面。

结合即将到来的 130 周年校庆和教师节 30 周年,开展"为身边教师、毕业生点赞"活动及"我们在幼师女专的日子"系列活动,树立师德典型,弘扬明德精神。

各系部充分利用学校网站、系部主页、电视、报刊、广播、短信、宣传册等多种媒介,构建立体宣传通道。上半年由各系部、教研组报送的校园网动态新闻561条，在同类院校中再创新高。许多信息在江苏职教网、南京教育信息网、南京职教网、南京教育党建网等网站刊登。亚青会上学生的精彩表现、省技能竞赛获得优秀成绩、男幼师生汇报展演、校招聘会现场火爆等新闻相继被省市电视台、广播电台及《南京日报》《现代快报》等媒体报道。

2. 后勤保障工作

学校后勤工作部努力创造良好的学习和工作环境，全心全意为师生服务。结合《南京市教育系统迎"青奥"四个专项整治行动方案》，开展校园安全、食品等专项整治行动，拆除后门违建，整治校园环境，通过了市教育局年度资产评估、年度安全工作检查。财务科、医务室、膳食科、网络信息中心等科室推进了日常管理，不断提高服务质量，为师生正常的教学生活提供了有力保障。工会、退教协、统战及民主党派等工作继续为全校改革发展稳定大局做出了积极贡献。

南京幼儿高等师范学校
（南京市女子中专学校）
2014年6月

阅读理解：

工作总结，就是把一个时间段的工作进行一次全面系统的总检查、总评价、总分析、总研究，分析成绩、不足、经验等。总结是对已经做过的工作进行理性的思考。总结与计划是相辅相成的，要以工作计划为依据，制订计划总是在总结经验的基础上进行的。其间有一条规律：计划——实践——总结——再计划——再实践——再总结。

2. 台阶训练

你认为工作总结的内容应包括哪些内容？

____

____

3. 拟写事务文书

根据任务情境，替小明完成领导所交的拟写工作总结的任务。

任务评价

请老师或同学评价你的写作成果：

文种	标题评价	内容评价	格式评价	评价等第	评价人
工作总结					

知识链接

1. 工作总结的概念

工作总结是单位或个人对前一阶段的工作或活动，进行全面、系统的回顾、分析研究，从中吸取经验教训，得出规律性的认识，以指导今后工作实践、明确今后努力方向所写成的一种应用文体。

2. 工作总结的特点

(1)客观性。工作总结的目的是把前段时间工作的成功经验归纳出来,把教训总结出来。所以,工作总结的撰写要以客观、真实为原则,不能胡编乱造,凭空臆想。

(2)理论性。工作总结不仅要客观陈述工作情况,更要揭示规律性的理论认识。能否进行理性分析,能否找出带有规律性的东西,是衡量一篇总结写得好坏的重要标准。找出带有规律性的东西,用以指导今后的工作,这就是总结的实质。

(3)简明性。工作总结一般以概括性的语言客观地叙述、议论,而不进行过多的描写,或多方认证。总体来说,要做到语言简洁,结构清晰,主旨明了。

3. 工作总结的分类

工作总结的分类方法很多,可以按照性质、范围、时间、内容等来划分。

(1)按照性质划分,有工作总结、生产总结、会议总结等。

(2)按照范围划分,有地区总结、部门总结、单位总结、个人总结等。

(3)按照时间划分,有年度总结、半年总结、季度总结、月份总结、阶段总结等。

(4)按其内容所涉及的范围划分,有综合总结、专题总结、个人总结等。

4. 工作总结的写作格式

工作总结和工作计划一样,一般也是由标题、正文、落款三部分组成。

(1)标题。标题的写法通常有两种:

首先是直陈式标题,一般由单位名称、时限、事由和文种四个要素组成,如《××公司2016年安全工作总结》。标题各项内容,也可根据具体情况有所省略,如标题中可省略单位名称,有的综合总结,标题中也可省去总结内容这一项。

其次是正副标题式,一般说来,正标题用以概括总结主要内容或基本观点,副标题说明单位名称、时限、文种等,如《适应新的形势,努力做好销售工作——××公司销售部2016年工作总结》。

最后还有一种不标文种式标题,即写成一般文章的题目形式,虽未注明"总结"字样,但标题本身体现出总结的性质或内容,如《技术改革是国企振兴之路》。

(2)正文。从结构上看,工作总结的正文一般包括前言、主体和结语三个部分。

前言部分,或概述公司、单位情况,或对工作背景、条件、任务、效果进行简要交代,语言简明扼要,形式灵活多样。

主体部分,一般包括成绩经验、问题教训和意见、措施等三个部分。在成绩经验部分,尽量以详尽的材料、确切的数字、丰富的实践体会,阐明工作总结中有价值的理论性、规律性的东西。而在问题教训部分,应根据实际情况,深刻分析问题所在,指出应当吸取的教训。在意见、措施部分,可联系实际情况,保留好的做法,改正失误之处。在整个主体部分的写作之中,应保证材料与观点相统一,分析深入具体,观点鲜明扼要。

(3)落款。工作总结的落款应写明总结单位名称或个人名称,注明日期。

拓展阅读

1. 常用的工作小结、体会、经验、做法、心得等也是总结,只是它们反映的内容较为单纯或经验不成熟、时限较短、范围有限。

2. 写好工作总结,首先要充分占有材料与合理利用材料,切忌将总结写得空洞苍白。其次要符合总结者的身份特点。再次,总结内容要客观和实事求是,不能凭空捏造,随意拔升。最后,总结内容不仅要有新发现,让人耳目一新,还要突出重点,详略得当。

3. 心得体会与工作总结的区别:心得体会是一种读书、实践后所写的感受文字。读书心得与学习札记相近;实践体会与经验总结相类似。心得体会一般分为学习体会、工作体会、教学体会、读后感和观后感等。心得体会不能够与工作总结相混淆。

拓展训练

1. 针对自己上个月打字技能训练情况,拟写一份《××月打字技能训练总结》。
2. 在总结经验基础上,拟定一份下个月的《××月打字训练提高计划》。

任务3　拟写工作简报

任务目标

1. 知识目标

(1)了解工作简报的概念、特点。

(2)掌握工作简报的写作要求。

2. 能力目标

(1)掌握工作简报的结构模式、写作方法及要领。

(2)学会撰写工作简报。

任务情境

小军在某县机关担任秘书。县里按照中央关于环境保护的要求,开展了村镇环境综合整治工作,为了打造先进典型,推进面上工作,县领导要求采集先进典型的做法,编写一期工作简报。这个任务,自然落到了身为秘书的小军身上,小军果然不负众望,深入基层,顺利完成了任务。

如果是你,你将怎样写这期工作简报呢?

任务要求

1. 范文阅读:了解工作简报的内容、写法。
2. 台阶训练:改写会议简报。
3. 拟写事务文书:完成领导交给的拟写任务。

任务实施

1. 范文阅读

简　报

二〇一二年第六期

(总第126期)

南京博思集团行政部编印　　　　2012年10月10日

公司召开“争当五好职工”动员大会
——立足本职岗位　争创一流成绩

为动员广大职工立足本职岗位,争创一流成绩,在实现企业三年走出困境重归集团主流工作中贡献力量。经公司党政会议研究决定,在全公司职工中开展“争当五好职工”活动。9月4日,公司在四楼会议室召开了“争当五好职工”活动动员大会,参加会议的有公司领导、顾问、经理助理、各部室正副经理(主任)、党总支、支部书记、总支、支部委员。

会上,公司党委书记张建做了动员报告,要求各级党组织、各部门层层做好宣传发动工作,提高广大职工对开展“争当五好职工”活动重要性的认识,统一思想、形成共识,明确活动的指导思想、方法步骤和工作要求,努力争当“勤奋学习好、爱岗敬业好、团结协作好、遵纪守法好、维护稳定好”五好职工。在活动中要立足“三个结合”:一是与提高职工的业务素质和综合能力相结合;二是与推进各项工作的开展相结合;三是与实现企业三年奋斗目标相结合,特别是共产党员要积极发挥先锋模范带头作用,做好表率,力求使活动在取得实效上狠下功夫。

党委副书记张成全宣读了《关于在全公司职工中开展“争当五好职工”活动的安排意见》,对这次活动宣传发动、组织实施、总结评比三个阶段的工作进行了安排部署,整个活动从今年9月开始到明年年底结束。机关第二党支部书记龙启富向全公司党员和职工发出了倡议,号召大家积极参加“争当五好职工”活动,从本职工作做起,从小事做起,从现在做起,努力在活动中创出一流成绩。

公司总经理刘忠义做了重要讲话,强调当前在广大职工中开展“争当五好职工”活动,对促进公司实现三年奋斗目标有着十分重要的作用,是非常及时的,希望广大职工在活动中努力提高自身综合素质和业务管理能力,爱岗敬业,团结奋进,为实现企业三年奋斗目标贡献力量。

会议对抓好第一阶段工作进行了部署,要求各党总支、支部、各部室认真抓好宣传发动工作,制订工作计划,全体党员要结合“创先争优”制定“争做五好职工”个人规划。各党总支、支部、各部室工作计划及个人规划于9月25日报公司党委工作部。

加强信贷管理　规范信贷操作　树立风险意识
——业务部组织客户经理系统培训课程

为加强信贷管理,规范信贷操作,树立客户经理全局风险意识观,公司业务部于××日起组织了一系列的客户经理系统培训课程。参加此次培训的人员有公司业务部、个人业务部、营业部的全体客户经理，以及2010年新进大学生，共计39人。

此次培训内容丰富，包括公司业务、个人业务、授信审批和风险管理四部分。公司业务部主讲了公司业务，大致介绍了公司业务的主要品种，对总行出台的相关信贷方面的制度及操作细则进行了详细的讲解，特别强调了撰写调查报告的规范性，提出客户经理应明确操作流程，加强贷后管理，确保贷款手续的合法合规性。

个人业务培训主要介绍了我行的网上银行，特许商户以及天府信用卡等业务品种，让参会人员对我行的卡类业务有了大致的了解，熟悉了网上银行的操作流程及主要功能。

授信审批部详细地介绍了我行非金融机构法人客户授信审查指引及实施细则，阐述了授信审查的流程，强调要突出对审查完整性、合规性、安全性、可行性四者的重视，并指出卡类客户经理在撰写调查报告和收集客户资料时容易出现的错误。

风险管理部则邀请了律师专门就“诉讼时效司法解释的理解和适用”做出了细致的讲解。

通过这四部门内容的学习，各培训人员均表示受益匪浅。一方面加强了自身对信贷管理的认识，另一方面对我行整个业务体系有了较为深入的了解。对加强信贷管理，规范信贷操作起到了积极的作用。同时，加深了各客户经理对授信审批流程的了解，促进其风险全局观念的树立。

明德学院简报

第（一）期

明德学院党政办公室编印　　　　　　　　　　2013年4月5日

贵州大学明德学院工作简报

我院就新学期维稳工作进行安排部署

2013年3月5日，我院召开专题会议传达贵州省教育厅召开的全省教育系统安全稳定百日攻坚战视频会议的有关精神，并就我院在“两会”期间维稳工作进行了安排部署，会议要求院保卫科、总务科要认真做好安全隐患的排查工作，经过排查要将学院存在的安全隐患及时上报学校，同时还要求院学生科、保卫科、后勤集团茶店宿管公司加强夜间的值班工作。

院分工会组织开展庆祝“三八妇女节”女教职工登山活动

3月8日，为了庆祝第103个“三八”国际妇女节，院分工会组织全院女教职工举行了庆祝“三八妇女节”登山活动，我院女教职工们积极踊跃参加登山活动。

我院召开全院干部会议，传达省教育厅有关文件精神

3月20日，我院召开全院干部会议，会议传达了《贵州省教育厅关于治理教育系统不良风气的通知》和贵州大学《关于改进工作作风，密切联系群众的十项规定》的文件精神，会议要求各部门要认真组织全体教职工学习领会，深入贯彻落实。

我院开展2012－2013第一学期教师教学优秀奖评选工作

根据《贵州大学明德学院教师教学优秀奖评选办法（试行）》的规定，经各系（部）推荐、院教学督导组和教学科研科初评，学院教学工作委员会全体委员会议评议表决并经公示后，报院长办公会审核批准，授予蔡芳、付贤礼、贺华、江奇峰、李静、李绮文、牟阳、汪元媛、夏清明、谢玲等14名教师“贵州大学明德学院2012－2013学年第一学期教师教学优秀奖”荣誉称号。

院学生科"三风建设"常抓不懈

3月前期,为了提高我院学生的学风、班风、校风,院学生科组织对全院的班级进行查课,对部分寝室进行查寝,对存在卫生不合格同时有违禁物品使用情况的寝室进行通报批评,对旷课的同学进行批评教育。从整体的检查情况来看,相比去年,校风有所改善,学院的学习氛围明显有所提高,大部分同学能够按时上课、认真听课,晚归现象也明显减少。

院开展安全卫生专项检查

3月21日,根据全省教育系统安全"百日攻坚战"视频会议和省教育厅《关于做好2013年春季学校突发公共卫生事件防控工作的通知》等文件精神,为保障广大学生生命安全和身体健康,我院学生科、总务科、保卫科和团委相关负责人在孔黔平副院长的带领下对学院食堂、学生公寓等地方进行了突击安全卫生检查。检查中就食堂、学生公寓外墙上张贴的纸张清理不干净,食堂后面垃圾乱扔乱放,学生餐桌清理及粉面区域的调料、筷子等防尘防蚊工作不及时,部分小卖部存在脏乱等卫生问题,以及学生食堂天花板、6号学生公寓宣传栏存在的安全隐患等问题提出整改,同时要求保证食品的安全卫生,做好食物保存工作,杜绝不安全食品,防止安全事故发生,做到防患于未然。

我院召开实验室设备论证会议

3月27日,我院召开实验室设备论证会议,会议就我院800万元实验室建设经费用于拟建设的10个公共和专业实验室的必要性和可行性进行论证,贵州大学校长助理、教务处处长向淑文,实验室与设备管理处处长张建峡、副处长刘跃,明德学院院长肖树新、副院长王翰建、杨世平、赵家君等参加了论证会议。专家们对明德学院拟建设的10个实验室给予肯定,并提出了建设性意见,我院将抓紧方案的改进,尽快落实项目,确保项目能尽快开工建设并投入使用,解决目前学院教学实验室资源使用紧张的问题。

我院积极组织毕业生参加校园招聘会

为了提高我院毕业生的就业率,努力为我院毕业生拓宽就业出路,我院学生科积极与校外企业联系,组织毕业生参加由校外企业到校进行的招聘会,本月共组织了15场招聘会,其中包括统一企业、俏江南等知名单位,共计60多名毕业生投递简历。同时,为了提高即将毕业学生的就业观念,学院将针对2010级及2011级学生开设就业指导课程。

我院召开全体学生干部大会

3月12日,我院召开全体学生干部大会。会议总结了上学期团委工作取得的成绩,并就新学期工作做出安排:紧紧围绕"我的中国梦"开展系列活动,如征文比赛、微电影征集和演讲比赛等;并要求各系部团总支做好宣传工作,开展勤俭节约"光盘行动"和学习与倡导"雷锋精神"等系列活动。

我院将举行"我的中国梦"校园文化系列活动

为了展现明德学院大学生良好的精神面貌,同时表达对中国未来的美好憧憬,提高我院大学生的写作、创新能力,努力营造良好的文化创新氛围,我院将举办"我的中国梦"校园文化系列活动。"我的中国梦"校园文化系列活动由大学生征文比赛、微电影作品征集、"光盘行动"三部分组成。此次系列活动的开展将激发大学生的爱国主义精神,唤起大学生对祖国繁荣富强的深入认识和关注,引导现代学生树立正确的人生观、价值观,做有志青年。

土木系开展以"学雷锋"为主题的团组织生活

3月5日,为深入学习宣传贯彻党的十八大精神,进一步加强大学生社会主义核心价值体系教育，传承雷锋精神，激励全系学生向雷锋同志学习，土木系团总支、学生会在毛泽东等老一辈革命家题词“向雷锋同志学习”50周年纪念日及第14个中国青年志愿者服务日组织2011级、2012级学生开展以“学雷锋”为主题的团组织生活。并对2012级学生进行团组织生活评比，宣传发动团员青年学习先进典型事迹，弘扬雷锋精神，进一步掀起学雷锋活动的热潮。

机电系进行寝室安全检查

3月13日，机电系团总支学生会成员在团总支书记陈春燕老师带领下，对机电系各寝室进行了检查。此次检查主要针对违规电器的使用等方面进行安全知识宣传，提醒同学们务必遵守学院规章制度。并对检查过程中发现有脏、乱、差等情况的寝室提出批评并要求改进。

化工系团总支学生会召开第一次全体大会

3月15日，化工系召开了本学期第一次学生会全体大会。化工系学生会主席杨松同学强调学生工作应将重点放在传媒工作和宣传工作上，如注册微博、加强政治理论的学习；鼓励大家积极参加学院“我的中国梦”的征文比赛和微电影的拍摄；希望各个部门在新的学期能积极努力地工作。最后，由化工系学生会副主席赵天荣同学对近期工作进行安排。

经济系召开团总支学生会全体干部大会

3月21日，经济系召开团总支学生会全体干部大会，会上团总支书记张丽华老师对本学期学生活动提出建议并要求学生干部提高自身素质，具有坚定正确的政治方向，德才兼备，品才兼优以及具有很强的工作能力，在同学中要树立威信，能主动承担社会责任，积极组织开展各项工作，有突出的工作业绩，能起到骨干和带头作用。最后，学生会各部长分别对本部门新学期的活动进行介绍。

送：校领导、学院党政领导

发：学院各系（部）、各科室、各部门

2. 台阶训练

把以下这篇会议记录改写为会议简报。

××××矿区行政办公会议记录

时间：××××年××月×日

地点：矿区办公楼会议室

主持人：程光全主任

参加人：矿区副主任刘克先、劳资科科长赵列、财务科科长刘洪军、安全科科长熊彬、人事科科长范树森、办公室主任张平均

会议议题：

1. 二季度奖金发放办法。

2. 自然减员招工方案。

3. 有关人员的调动问题。

4. 对违反劳动纪律人员的处理。

会议决定事项：

1. 矿区二季度奖金按照××总公司××××年×月制订的《奖金发放办法》（试行草案）第六条、第七条办。

2. 这次自然减员招工,招收××××年以前参加工作的职工子女,并采取文化统考,择优录取的办法(详细规定由劳资科负责制定)。

3. 同意刘详同志因父母身边无人照顾调往××容器厂工作。

4. 同意陈新同志与硫铁矿吴才明对调,解决陈新同志夫妻长期两地分居问题。

5. 对矿工盛乔无故旷工三天的行为,责成劳资科在全矿区给予通报批评,并扣发旷工日工资及当月奖金。

××× 矿区办公室(盖章)
××××年×月×日

3. 拟写事务文书

根据任务情境,替小军完成领导所交任务。

任务评价

请老师或同学评价你的写作成果:

文种	标题评价	内容评价	格式评价	评价等第	评价人
工作简报					

知识链接

一、工作简报的概念

所谓工作简报,即情况的简要报道,也叫"情况反映""情况交流""简讯""内部参考"等。它是党政机关、企事业单位、社会社团等内部用来通报情况、交流信息的一种简短的、摘要性的文字材料。

二、工作简报的特点

简报不是一种文章体裁。刊登的文章可以是报告、专题经验总结,也可以是讲话、消息等。因此,把简报看成独立的文体,或者看成工作报告都不妥。另外,简报也不是一种刊物。尽管有时简报容纳内容比较多,从形式上看像一份刊物;但很多时候简报只有短短几页、几个版面,像一份报纸,因此它不同于刊物。另外,更为重要的是,简报具有一般报纸的新闻特点,要求有比较强的时效性,虽然也可以编入其他文章,但都是附属于此而存在;而刊物的时效性则远远不及简报。因此,可以说简报不是"刊",而是"报"。把简报与一般报纸杂志进行比较,可以发现,简报是一种专业性比较强的内部小报,与一般报纸的共性就是具有新闻性、时效性。但是它又有自身特点:

1. 内容专业性强

公开发行的报纸一般是综合性的,内容广泛,各方面新闻都有。另外,除了新闻还有文艺作品,可以满足各阶层不同读者的需要,有宣传政策、发布消息、传播知识和陶冶性情等多方面的作用。简报则有不同,它一般由有关单位或者部门主办,专业性比较强。对一般读者来说,能使他们了解工作进展情况,增强责任感;对领导机关来说,能够及时掌握工作信息,在做出决策决定时作为参考。另外,简报的发送范围也比报纸杂志小得多,一般只是在内部发送。

2. 篇幅比较简短

简报，顾名思义，简就是区别于其他报纸刊物的最显著特点。一期简报可以只刊登一篇文章，几段信息，或几篇文章，读者可以用很少的时间读完，符合紧张的工作节奏要求。因此，也就决定了简报的语言必须精练简明，不能繁文缛节，不能把简报搞成文学作品。

3. 简报仅限于内部交流

一般报纸杂志是面向社会公开发行的，没有必要保密，读者越多越好，因此其内容要求就要符合不同阶层阅读对象的需要。而简报则不同，一般它只是在编发简报的机关管辖范围内部各单位之间交流，不宜公开，有的还需要进行保密，更不能公开传播。工作简报往往只能送给某一级机关或者某一级领导阅看，不能任意扩大阅读范围，特别要注意不能和报纸一样，追求发行量和读者群，认为读者越多越好，否则就会造成工作被动，甚至带来不必要的负面影响。

三、工作简报的分类

工作简报的分类，相当繁多，不同的标准有不同的分类方式。如从书面格式分，有文件式、杂志式、报纸式、墙报式、传单式等；从办报者身份分，有机关简报、社团简报、年级简报、车间简报、个人简报等；从简报内容分，有会议、信息、快讯、情况反映、专题等；从简报版期分，有定期和不定期。

四、工作简报的写作格式

1. 报头

简报的报头类似公文的“红头”，一般套红印刷。首页间隔横线以上称为报头，由简报名称、期数、编发机关、日期、保密提示等项目组成。简报除用“××简报”“××动态”“情况反映”等常用四字名称之外，还可加上单位名称、专项工作等内容，如《××局警车和涉案车辆专项治理工作简报》。简报名称用大号字套红印刷。

期数，位于简报名称下方正中，加括号。如果是综合工作简报，一般以年度为单位，统编顺排；如果是专题简报，按本专题统编顺排。如有特殊内容而又不必另出一期简报时，就在名称或期数下面注明“增刊”或“××专刊”字样。连续出的简报，要注明总期数。

编发机关，一般是“××办公室”“××秘书处”等，位于期数下面、间隔横线上方左侧。

编发日期，位于编发机关右侧。如需保密，在首页报头左上角标明秘密、机密、绝密或“内部刊物”等字样。必要时，对于保密的简报还可在首页报头右上角顺序印上份号。间隔横线一般为红色。

2. 报核

报头以下、报尾以上部分叫报核，是指简报所刊发的一篇或多篇文章，可按照重要程度依次排列，这个部分是简报的核心。

简报文章的写法多种多样，形式也较为灵活，大多数是消息报道，包括标题、导语、主体、结尾和穿插在叙述中的背景材料。除消息之外，还有别的文体，如调查报告、情况反映等。但不是每篇简报刊发的文章都要有这几项内容。

报核具体包括目录、编者按、报道等。

(1)目录：只有一篇文章时直接编排，集束式的简报就要编排目录。由于简报内容单纯，容易查找，目录一般不需标序码和页码，只需将编者按、各篇标题排列出来即可，为避免混淆，可以每项前加一个五星标志。

(2)编者按(按语)：有时为了说明或者强调编发这期简报或者这篇文章的目的，或要对文中涉及事项进行评价,说明工作任务来源、本期重点稿件的意义和价值、征稿通知、征求意见等,就有必要在简报开始或者文章标题上端加注编者"按语"(编者按),加以说明。编者按不可过长,短者三五行,长者半页即可。

(3)报道:就是每期简报里的文章。一期简报可以只有一篇报道,也可以有多篇报道。依次排列即可。一篇报道分为标题、导语、主体(正文)、结尾。

3. 报尾

报尾在简报末页的下方,用两条平行横线框起来,以和报核分开,内容比较简单,在平行框线内部左侧自上而下依次写明报、送、发的机关名称或者个人姓名职务等,框线右侧下方写上本期印发份数,字体小于正文,用圆括号括上。在平行框线的上面,左侧写上签发、审签人,右侧写上责任编辑、编发者姓名,在平行线的下框线之外右下方写明印发份数。

拓展阅读

怎样写好工作简报

首先,要明确工作简报的特点。工作简报的特点是及时而又真实地反映情况。如政府各部门、厂矿、企业、学校等召开的重大会议,情况发展变化很迅速,常常要每天报一次,有时一日报几次,以便领导机关特别是分管此项工作的负责人,及时、全面地了解真实情况,指导工作。为此,执笔写简报的同志,务必掌握全面情况,并尽快写成文字;必要时还需要集体讨论后才可交主管领导人签发印刷。

其次,要清楚工作简报的内容。工作简报的内容,一般有两种情况:

(1)综合报告一段时间内各方面的概括而又具体的情况。例如,一次重要会议召开前的各方面的准备工作简报,各地、各单位开展某项重要活动情况的简报。

(2)反映某项任务或某方面工作或科研进展的情况。例如,上级机关交给某一下级机关一项任务,限一年出显著成果,这样每隔一个阶段要写一次简报。或手抄或印刷,均可。

拓展训练

根据下列材料,制作一份规范的旅游行业的工作简报。

(1)提炼内容,选取文中一事行文。

(2)自拟一个两行标题,凸现主题。

(3)加上批示性按语,说到实质问题。

(4)制作规范报头,以陕西省旅游局的名义。

(5)适当增加文字,把事情说得清楚一些。

由新加坡组织的友好访华团一行22人,在西安市国际旅行社×××、××、××(自定三人姓名,女性)三人的陪同下,于3月20日至26日在西安、三门峡、洛阳等地进行了参观访问。

该团由于参观的地区很多,路线很长,所以活动日程安排非常紧张,但是因为×××等三位同志发扬了不怕苦不怕累的精神,互相勉励,团结合作,很好地完成了陪同任务。

×××等同志在长途旅行中,不仅要安排和照顾好客人的住食行,而且还要为客人搬运行李，一路十分辛苦。

3 月 22 日晚饭后，团里一位客人突然病倒，×××不顾一日劳累，马上背起病人前往医院治疗，治疗好病人返回宾馆的住处，已经到了深夜。她虽然非常劳累，却保证了第二天三门峡旅程的顺利成行。

3 月 24 日下午，在三门峡前往洛阳的途中，旅游车不料撞伤一农村小姑娘。小姑娘伤情十分严重，所以气氛也相当紧张，在场的外宾十分担心和害怕。她们果断地采取应急措施。在安抚外宾情绪的同时，立即把那个受伤的小姑娘送往十多里外的乡医院进行医护处理，然后又打电话求援。经过多方面的联系，由×××同志乘当地乡政府提供的一辆面包车，把伤员转往三门峡市医院治疗。全团客人继续驱车去洛阳。×××同志处理完那个受伤的小姑娘的事后，第二天才回到洛阳，继续参加陪同工作。

这一突变事故前后仅一个多小时就得到了妥善处理。这件事在社里传开后，大家都交口称赞，并纷纷表示要向她们学习。外宾也很感慨："虽然旅游中发生事故是很遗憾的事，但中国姑娘果断处理事故的能力却令人佩服，中国姑娘真棒！"

项目四 拟写社交文书

社交文书是指应用于社交公关礼仪场合的文书，是国家机关、企事业单位、社会团体或个人在社会交往、礼仪活动和商务活动中常用的各类文书，是在各种不同场合，根据不同的情况，遵循相应的习俗和人情所撰写的礼仪文字材料。

人是社会动物，人的社会属性决定了人与人之间交往的必然性和必要性。社会交往离不开语言的交流沟通，而为了使语言更好地表达感情和思想，就需要预先反复琢磨，拟好讲话的文字稿，社交场合讲话所使用的文字稿就是社交礼仪文书。在有些情况下，人们不能当面交流沟通，就需要借助书信等方式进行，这里的书信也是社交礼仪文书。在社交礼仪场合的讲话稿和书信有时还需要发表于报刊、网络，这就需要对其格式加以完善，形成格式上比较完善的社交礼仪文书。

项目目标

了解秘书社交文书的内容和写作方法，学会写作常用的社交文书。

项目分解

任务 1　拟写欢迎词
任务 2　拟写祝词、答谢词
任务 3　拟写感谢信、慰问信

任务 1　拟写欢迎词

任务目标

1. 知识目标

(1) 了解欢迎词的概念、特点。

(2)掌握欢迎词的文体结构和内容结构,理解其写作要求。

2. 能力目标

能够撰写欢迎词。

任务情境

小华毕业后进入一家四星级酒店工作,主要协助经理做好秘书工作,以前学校所学基本得到了实践的检验。小华自认为还是比较适合秘书工作的。为了提升自己的能力,还主动要求承担一些非本职工作。这也赢得了经理对小华的欣赏。时间不知不觉地过去了,酒店也迎来了一年的旅游旺季。小华平时的努力终于得到了回报,经理将对大旅游团的接待工作交给了小华。今天接待的第一个团是来自北京市教育局的教师暑期考察团,小华很高兴。当然摆在她面前的第一道难题也出现了:"欢迎词怎么写呢?"

如果你是小华,将会怎么办呢?

任务要求

1. 范文阅读:了解欢迎词的内容、写法。
2. 台阶训练:改正欢迎词的错误。
3. 拟写社交文书:帮助小华完成欢迎词。

任务实施

1. 范文阅读

导游小蒋的欢迎词

各位来宾:

大家早晨好!

首先,我代表司机、代表旅行社欢迎大家来到美丽的乐山,我是旅行社的导游员,我叫蒋冬梅,为了方便记忆,大家可以叫我小蒋。前方的是司机吴师傅,吴师傅有多年的驾驶经验,驾驶技术高超,所以大家在行车过程中可以完全放心。中国有句俗话说得好:百年修得同船渡。今天我们就是:百年修得同车行。我们大家由不同的地方走到同一个目的地,乘坐在同一辆车里,大家由不相识到相见相知,这真是一种很奇妙而又美好的缘分,那么就让我们将这份美好的缘分进行到底。接下来这几天就由我和吴师傅为大家服务。此次乐山之旅,行程3天,我们即将游览世界自然与文化双遗产地——乐山的乐山大佛、峨眉山。第一天我们会游览世界上最大的弥勒佛乐山大佛,第二、三天我们将游览中国著名四大佛山之一峨眉山。

小蒋先在这里预祝大家乐山之行愉快,希望我们乐山的好山、好水、好导游、好司机给大家带来一份好的心情,使大家带着对乐山的期待和憧憬而来带着对乐山的满意和流连而归。

最后祝大家在乐山吃得舒心,玩得开心,住得爽心。

×××县领导接待上级部门领导的欢迎词

尊敬的吕厅长,尊敬的省市领导、教育专家:

阳春三月,和风丽日。在这美好时节,各位领导和教育专家亲临我县检查调研,这既是对我县教育事业的关心和支持,也是对我县广大教育工作者的鞭策和鼓舞。在此,我代表县委、县人大常委会、县政府、县政协,对吕厅长一行的到来,表示热烈的欢迎和衷心的感谢!

×××县是一个教育大县,县委、县政府历来十分重视发展教育。近年来,我们坚定不移地实施“科教兴国”战略,逐年加大教育投入,积极改善办学条件,中小学教育质量稳步提高,高中教育质量在全市一直处于领先水平。特别是2009年,我县被确定为省首批基础教育课改实验区后,县委、县政府高度重视,确立了“抢抓机遇、乘势而上,扎实搞好基础教育课程改革实验,以课改实验推动基础教育改革,推进素质教育,提高教师素质,促进教育事业发展”的工作目标,提出了“多方投入、保障有力、全面规划、稳步推进、只能成功、不许失败”的工作要求。四年来,我县的课改实验工作稳步推进,并取得了一定成效,课改经验多次在省市课改工作会议上进行交流。2013年4月,我县被省教育厅评为课改先进集体。

发展信息技术,改进教学手段,既是国家教育发展的大趋势,也是我县教育发展的必由之路。2010年,在县财政十分困难的情况下,县委、县政府拿出43.5万元配套资金,实施了现代远程教育试点示范和试点工作项目两大教育工程,使我县95%的中小学校享受到了优质教育资源,教育信息化提前了5~10年,为农村中小学校教师探究新课程改革与创新实践提供了更大的空间和更好的条件,更使我县中小学校从教育观念到教学方式,从评价体系到管理体系,都发生了质的变化,为提升中小学教育教学质量发挥了重要作用。

我县课改实验工作所取得的成绩和现代远程教育项目的实施,与吕厅长和省市教育主管部门的关心和支持是分不开的。今天,吕厅长一行亲临我县调研指导,这既是对我县基础教育工作的一次检阅,也是对我县各项教育工作的有力促进。我们将严格按照吕厅长一行的新要求,求实创新、锐意进取、狠抓落实、扎实苦干,努力把县的教育工作提高到新水平。

我再一次提议,让我们以热烈的掌声对尊敬的吕厅长,尊敬的各位省市领导、教育专家表示衷心的感谢和热烈的欢迎!

阅读理解:

根据以上两则示例,总结欢迎词的结构以及所写内容。

2. 台阶训练

参照示例,找出下面这则欢迎词的错误。

欢迎词

今天我们能在这里欢迎我们尊贵的客人米勒先生和夫人,感到非常高兴。我心潮起伏、热情澎湃。米勒先生和夫人是我们的老朋友,对我国人民怀有深厚的感情,对我国的建设事业做出了巨大的贡献。他们的到来,意味着我们的合作事业进入了一个新的阶段。

我们过去有过良好的合作基础,我相信,我们将愉快地进行新的合作。

____

____

____

3. 拟写社交文书

根据任务情境,完成领导交办的任务。

任务评价

请老师或同学评价你的写作成果:

文种	标题评价	内容评价	格式评价	评价等第	评价人
欢迎词					

知识链接

1. 欢迎词的概念

欢迎词是行政机关、企事业单位、社会团体或个人在举行隆重庆典、大型集会、欢迎仪式或洗尘宴会上,主人对友好团体或个人的来访表示欢迎的讲话稿。简言之,欢迎词即是企事业单位对来宾表示欢迎的讲话稿。

2. 欢迎词的特点

欢迎词的写作一般要根据对象的不同而有所侧重。但是不管是哪种场合的欢迎词,都有以下几个方面的特点:首先,欢迎词的写作要注意礼貌,感情真挚;其次,要篇幅短小,简洁精练;最后,要注重口语性,营造欢愉的氛围。

3. 欢迎词的写作格式

欢迎词一般由标题、称谓、正文、落款四部分组成。

标题:可以直接以“欢迎词”作为标题,也可以由场合和文种构成标题。

称谓:以统称全体与会人员比较常见,如“女士们、先生们、朋友们”,也可以尊称被迎送者与统称与会者相结合。

正文:正文要根据不同的具体情况表达不同的内容。一般先写表示欢迎的话,接着写宾客来访的目的、意义、作用,继而回顾双方交往的历史与友情,赞扬宾客在某些方面的贡献及双方友好合作的成果,最后再次表示对宾客的欢迎及祝愿。

落款:在致词结束时,不需念出署名、日期。如果要公开发表,就要在正文右下方署上致词者姓名和日期。

拓展阅读

怎样写好欢迎词

1. 称呼要用尊称,感情要真挚。要能较得体地表达自己的原则立场。

2. 措辞要慎重。勿信口开河,同时要注意尊重对方的风俗习惯,应避开对方的忌讳,以免发生误会。

3. 语言要精确、热情、友好、温和、礼貌。

4. 篇幅短小,言简意赅。作为一种礼节性的外交或公关辞令,欢迎词宜短小精悍,不必长篇大论。

拓展训练

1. 欢送词是在一些会议、重大庆典或参观访问等活动结束时,主人表达对客人的欢送之意的讲话。请你课外自己学习欢送词的写作方法。

2. 刘远所在的某职业技术学院,院长带领酒店管理系部分师生到上海金华酒店参观学习,受到了酒店领导和员工的热情欢迎和款待。金华酒店在师生到来时召开了欢迎会,在师生结束学习活动之日,又召开了欢送会。请你代酒店经理写一篇欢迎词和一篇欢送词。

任务2 拟写祝词、答谢词

任务目标

1. 知识目标

(1)了解祝词、答谢词的概念、特点。

(2)掌握祝词、答谢词的文体结构和内容结构,理解其写作要求。

2. 能力目标

能够撰写祝词、答谢词。

任务情境

小王这几天特别忙。现在就有两个任务需要完成。一是今天将要随公司领导参加分公司环保项目开工仪式,领导交代他准备一份简短的贺词,表达对项目开工的热烈祝贺。二是公司领导将出访香港,拜访供应商。对方将安排欢迎宴请,领导需要在离开香港前设宴回礼,对供应商的接待答谢。写一份答谢词也是领导交代的任务。

请你帮助小王完成这两项任务。

任务要求

1. 范文阅读:了解祝词和答谢词的内容、写法。

2. 台阶训练:了解祝词、答谢词措辞的感情色彩。

3. 拟写社交文书:帮助小王完成祝词、答谢词。

任务实施

1. 范文阅读

××市第二届运动会贺词

××省体育局局长

各位来宾、同志们、朋友们:

今天,我们乘着学习、宣传、贯彻省委十一届八次全会精神的东风,来到××,共同迎接××市第二届运动会的到来。借此机会,我谨代表××省体育局,向与会的领导、来宾、运动员、教练员、裁判员、工作人员、新闻界的朋友表示热烈欢迎!向××市政府和××市人民成功举办此次盛会表示衷心的祝贺!

举办综合性市运会,是各地、各部门贯彻《体育法》《全民健身计划纲要》和《奥运争光计划》情况的综合体现。此次盛会将有利于××市选拔和锻炼一批优秀体育后备人才,提高运动竞技水平,增强人民身体素质,促进××市体育事业发展,为××市三个文明建设提供服务。

希望各代表队能够发扬顽强拼搏、团结奋战的体育精神,在本届盛会中赛出风格,赛出水平,不辜负广大人民的厚望。祝愿运动员们在比赛中取得优异成绩,祝愿大家在江山逗留期间生活愉快,比赛取得圆满成功!

××县领导在××大厦开工典礼上的讲话

各位来宾、同志们:

××大厦今天正式破土动工。值此机会,我谨代表县四套班子领导向投资建设××大厦的上海××集装箱储运有限公司表示热烈欢迎,向积极参与这一重要引资项目的各有关单位同志表示亲切的慰问。

今年以来,县委、县政府大力推进城市建设,积极组织项目推进,县城建设步伐明显加快,城区范围逐步扩大,县城整体形象有了较大改观。兴建16层高的××大厦,迈出了县城西南新区开发建设的重要一步,使西南新区建设有了一个良好的开端,成为县城建设的又一个标志性工程。建设××大厦对于开发西南新区,提升城市品位,改善投资环境,促进金融、流通和房地产业发展都具有十分重要的意义。

××大厦建设项目是我县招商引资的重要成果。××集装箱储运有限公司总经理陈××先生在外艰苦创业、不忘回报家乡的精神值得称赞。希望工程建设单位组织精干力量,科学施工,高标准、高质量地建设好××大厦。东坎镇和县信用合作联社作为项目的引资单位,要切实担负起协调服务和监督管理职能,全程跟踪服务到位。县建设局要提高规划设计水平,强化工程质量监督,努力把××大厦建设成为精品工程、形象工程。县各有关部门和单位也要充分发挥职能作用,加强协调配合,增强服务工作的积极性和主动性,全力支持和服务好××大厦建设工作,为加快项目推进,实现提速升位做出新的贡献。

最后,预祝××大厦建设圆满成功!

谢谢大家!

女儿婚礼答谢词

尊敬的各位来宾、各位朋友、各位亲戚：

大家中午好！

今天是我女儿刘××、女婿欧阳××结良缘的大好日子，感谢大家在百忙中抽出时间来参加我们孩子的婚礼，你们的到来让婚礼增光添彩、让婚宴喜庆温馨！我们全家感到万分高兴。在此，我代表我们全家对大家的到来表示真挚的欢迎和衷心的感谢！感谢你们前来见证这对新人喜结良缘，感谢你们给这对新人送来了吉祥、送来了美好的祝福！

在这里，我特别要感谢的是欧阳××的父母亲，是你们养育、培养了一个勤奋上进、踏实稳重、有责任感的好儿子。

看到两个孩子从相识、相知、相爱，到今天喜结良缘，手拉手走进婚姻殿堂，我们做父母的感到由衷欣慰！成家立业是人生旅途的重要里程，如果说以前是父母拉着你们的手，完成了人生的起步，那么今后将是你们一起牵手，去经营人生、去创造美好的未来！父母祝福你们！

借此机会，我代表家人寄以这对新人希望和祝福：

一、希望你们在各自的岗位上认真学习、勤奋工作、尊重领导、平易近人、事业有成。

二、希望你们尊老爱幼、关心父母、尊重长辈、善待亲朋。

三、希望你们从今以后，无论是富贵或贫穷、健康或疾病，都要一生一心一意忠贞不渝地爱护对方、保护对方，在人生的旅途中永远心心相印，美满幸福。

四、祝福你们新婚快乐、幸福生活到永久、恩恩爱爱到白头！

最后，祝愿在座的各位来宾、各位朋友、各位亲戚身体健康、工作顺利、合家欢乐、万事如意！

谢谢！

阅读理解：

阅读范文，试着总结祝词和答谢词的结构及内容。

____

____

2. 台阶训练

写作祝词、答谢词，措辞的感情色彩应如何把握？

____

____

3. 拟写社交文书

根据任务情境，尝试为小王写一篇祝词和答谢词。

任务评价

请老师或同学评价你的写作成果：

文种	标题评价	内容评价	格式评价	评价等第	评价人
祝词					
答谢词					

知识链接

1. 祝词和答谢词的概念

祝词也可写作祝辞，是指在节日、庆典活动或会议上，以表示良好祝愿和庆贺为内容的讲话或书面文字。与之相对应，答谢词则是在上述相关场合上，由宾客出面发表的、对主人的热情接待表示感谢的讲话稿。

2. 祝词和答谢词的特点

祝词和答谢词作为礼仪文书，一般有以下几个特点：

(1)讲究客套，充满真情。

(2)注重照应，尊重习惯。

(3)篇幅简短，气氛热烈。

3. 祝词和答谢词的分类

祝词和答谢词的分类多种多样，从不种的角度出发有不同的分类方式。下面以祝词为例说明。

从祝贺对象上可分为以下四类：

(1)祝贺寿诞。祝贺寿诞的主要对象是老年人，在祝贺中，既赞颂他已取得的辉煌成绩，又祝愿他幸福健康长寿！祝贺寿诞的对象也可以是新得子女的一对夫妻，贺其喜得子嗣，祝贺夫妻生活更加甜美。

(2)祝贺事业。事业成功的祝贺涉及范围极广。如会议开始时祝其圆满成功；会议结束时祝贺会议圆满结束；展览会剪彩时祝其取得较好的社会效益，展览会结束时贺其已达到了预期目的；某人考入大学，贺其金榜题名，祝其鹏程万里、百尺竿头再进一步。其他如公司开业、商铺开张、报刊创刊、社团纪念等均可贺其已取得的成就，祝其今后事业顺利发达。

(3)祝贺婚嫁。既贺新婚，又祝新人婚后和谐美满。

(4)祝贺酒宴。宴请祝词，其实是在向赴宴宾客表达一种祝福和庆贺。

从表达形式上可分为以下两类：

(1)现场即席致辞祝贺

一般说来，在较为随意轻松的场合可以即兴表示祝贺；但在公共事务场合，为庄重严肃起见，应按事先拟好的祝贺词发言。

(2)信函、电传祝贺

有时祝贺人无法到场祝贺，在这样的情况下，可以用书信的方式祝贺，也可以发电报、传真或发电子邮件来表示祝贺之意。

答谢词的分类与之相似。

4. 祝词和答谢词的写作格式

祝词、答谢词是讲演稿的一种，只是内容各有所侧重，前者侧重表示良好的祝愿，而后者则侧重表示感谢。

祝词、答谢词的使用场合基本相似，格式也基本一致，通常由标题、称呼、正文和落款四部分组成。

(1)标题：一般由两种方式构成。

致词者＋致词场合＋文种，如《周恩来总理在欢迎尼克松总统宴会上的讲话》。

致词对象 + 致词内容,如《在 × × 先生和 × × 小姐婚礼上的祝词》。

(2)称呼。称呼写在开头顶格处,写明祝词或贺词对象的姓名,甚至有关的职务头衔,以求敬重,如“尊敬的史密斯博士”。

(3)正文。正文一般由三项内容构成。首先,向受词方致意,要说明自己代表何人或由何种组织向受词方及其何项事业祝福贺喜。其次,概括评价受词方已取得的成就。最后,展望未来美好前景,再次向受词方表示衷心的祝贺。

(4)落款。落款处应当署上致词单位名称或致词人姓名,最后还要署上成文日期。

拓展阅读

怎么写好祝词与答谢词

要想写好祝词与答谢词,一般来说要注意以下几点:

一是祝词、答谢词要求有对应性,对象不同,措辞也应有所不同。二是客人往往是在异地做客,要充分了解当地的民情、风俗,尊重对方的习惯,以免闹出误会。三要注意篇幅力求简短,尽量不要耽误客人的时间。四是主人可以在祝词或者答谢词中表达自己的意愿,以获得对方的支持。五是文词典雅,祝词、答谢词是礼仪性文书,应该使用书面语,多用敬语,表示恭敬或者郑重。六是遵守程式,祝词、答谢词的写作有一定规则,在格式、用词、表达的语气等方面都要适度,礼节周到,不卑不亢。

拓展训练

高职高专学生社会实践交流会将于 2014 年 8 月 22 日在北京港华大酒店举行,请你以北京港华大酒店总经理的名义写一篇祝词。

任务 3　拟写感谢信、慰问信

任务目标

1. 知识目标

(1)了解感谢信、慰问信的概念、特点。

(2)掌握感谢信、慰问信的文体结构和内容结构,理解其写作要求。

2. 能力目标

能够撰写感谢信、慰问信。

任务情境

小刘毕业后在一家大型公司做秘书工作。× × 地区暴雨成灾,大部分地区被淹,交通受阻，许多人的生命和财产受到威胁和损失。公司领导决定捐些钱和衣物，送去公司与员工们的一份心意。在寄钱和衣物的同时，还准备寄去一封慰问信。公司负责人请小刘代为起草这封慰问信。

××地区政府接到公司的捐款捐物和慰问信后，也发来感谢信，表达感谢之意。

你能帮小刘起草一份慰问信吗？当地政府的感谢信该怎么写？请你以其名义拟写一封给××公司的感谢信。

任务要求

1. 范文阅读：了解感谢信、慰问信的语言特点。

2. 台阶训练：回答问题，了解文种。

3. 拟写社交文书：帮助小刘完成公司慰问信，并以受灾地区政府名义拟写给公司的感谢信。

任务实施

1. 范文阅读

虚拟世界，一样有爱

——致受灾用户的慰问信

亲爱的盛大用户：

今天下午，获悉我国四川省汶川县发生7.8级强地震，造成人员伤亡，并影响我国北京、上海、天津、海南等省市地区，深感震惊！对于地震灾害给灾区人民造成的人员和财产损失，我们也深感悲痛。

在这里，我们对身处灾区和受到地震灾害影响的人们表示最亲切的慰问！

我们在这里正式宣布：盛大公司和全体盛大员工将采取切实的行动，给予广大灾区人民以慰问和帮助。我们将向有关部门先期捐款100万元人民币用于救助受灾民众，我们也呼吁更多的非灾区的用户加入我们的行列，和灾区人民风雨同舟，共渡难关。

虚拟世界，一样有爱，我们还会尽可能地利用网络给大家普及必要的防灾知识，让大家能及时了解各项避险措施，在灾害环境中学会保护自己、互助友爱。我们同时也希望灾区的人民能够尽快走出悲痛，走出困境，积极投入到生产自救的工作中去，用我们的双手，再造我们的美好家园！

上海盛大网络发展有限公司

2008年5月12日晚22:30

四川省广元市致信感谢辽宁消防总队抗震救援队

辽宁省消防总队：

5月12日14时28分，四川省汶川县发生7.8级地震，广元市震感强烈，我市4县3区233个乡镇受严重波及。

这场突如其来的特大灾害,给人民群众生命财产造成极大损害,在这全球震惊,举国哀痛的艰难时刻,贵总队积极响应党中央、国务院和公安部的号召,迅速组建抢险救援队,日夜兼程,赶赴灾区,全力投入抗震救灾工作。连日来,面对频繁发生的余震,贵总队临危不惧,英勇顽强,日夜奋战在抗震抢险的第一线。在最危险的地方,体现出高度的政治责任感、使命感和人民消防为人民的崇高精神,为保卫人民群众生命财产安全,维护社会政治稳定做出了重要贡献。市委、市政府对你们付出的辛劳和做出的牺牲表示衷心的感谢,特致信向你们表示亲切的问候与祝福,并致以崇高的敬意!

目前,正值抗震救灾的关键时期,全市灾区的救援工作还十分艰巨,困难很多,压力很大。我们坚信在党中央、国务院的坚强领导下,在社会各界的大力支持下,我们一定可以用我们的双手、智慧和勇气,争分夺秒,为夺取抗震救灾的最后胜利做出新的更大的贡献。

四川省广元市人民政府

2008 年 5 月 8 日

华侨大学五十周年校庆致社会各界的感谢信

尊敬的各位领导,各兄弟院校,各位嘉宾、董事,亲爱的校友们:

2010 年 11 月 5 日 –7 日,华侨大学隆重举行建校五十周年庆祝活动。在各级领导、各兄弟院校、海内外嘉宾、董事和广大校友们的关心、支持下,华侨大学建校五十周年系列庆祝活动圆满落下帷幕。

五十周年校庆在我校发展史上具有重要的历史意义,各级领导、各兄弟院校、海内外嘉宾、董事和校友拨冗莅临,或发来贺信、贺电,或题赠字画,或惠赐厚礼,令我校倍添光彩。半世纪沧桑砥砺,薪火相传;五十载春华秋实,硕果累累。华侨大学的发展凝聚着社会各界的厚爱和支持,在此谨致以诚挚的感谢和崇高的敬意!

校庆活动期间,学校认真地做了大量工作,但在组织中难免百密一疏,定有安排、接待不周之处,尚祈谅解!衷心希望得到社会各界一如既往的关心与支持!

学校将把各级领导、各兄弟院校、海内外嘉宾、董事和校友的关怀厚爱化为学校前进的强大动力,励精图治,科学发展,为把学校建设成为基础雄厚、特色鲜明、海内外知名的高水平大学而努力奋斗!

华侨大学校长　×××

党委书记　×××

2010 年 11 月 9 日

2. 台阶训练

说说慰问信和感谢信的区别。

3. 拟写社交文书

根据任务情境,帮助小刘完成任务。

任务评价

请老师或同学评价你的写作成果:

文种	标题评价	内容评价	格式评价	评价等第	评价人
慰问信					
感谢信					

知识链接

一、感谢信、慰问信的概念

感谢信是机关、团体、单位在获得有关方面和人员的关心、支持、帮助、慰问、馈赠后，向对方表示感谢、表扬的事务书信。

慰问信是向对方表示关怀、慰问的信函。用电报形式发送的慰问文书称慰问电。它是有关机关或者个人，以组织或个人的名义在他人处于特殊的情况下（如战争、自然灾害、事故），或在节假日，向对方表示问候、关心的应用文。

二、感谢信、慰问信的特点

1. 感谢信

（1）作用具有双重性。感谢信既有感谢之意，又有表扬之情。

（2）具有公开性、及时性和针对性等特点。它可以直接送给对方，也可以在对方所在地的公共场所张贴，还可以通过新闻媒介刊播。

2. 慰问信

（1）发文的单向性。慰问信通常是单向进行的，由一方慰问另一方。

（2）内容的针对性。慰问信是根据对象确定慰问信的内容和作用，行文目的和内容都很有针对性。

（3）情感的沟通性。慰问信是用赞扬或者同情的方法表达崇敬之意、关切之情，以此达成双方的情感交流和相互理解。

三、感谢信、慰问信的分类

1. 感谢信的分类

（1）给集体的感谢信。这类感谢信，一般是个人处于困境时，得到了集体的帮助，并在集体的关心和支持下，自己最终克服了困难，渡过了难关，摆脱了困境，所以要用感谢信的方式表达自己的感激之情。

（2）给个人的感谢信。这类感谢信，可以是个人，也可以是单位，还可以是集体为了感谢某个人曾经给予的帮助或照顾而写的。

2. 慰问信的分类

可分为先进（表彰）慰问、遇灾（同情）慰问和节日慰问三种。

（1）先进慰问。向做出重大贡献以及取得突出成绩的集体或个人表示慰问。这种慰问信侧重赞扬功绩，如对在抗震救灾及保卫国家和人民生命财产安全等重大社会活动中做出卓越贡献的人民解放军、公安干警等的慰问。

（2）遇灾慰问。对遭受意外灾难，蒙受严重损失，遇到巨大困难的集体或个人表示慰问。这种慰问信侧重同情、安抚和鼓励，如对灾区人民的慰问。

（3）节日慰问。这种慰问信侧重强调节日意义，赞扬有关人员取得的成绩或做出的贡献。

例如,春节对英雄模范人物及军烈属的慰问;教师节对教育工作者的祝贺;“三八”国际劳动妇女节对妇女同志的问候。

四、感谢信、慰问信的写作格式

感谢信、慰问信写作格式基本相同,通常由标题、称呼、正文和落款四部分组成,内容有自己的侧重点。

1. 感谢信的格式和写法

(1)标题。一般有以下两种形式:

1)可直接以文种“感谢信”为标题。

2)也可以由受文单位和文种组成标题,如“致××学院的感谢信”。

3)还可由发文单位、受文单位及文种组成,如“中共中央致各民主党派中央、全国工商联的感谢信”。

(2)称呼。在标题下隔行顶格写所感谢的单位名称或个人姓名。个人姓名后可写“同志”“先生”“小姐”等相应的尊称。

(3)正文。一般写以下两个方面内容:

1)简述事迹,说明效果。应交代清楚人物、事件、时间、地点、原因和结果,并扼要叙述在对方帮助下所产生的客观影响和社会效果。

2)颂扬品德,表示感谢。同时,表示向对方学习。颂扬得适度是写好感谢信的难点。如果是感谢单位或新闻单位,还可以写上建议对方单位给予表扬的建议。

(4)敬语

写上“此致”“敬礼”一类敬语。

(5)落款

署上发文主体的名称及年、月、日即可。

2. 慰问信的格式与写法

(1)标题。一般写“致……的慰问信”,或只写“慰问信”。称呼、敬语、落款的写法与感谢信一样。

(2)正文

不同类型的慰问信,其内容有所区别:

1)慰问先进。开头可用“欣闻……非常高兴,特表示祝贺并致以亲切的慰问”等语;中心段可写成绩是怎样取得的及有怎样的意义,并表示赞扬;最后勉励他们再接再厉,继续前进。

2)慰问受难者。正文内容主要对受难者表示同情和安慰,鼓励他们克服困难,勇往直前,夺取胜利。开头可用“惊悉……深表同情,并致以深切的慰问”等语,中心段着重写克服困难,战胜灾难的有利因素,最后写发信单位或个人将为他们做贡献的决心及行动,并表示良好祝愿。

(3)敬语

正文后写上“此致”“敬礼”一类敬语。

(4)落款

署上发文主体的名称及年、月、日即可。

拓展阅读

写好感谢信、慰问信的注意事项

感谢信写作应注意：

(1)感谢的事项必须真实。

(2)情感要真挚，文字要适当、得体。

(3)结构内容要完整。

慰问信写作应注意：

(1)写慰问信感情要真挚。

(2)语气要诚恳，语言要富有感染力。

(3)使被慰问者从中得到慰藉与鼓励。

拓展训练

模仿例文，试根据要求写一篇慰问信。

“三八”国际劳动妇女节就要到了，请以南京工业职业技术学院工会的名义，给全校女教职工写一封慰问信，字数不少于300字。

项目五　拟写会议文书

会议文书是会议活动中使用的书面材料的总称。

会议文书，既有法定公文，如会议通知、会议记录、会议纪要、提案、决定、公告等；也有通用文书，如会议计划、总结、讲话稿等。

会议文书各类文种因特点、性质、作用的不同，在文书拟写时具有不同的要求。

项目目标

了解会议文书的内容和写作方法，学会写作常用的会议文书。

项目分解

任务 1　拟写会议记录、会议纪要

任务 2　拟写会议开幕词、闭幕词

任务 3　拟写新闻报道

任务 1　拟写会议记录、会议纪要

任务目标

1. 知识目标

(1)了解会议记录、会议纪要的概念、特点、分类。

(2)掌握会议记录、会议纪要的写作格式。

2. 能力目标

(1)能够区分会议记录、会议纪要的不同。

(2)能够正确拟写会议记录和会议纪要。

任务情境

小张几个月前大学毕业，来到A公司当秘书，一进公司正好遇上了公司发布新产品，一连开了好几次会。每次开会小张都要负责进行会议记录，几次下来，小张已经游刃有余。

今天公司管理层召开A公司改制会议，参加会议的公司领导有总经理×××、副总经理×××和×××、工会主席×××、公司全体中层干部、公司各部门推举的职工代表共18人。会议讨论热烈，形成了以下几项改制工作决议：一、公司改制以推动公司发展为宗旨。二、公司改制将于今年下半年启动。三、公司改制，实行股份制，由国有企业转变为混合所有制企业。四、公司改制确保按照国家政策和企业政策合理安排职工。

小张会上做了会议记录，本以为完成了任务，不想，领导又分配了新的任务，让她拟一份《A公司改制会议纪要》上报主管局，并分发给参会人员。

进公司以来还没写过会议纪要，该怎么写？小张一时不知所措。

你能帮帮小张吗？

任务要求

1. 范文阅读：正确区分会议记录、会议纪要。

2. 台阶训练：找出病文中的错误。

3. 拟写会议文书：先与同学合作，模拟讨论会情景，拟出一份会议记录，再据此完成会议纪要。

任务实施

1. 范文阅读

(1)会议记录。

××市人民政府会议记录(通用格式)

会议名称：××市人民政府教育改革工作会议

时间：20××年×月×日

地点：市政府主楼××会议室

出席：×××、×××、×××

缺席：×××(因病)、×××(去省里开会)

列席：×××、×××、×××

主持人：×××

记录：×××

议题：传达省教育改革工作会议精神，研究我市如何加强、改革教育工作。

讨论内容：(略)

决定事项：(略)

(2)会议纪要。

2010年人社局党风廉政工作会议纪要

2010年3月12日,我局召开2010年党风廉政建设工作会议。区纪委书记×××同志、区监察局长×××同志到会指导。会议由局党组书记×××同志主持。

大会首先由局长×××同志传达了市、区党风廉政建设工作会相关精神,副局长(兼纪检组长)×××同志布置了2010年党风廉政建设工作要点,副局长×××同志宣读了局党组关于对×××等同志进行通报表扬的决定。

一、根据工作部署,今年区人社局党风廉政建设工作将按照"民生为重、人才优先"的原则,深入贯彻落实科学发展观,坚持标本兼治、综合治理、惩防并举、注重预防的工作方针,按照市、区的工作部署,立足区域经济及社会事业发展,夯实就业和社会保障工作基础,以开展规范管理年和作风建设年为抓手,以大力推进廉政风险防范管理为着力点,认真落实党风廉政建设责任书,为全面提升我区人事人才工作,加强公务员队伍建设,统筹就业和社会保障,维护劳动关系的稳定,促进区域经济和社会事业发展提供工作保证。

二、在具体工作中,人社局将进一步强化党风廉政学习教育培训工作,以开展警示教育活动为核心,夯实全局干部廉政为民的思想基础;大力推进廉政风险防范管理,落实相关的风险管理措施,充分发挥制度的规范和保障作用,落实一岗双责,全员签订党风廉政建设责任书,完善落实财务管理、社保基金内部监控等管理机制;全面加强机关干部作风建设,制定《人社局规范管理及加强作风建设的工作意见》,加强对社保基金、就业资金等专项资金管理使用情况及防范效果的监督检查,推进民主评议政风行风和基层站所工作,筹备并启动呼叫中心,推进综合行政服务与全程管理系统建设。

三、区纪委×××书记结合市、区全会精神,针对人社局案例和全区党风廉政建设与反腐败斗争形势,从"提高认识,统一思想"、落实惩防体系、加强"廉政风险点"与制度建设、严厉查处违纪违法案件、加强队伍建设、履行好"一岗双责"等五个方面,对我局干部提出了工作要求。党组书记×××同志要求全局党员干部要认真落实周书记讲话精神,认真抓好全年各项工作的落实。他要求全局干部特别是党员领导干部要率先垂范,扎实工作,依法办事,认真落实"一岗双责",确保党风廉政建设各项任务落到实处。

关于协调解决沙面大街56号首层房屋使用权问题的会议纪要

第××号

××年2月2日上午,市政府办公厅×××主任主持召开会议,协调解决沙面大街56号首层房屋使用权问题。参加会议的有省政府办公厅交际处、广东胜利宾馆、市商委、市国土房管局、二商局、市外轮供应公司等有关部门的负责同志。

会议认为,沙面大街56号首层房屋使用权的问题,是在过去计划经济和行政决定下形成的历史遗留问题。早几年曾多次协调,虽有进展,但未有结果。最近,按照省、市领导同志"向前看""了却这笔历史旧账"的批示精神,在办公厅的协调下,双方本着尊重历史,面对现实,互谅互让的原则,合情合理地提出解决这宗矛盾的方案。

经过协商、讨论,双方达成了一致的认识。会议决定如下事项:

一、市外轮供应公司应将沙面大街56号房屋的使用权交给广东胜利宾馆。

二、考虑到市外轮供应公司在56号经营了30多年，已投入了不少资金，退出后，办公地方暂时难以解决，决定给予其商品损耗费、固定资产投资和搬迁费等一次性补偿费用共95万元。其中省政府办公厅和广东胜利宾馆负责80万元；考虑到省政府领导曾多次过问此事和省、市关系，另15万元由广州市政府支持补助。

三、省政府办公厅和广东胜利宾馆的补偿款于1994年2月7日前划拨给市外轮供应公司。市政府的补助款于3月5日左右划拨，市外轮供应公司应于2月15日开始搬迁，2月20日前搬迁完毕并移交钥匙。

四、市外轮供应公司原搭建的楼阁按房管部门规定不能拆迁。空调器和电话等2月20日前搬迁不了的，由广东胜利宾馆协助做好善后工作。

会议强调，双方在房屋使用权移交中要各自做好本单位干部群众的工作，团结协作，增进友谊，保证移交工作顺利进行。

××市政府办公厅
××××年×月×日

阅读理解：

在会议过程中，由记录人员把会议的组织情况和具体内容记录下来，就形成了会议记录。会议记录不是正式文件，也不外发，它是作为资料和凭证保存的。

会议纪要是用于记载、传达会议情况和议定事项的公文。

提示：注意比较性质和功能。

2. 台阶训练

××××秘书学会会议纪要

时间：××××年×月×日

参加人员：常务副会长×××，副会长×××、×××，办公室主任×××、副主任×××，活动中心主任×××。

会议内容：

一、确定了秘书学会的办公地点。根据××××年×月×日会议决定，×××同志对学会办公地点进行了考察，经过比较，认为××大学办公条件优越，适合做学会的办公地点。会议决定，从即日起××××秘书学会迁到××大学，挂牌办公。通信地址：××市××区××路××号。联系电话：×××××××××。

二、学会与××大学商定，由××大学给学会提供办公室、办公桌椅、电话和必要的办公费用。利用××大学的教学条件，双方共同组织举办秘书培训班。

三、增补了学会副会长。为便于开展工作，建议增补×××为学会副会长，负责学会的后勤保障和日常管理，先开展工作，以后提请×月份常务理事会确认。

四、制订了今后的活动计划。（略）

这一病文的主要问题是__________，__________，__________。

3. 拟写会议文书

根据任务情境，先拟写一则会议记录，再依据记录，拟写会议纪要。

任务评价

文种	标题评价	内容评价	格式评价	评价等第	评价人
会议记录					
会议纪要					

知识链接

一、会议记录

(一)会议记录的概念

在会议过程中,由记录人员把会议的组织情况和具体内容记录下来,就形成了会议记录。“记”有详记与略记之别。详记要求记录的项目必须完备,记录的言论必须详细完整。略记是记会议大要,会议上的重要或主要言论。若需要留下详尽内容,会议记录则要靠“录”。“录”有笔录、音录和影像录几种。对会议记录而言,音录、影像录通常只是手段,最终还要将录下的内容还原成文字。笔录也常常要借助音录、影像录,以之作为记录内容最大限度地再现会议情境的保证。

(二)会议记录的特点

(1)综合性。会议记录是在对会议中各种材料、与会人员的发言以及会议简报等进行综合分析和概括提炼基础上形成的,它具有整理和提要的基本特点。

(2)指导性。这一特性包含两层含义:一是会议本身的权威性;二是会议记录集中反映了会议的主要精神和决定事项。因而会议记录一经下发,将对有关单位和人员产生约束力,起着类似于指示、决定或决议等指挥性公文的作用。会议记录还可以作为与会同志向单位领导汇报、向群众传达的文字依据。

(3)备考性。一些会议记录主要不是为了贯彻执行,而是为了向上汇报或向下通报情况,必要时可作查阅之用。

(三)会议记录的分类

按照会议性质来分,会议记录大致有办公会议记录、专题会议记录、联席(协调)会议记录、座谈会议记录等。

(四)会议记录的写作格式

1. 标题

标题一般由“开会单位+会议名称(或会议内容)+记录”三部分组成,如《××公司产品营销会议记录》《××公司第八次股东大会记录》。

2. 正文

会议记录的正文分两部分:①会议组织情况;②会议进行情况。

会议组织情况内容及要求如下:

(1)会议时间。要写清会议进行的年份、日期,必要时精确到分钟。

(2)会议地点。要写清会议室名称。

(3)会议出席人姓名。人数多的会议可只写人数。

(4)缺席人姓名和缺席原因。

(5)列席人及其职位。

(6)主持人。一般直书姓名,在姓名前冠写职衔。

(7)记录人姓名。

(8)议题。议题是会议要讨论或解决的问题,在议题不止一项时,应分条列项写。

会议进行情况(主体)包括四项内容:主持人的开场白、大会主题报告、讨论发言、决议。要按会议的进程或顺序记录会议进行情况。先写报告人和发言人的姓名,然后再记录发言内容。会议内容记录方法可分两类:

(1)摘要式记录。只记录发言要点、结论、决议等内容。

(2)详细记录(重要会议多采用详细记录)。按会议进程记录,详细而且完整地记录会上的发言、不同意见、争论和会议决议,甚至会议出席人的行为(如鼓掌、大笑等)都要记录。

尾部单列一行,写"散会"。

有的会议记录需当场由发言人和会议主持人审阅、签名。

有的会议记录则在会后整理后,再送发言人和会议主持人审阅、签名。

二、会议纪要

(一)会议纪要的概念

会议纪要不同于会议记录。会议纪要是用于记载、传达会议情况和议定事项的公文。会议纪要对企事业单位、机关团体都适用。

(二)会议纪要的特点

(1)纪实性。会议纪要必须是会议宗旨、基本精神和所议定事项的概要纪实,不能随意增减和更改内容,任何不真实的材料都不得写进会议纪要。

(2)概括性。会议纪要必须精其髓,概其要,以极为简洁精练的文字高度概括会议的内容和结论。既要反映与会者的一致意见,又可兼顾个别同志有价值的看法。有的会议纪要,还要有一定的分析说理。

(3)条理性。会议纪要要对会议精神和议定事项分类别、分层次予以归纳、概括,使之眉目清晰、条理清楚。

(三)会议纪要的分类

(1)工作会议纪要。它侧重于记录贯彻有关工作方针、政策,及其相应要解决的问题,如《全国民族贸易和民族用品生产工作会议纪要》《全省基本建设工作会议纪要》。

(2)代表会议纪要。它侧重于记录会议议程和通过的决议,以及今后工作的建议,如《××省第一次盲人聋哑人代表会议纪要》。

(3)座谈会议纪要。它内容比较单一、集中,侧重于工作的、思想的、理论的、学习的某一个问题或某一方面问题,如《十省区、十个路局整顿治安座谈会纪要》。

(4)联席会议纪要。它是指不同单位、团体,为了解决彼此有关的问题而联合举行会议,在此种会议上形成的纪要。它侧重于记录两边达成的共同协议。

(5)办公会议纪要。它是指对本单位或本系统有关工作问题的讨论、商定、研究、决议的文字记录,以备查考。

(6)科研学术会议纪要。它包括学术年会纪要。这种会议纪要,重点记录会议交流的内容、成果。

(四)会议纪要的写作格式

1. 标题

会议纪要的标题有两种格式:

一是会议名称加文种,也就是在“纪要”两个字前写上会议名称,如《全国财贸工会工作会议纪要》。

二是把会议的主要内容在标题里揭示出来,类似文件标题式的,如《关于加强纪检工作座谈会纪要》。

2. 开头部分

简要介绍会议概况,其中包括:

(1)会议召开的形势和背景。

(2)会议的指导思想和目的要求。

(3)会议的名称、时间、地点、与会人员、主持者。

(4)会议的主要议题或解决什么问题。

(5)对会议的评价。

3. 文号、制文时间

作为法定公文,会议纪要需要标注文号。文号写在标题的正下方,由年份、序号组成,用阿拉伯数字全称标出,并用“〔〕”括入,如〔2015〕67 号。

4. 正文部分

它是纪要的主体部分,是对会议的主要内容、主要精神、主要原则以及基本结论和今后任务等进行具体的综合和阐述。

(1)要从会议的客观实际出发,从会议的具体内容出发,抓中心,抓要点。抓中心就是抓住会议中心思想、中心问题、中心工作;所谓要点,就是会议的主要内容。要对此进行条理化的纪要。

(2)会议纪要是以整个会议的名义表述的,因此必须概括会议的共同决定,反映会议的全貌。凡没有形成一致意见的问题,则需要分别论述并写明分歧之所在。

(3)要掌握并运用马列主义的基本理论与党的方针、政策对会议进行概括与总结。它是贯穿于纪要始终的一条红线。

(4)为了叙述方便,眉目清楚,常用“会议认为”“会议指出”“会议强调”“与会人员一致表示”等词语,作为段落的开头语。也有用在段中的,仍起强调的作用。

(5)介绍性文字,笔者可以灵活自由叙述,但引用性文字,必须忠实于发言原意,不能篡改,也不可强加于人。

(6)小型会议,侧重于综合会议发言和讨论情况,并要列出决议的事项。大型会议内容较多,正文可以分几部分来写。常见的有三种写作形式:一是概括叙述式;二是分列标题式;三是发言记录式。

5. 结尾部分

一般写法是提出号召和希望,但也要根据会议的内容和纪要的要求而定:有的是以会议名义向本地区或本系统发出号召,要求认真贯彻执行会议精神;有的是突出强调贯彻落实会议精神的关键问题,指出核心问题;有的是对会议做出简要评价,结合提出希望要求。

拓展阅读

会议纪要与会议记录的区别

(1)性质不同。会议记录是讨论发言的实录,属事务文书。会议纪要只记要点,是法定行政公文。

(2)功能不同。会议记录一般不公开,无须传达或传阅,只作为资料存档;会议纪要通常要在一定范围内传达或传阅,要求贯彻执行。

拓展训练

1. 课外上网,选择国家或政府网站,查看会议纪要,研读会议纪要的写法。
2. 参加班委会或社团、学生会会议,拟写一份会议记录。

任务2　拟写会议开幕词、闭幕词

任务目标

1. 知识目标

(1)了解开幕词、闭幕词的概念、特点、分类。

(2)掌握开幕词、闭幕词的写作格式。

2. 能力目标

(1)能够正确把握开幕词、闭幕词的特点。

(2)能够正确写作开幕词、闭幕词。

任务情境

王岚是B公司的办公室秘书,公司这段时间积极研发,将要陆续推出多种新产品,并决定于下周召开商品交易洽谈会。届时,会有很多嘉宾远道而来,公司领导也将在会议上发表讲话,拟写会议开幕词、闭幕词的任务就交给了王岚。

任务要求

1. 范文阅读:能够正确把握开幕词、闭幕词的关系。
2. 台阶训练:找出病文中的错误并修改。
3. 拟写会议文书:完成领导交给的两项任务。

任务实施

1. 范文阅读

(1)开幕词。

共建面向未来的亚太伙伴关系

——在亚太经合组织第二十二次领导人非正式会议上的开幕辞

(2014 年 11 月 11 日,雁栖湖国际会议中心)

中华人民共和国主席　习近平

各位同事:

很高兴同大家聚会北京雁栖湖畔。首先,我谨对各位同事的到来,表示热烈的欢迎!

每年春秋两季,都有成群的大雁来到这里,雁栖湖因此得名。亚太经合组织的 21 个成员,就好比 21 只大雁。"风翻白浪花千片,雁点青天字一行。"今天,我们聚首雁栖湖,目的就是加强合作、展翅齐飞,书写亚太发展新愿景。

今年是亚太经合组织成立 25 周年。亚太经合组织的 25 年,也是亚太发展繁荣的 25 年。亚太经合组织见证了亚太发展的历史成就,亚太发展也赋予亚太经合组织新的使命。

当前,世界经济复苏仍面临诸多不稳定不确定因素,亚太发展也进入新的阶段,既有机遇,也面临挑战。如何破解区域经济合作碎片化风险?如何在后国际金融危机时期谋求新的增长动力?如何解决互联互通建设面临的融资瓶颈?这些都需要我们深入思考、积极应对。

面对新形势,我们应该深入推进区域经济一体化,打造有利于长远发展的开放格局。亚太经合组织应该发挥引领和协调作用,打破种种桎梏,迎来亚太地区更大范围、更高水平、更深层次的新一轮大开放、大交流、大融合。要打破亚太内部的封闭之门,敞开面向世界的开放之门。要在推进茂物目标的同时大力推进亚太自由贸易区进程,明确目标、方向、路线图,尽早将愿景变为现实,实现横跨太平洋两岸、高度开放的一体化安排。

面对新形势,我们应该全力推动改革创新,挖掘新的增长点和驱动力,打造强劲、可持续的增长格局。后国际金融危机时期,增长动力从哪里来?毫无疑问,动力只能从改革中来、从创新中来、从调整中来。我们要创新发展理念,从传统的要素驱动、出口驱动转变为创新驱动、改革驱动,通过结构调整释放内生动力。我们要改变市场管理模式,使市场在资源配置中起决定性作用,更好发挥政府作用。我们要推动科技创新,带动能源革命、消费革命,推动亚太地区在全球率先实现新技术革命。我们今年推动互联网经济、城镇化、蓝色经济等领域合作,探讨跨越"中等收入陷阱"问题,抓住了重大、前沿的国际经济议题,开了个好头。

面对新形势,我们应该加快完善基础设施建设,打造全方位互联互通格局。互联互通是一条脚下之路,无论是公路、铁路、航路还是网路,路通到哪里,我们的合作就在哪里。互联互通是一条规则之路,多一些协调合作,少一些规则障碍,我们的物流就会更畅通、交往就会更便捷。互联互通是一条心灵之路,你了解我,我懂得你,道理就会越讲越明白,事情就会越来越好办。实现亚太全方位互联互通,就是要让脚下之路、规则之路、心灵之路联通太平洋两岸的全体成员,打通融资贵、融资难的瓶颈,就是要加强公私伙伴关系建设,实现联动式发展。

各位同事！亚太经合组织是一个大家庭，打造发展创新、增长联动、利益融合的开放型亚太经济格局，符合所有成员共同利益。为了实现上述目标，亚太经济体需要共同构建互信、包容、合作、共赢的亚太伙伴关系，为亚太地区和世界经济发展增添动力。

第一，共同规划发展愿景。亚太未来发展攸关每个成员利益。我们已经在启动亚太自由贸易区进程、推进互联互通、谋求创新发展等方面达成重要共识，要将共识转化为行动，规划今后5年、10年甚至25年的发展蓝图，一步步扎实向前推进。

第二，共同应对全球性挑战。在后国际金融危机时期，我们既要抓住经济增长这个核心，加强宏观政策协调，又要妥善应对流行性疾病、粮食安全、能源安全等全球性问题，以信息共享增进彼此了解，以经验交流分享最佳实践，以沟通协调促进集体行动，以互帮互助深化区域合作。

第三，共同打造合作平台。伙伴意味着一个好汉三个帮，一起做好事、做大事。我们应该将亚太经合组织打造成推动一体化的制度平台，加强经验交流的政策平台，反对贸易保护主义的开放平台，深化经济技术合作的发展平台，推进互联互通的联接平台。亚太经合组织的发展壮大有赖于大家共同支持。

我愿在此宣布，中方将捐款1 000万美元，用于支持亚太经合组织机制和能力建设，开展各领域务实合作。

第四，共同谋求联动发展。伙伴意味着合作共赢、互学互鉴。当前，一些亚太发展中经济体面临较多困难，没有他们的发展，亚太发展就不可持续。我们要加大对发展中成员的资金和技术支持，发挥亚太经济体多样性突出的特点，优势互补，扩大联动效应，实现共同发展。

未来3年，中国政府将为亚太经合组织发展中成员提供1 500个培训名额，用于贸易和投资等领域的能力建设项目。

各位同事！在“共建面向未来的亚太伙伴关系”主题下，我们将围绕“推动区域经济一体化”，“促进经济创新发展、改革与增长”，“加强全方位基础设施与互联互通建设”三项重点议题展开讨论。我期待并相信，这次会议将为亚太发展注入新的活力。

一花不是春，孤雁难成行。让我们以北京雁栖湖为新的起点，引领世界经济的雁阵，飞向更加蔚蓝而辽阔的天空。

谢谢大家！

××集团公司商品交易洽谈会开幕式致词

（××××年×月×日）

董事长　×××

女士们、先生们，朋友们：

值此××集团公司商品交易洽谈会开幕之际，我谨代表本集团公司向远道而来的各国来宾、港澳同胞、海外侨胞表示热烈的欢迎和良好的问候！

前年金秋，在庆祝本集团公司产品研发中心落成典礼时，我们曾在这里举办过一次商品交易洽谈会。今年这次洽谈会，规模和内容比上一次洽谈会更大、更丰富。本次洽谈会，将进一步扩大本集团公司和有关国家、港澳地区的经济技术合作和贸易往来，增进相互了解和友谊。

本集团公司地处中国沿海经济发达的××省，对外经贸事业的发展有着广阔的前景。目前，本集团公司已同世界上近30个国家和地区建立了贸易往来和经济技术合作关系，这种合作关系正在日益巩固和发展。

本次洽谈会,本集团公司将推出包括轻工、机电、陶瓷、电子及食品等250余种商品,供各位来宾选择。所展出的商品不少是我国或我省的名牌产品和新开发的出口产品。欢迎各位来宾洽谈贸易,凭样订货。

今天在座的各位来宾中,有许多是我们的老朋友,我们之间已建立了长久的良好的合作关系。对于各位真诚合作的精神,良好的信誉,本集团公司表示由衷的赞赏和感谢。同时,我们也热情欢迎来自许多国家、地区的新朋友,我们为有幸结识新朋友而感到十分高兴。我们欢迎老朋友和新朋友发展相互间的友好合作关系。

最后,预祝本集团公司商品交易洽谈会圆满成功!

谢谢!

(2)闭幕词。

在二十国集团领导人杭州峰会上的闭幕辞

(2016年9月5日,杭州)

中华人民共和国主席　习近平

各位同事:

我们用了一天半的时间,围绕会议主题和重点议题进行了热烈而富有成果的讨论,就加强政策协调、创新增长方式,全球经济金融治理,国际贸易和投资,包容和联动式发展等议题,以及影响世界经济的其他突出问题,深入交换看法,达成许多重要共识。

第一,我们决心为世界经济指明方向,规划路径。我们认为,当前世界经济增长仍然乏力,增长动力不足,国际和地区热点问题以及全球性挑战对世界经济的影响不容忽视。维护世界和平稳定,为促进全球经济增长创造良好环境至关重要。我们要继续加强宏观政策沟通和协调,发扬同舟共济、合作共赢的伙伴精神,凝聚共识,形成合力,促进世界经济强劲、可持续、平衡、包容增长。我们通过了《二十国集团领导人杭州峰会公报》,进一步明确了二十国集团合作的发展方向、目标、举措,就推动世界经济增长达成了杭州共识,为构建创新、活力、联动、包容的世界经济描绘了愿景。

我们认为,面对当前世界经济的风险和挑战,需要标本兼治,综合施策,运用好财政、货币、结构性改革等多种有效政策工具,既要做好短期风险防范和应对,也要挖掘中长期增长潜力;既要保持总需求力度,也要改善供给质量。这将向国际社会传递二十国集团成员共促全球经济增长的积极信号,有助于提振市场信心,维护全球金融市场稳定。

第二,我们决心创新增长方式,为世界经济注入新动力。我们一致通过了《二十国集团创新增长蓝图》,决心从根本上寻找世界经济持续健康增长之道,紧紧抓住创新、新工业革命、数字经济等新要素新业态带来的新机遇,并制定一系列具体行动计划。我们支持以科技创新为核心,带动发展理念、体制机制、商业模式等全方位、多层次、宽领域创新,推动创新成果交流共享。我们决定大力推进结构性改革,制定了优先领域、指导原则、指标体系。《二十国集团创新增长蓝图》的达成,将使我们在理念上有共识、行动上有计划、机制上有保障,有助于为全球增长开辟新路径,全面提升世界经济中长期增长潜力。

第三,我们决心完善全球经济金融治理,提高世界经济抗风险能力。我们同意继续推动国际金融机构份额和治理结构改革,扩大特别提款权的使用,强化全球金融安全网,提升国际货币体系稳定性和韧性。我们决心加强落实各项金融改革举措，密切监测和应对金融体系潜在风险和脆弱性，深化普惠金融、绿色金融、气候资金领域合作，共同维护国际金融市场稳定。我们决定深化国际税收合作，通过税收促进全球投资和增长。我们就能源可及性、可再生能源、能效共同制定了行动计划，以提升全球能源治理有效性。我们就继续深化反腐败合作达成多项共识，决心让腐败分子在二十国乃至全球更大范围无处藏身、无所遁形。我们期待通过上述成果和举措，全面提升全球经济金融治理结构的平衡性、机制的可靠性、行动的有效性，为世界经济增长保驾护航。

第四，我们决心重振国际贸易和投资这两大引擎的作用，构建开放型世界经济。我们同意充分发挥贸易部长会和贸易投资工作组的作用。我们共同制定《二十国集团全球贸易增长战略》，促进包容协调的全球价值链发展，继续支持多边贸易体制，重申反对保护主义承诺，以释放全球经贸合作潜力，扭转全球贸易增长下滑趋势。我们制定了《二十国集团全球投资指导原则》，这是全球首个多边投资规则框架，填补了国际投资领域空白。期待在我们共同努力下，在强劲的国际贸易和投资推动下，世界经济将重新焕发活力，经济全球化进程将继续蓬勃发展。

第五，我们决心推动包容和联动式发展，让二十国集团合作成果惠及全球。我们第一次把发展问题置于全球宏观政策框架的突出位置，第一次就落实联合国2030年可持续发展议程制定行动计划，具有开创性意义。我们同意在落实气候变化《巴黎协定》方面发挥表率作用，推动《巴黎协定》尽早生效。我们发起《二十国集团支持非洲和最不发达国家工业化倡议》，制定创业行动计划，发起《全球基础设施互联互通联盟倡议》，决定在粮食安全、包容性商业等领域深化合作。这些行动计划和务实成果，将着力减少全球发展不平等、不平衡问题，为发展中国家人民带来实实在在的好处，为实现2030年可持续发展目标作出重要努力，为全人类共同发展贡献力量。

我们认识到发挥好二十国集团国际经济合作主要论坛作用的重要性，认为二十国集团有必要进一步从危机应对机制向长效治理机制转型，从侧重短期政策向短中长期政策并重转型。我们认为，二十国集团的发展关乎所有成员切身利益，也牵动世界经济发展的未来，只有顺应变革，与时俱进，才能永葆生机。我们决心合力支持二十国集团继续聚焦世界经济面临的最突出、最重要、最紧迫的挑战，加强政策协调，完善机制建设，扎实落实成果，引领世界经济实现强劲、可持续、平衡、包容增长。

各位同事！

在我正式宣布会议结束之前，我想向大家表示诚挚谢意。感谢你们对我本人和中国政府的信任，感谢你们在会议期间给予中方的支持、理解、合作，感谢你们为推动世界经济增长和二十国集团发展付出的辛勤努力和作出的重要贡献。

在我们共同努力下，二十国集团领导人杭州峰会取得了丰硕成果，画上了圆满句号。我深信，这次会议将成为一个崭新起点，让二十国集团从杭州再出发。

相聚美好而又短暂，很快到了我们要说再见的时候。会议结束后，我将参加记者招待会，根据我们在会上达成的共识，向媒体简要介绍会议成果和讨论情况。有些同事还要在中国逗留几天，有些同事很快将离开中国。我希望这次中国之行和西湖风光能给大家留下美好的回忆，也愿借此机会祝大家旅途愉快，一路平安！

最后，我宣布，二十国集团领导人杭州峰会闭幕！

谢谢大家。

阅读理解:

(1)开幕词是党政机关、企事业单位和群众团体的领导宣告会议开始、交代会议任务、阐述会议宗旨和介绍与会议有关事项的致词。

(2)闭幕词是在重大会议将结束时,由有关领导向全体与会人员所做的总结性讲话。

提示:闭幕词应与开幕词互相呼应,各有侧重,各具特色。

2. 台阶训练

×××股份有限公司股东大会开幕词

总经理　杨××

各位先生,各位女士,各位朋友:

欢迎前来参加这个盛大的聚会。今年是20世纪最后一年,也是本公司快速成长的一年,在此,请允许我代表董事会向为此付出了辛勤劳动的全体员工表示感谢。正是由于全体员工的不懈努力,本公司在过去五年中克服了亚洲金融危机等因素带来的困境,业绩增长了40倍,股票价格上涨了800%。

在过去的几年中,本公司为迎接中国加入WTO做出了不懈努力,在技术积累和人力资源储备开发方面取得了长足进步,为公司的下一步发展奠定了坚实基础。我相信,在全体员工的不懈努力和各位股东的鼎力支持下,本公司在不远的将来一定能实现跻身世界同行500强的目标。各位股东也将获得丰厚的回报。

但是还应看到,机遇与风险并存。IT产业属于高成长、高风险的行业,技术创新投入巨大,市场环境瞬息万变,本公司的发展也将面临众多的困难和挑战。董事会有信心领导企业,迎接挑战,开拓前进,取得新业绩。

各位先生、各位女士,最近传闻本公司出现了财务问题,这是毫无根据的。谣言是不攻自破的,我们这次股东大会的召开,就是要向各位股东澄清这一点。现在,我宣布公司股东大会开幕。

训练题:试指出其在结构和写法上存在的毛病,并写出修改稿。

____。

3. 拟写会议文书

根据任务情境,完成领导交办的拟写开幕词和闭幕词的任务。

任务评价

类型	标题评价	内容评价	格式评价	评价等第	评价人
开幕词					
闭幕词					

知识链接

一、开幕词

(一)开幕词的概念

开幕词是党政机关、企事业单位和群众团体的领导宣告会议开始、交代会议任务、阐述会议宗旨和介绍与会议有关事项的致词。

(二)开幕词的特点

1. 宣告性

开幕词宣告会议大幕开启。开幕词是会议的序曲、标志,致开幕词之后,才陆续展开会议的各项议程。

2. 导引性

开幕词的导引性,体现在阐明会议的宗旨、任务、目的、意义等上。

3. 鼓动性

开幕词的鼓动性,表现在对期望开好会议的良好祝愿,介绍会议的议程和宗旨,以激励与会者的参与意识,调动大家开会的积极性上。

(三)开幕词的分类

按内容不同,可将会议开幕词分为一般性开幕词和侧重性开幕词。

1. 一般性开幕词

不太突出讲话的重点,只对会议的目的、议程、基本精神、主要来宾等做概述性的说明和介绍。它在一些商业性的会议中使用较多。

2. 侧重性开幕词

需要对会议召开的历史背景、中心议题和会议的重大意义,做重要阐述,其他问题则做简要概述。

(四)开幕词的写作格式

1. 标题

(1)由会议全称加开幕词构成。例如,《××学校第六届教职工代表大会开幕词》《××县××乡建设新农村会议开幕词》。

(2)把致开幕词的领导人姓名写进标题中,标题下面注明开会时间。例如,《王岐山在上海世博会上的开幕词》。

(3)正副题结合式。正标题概括会议的宗旨,副标题注明会议名称及“开幕词”。例如,《以市场为导向,开创职业教育课程改革新局面——××职业学校教育改革研讨会开幕词》。

2. 正文

正文包括开头、主体和结语三部分。

(1)开头。称谓后,宣布大会开幕,用语必须简短、有鼓动性。介绍会议的规模、出席会议人员情况、会议的筹备情况等,对会议的召开及与会人员表示祝贺。

(2)主体。包括的内容有:说明与会议有关的形势、会议的目的或任务;阐明会议的指导思想、主要任务(议题和议程)、会议的意义,并对会议做出预示性的评价;对与会者提出希望、要求。

(3)结语。一般用祝愿会议圆满成功的话语作结,如“预祝大会取得圆满成功”。

二、闭幕词

(一)闭幕词的概念

闭幕词是在重大会议行将结束时,由有关领导向全体与会人员所做的总结性讲话,是对整个会议的总结,也是对贯彻落实会议精神的动员。

(二)闭幕词的特点

(1)总结性。概括总结大会的内容。

(2)要求性。提出贯彻会议精神的要求和希望,号召实现大会提出的奋斗目标。

(三)闭幕词的分类

闭幕词的种类和开幕词相同,分为一般性闭幕词和侧重性闭幕词。

(四)闭幕词的写作格式

1. 标题

与开幕词标题的要素基本相同,但文种为“闭幕词”。

2. 正文

(1)称谓之后,一般简要回顾大会的议程和有关报告人讲话的要点,肯定大会的成绩或收获。

(2)主体部分总结一般包括以下两方面内容:

大会取得了什么成果、达到了什么目的,会议的基本精神和会议的影响等;有些闭幕词还分析当前形势、指出今后任务等。

(3)结语通常写如下内容:贯彻落实大会精神的号召、希望和要求,表示祝愿,宣布大会胜利闭幕。

拓展阅读

开幕词与闭幕词的区别

(1)开幕词是大会序曲:重在阐明大会的任务,为会议打基础,定基调,发挥指导、定向和“提神”的作用。

(2)闭幕词是会议的尾声:着重对会议的主要成果给予评价,总结大会的成绩和经验,强调大会精神对今后工作的指导作用。闭幕词要求言简意赅,与会议的基调保持一致,富有感染力,能鼓舞人心。

拓展训练

请推荐你认为高水平的开幕词、闭幕词各一篇,并说说推荐理由。

任务3 拟写新闻报道

任务目标

1. 知识目标

(1)了解新闻报道的概念、特点、分类。

(2)了解新闻报道的写作格式。

2. 能力目标

(1)理解并掌握新闻报道的写作要求。

(2)能够正确写作新闻报道。

任务情境

林抒在大学毕业后成为一家事业单位的办公室秘书,转眼到了年末,单位的年度表彰大会将于下午举行,领导交给了林抒一个任务:写这次表彰大会的新闻报道。

任务要求

1. 范文阅读:了解新闻报道的基本组成部分。
2. 台阶训练:回答问题,思考新闻报道的写作要求。
3. 拟写会议文书:完成领导交办的拟写会议新闻报道任务。

任务实施

1. 范文阅读

中共中央政治局召开会议

审议《生态文明体制改革总体方案》《关于繁荣发展社会主义文艺的意见》

中共中央总书记习近平主持会议

新华网北京9月11日电 中共中央政治局9月11日召开会议,审议通过了《生态文明体制改革总体方案》《关于繁荣发展社会主义文艺的意见》。中共中央总书记习近平主持会议。

会议认为,生态文明体制改革是全面深化改革的应有之义。《生态文明体制改革总体方案》是生态文明领域改革的顶层设计。推进生态文明体制改革首先要树立和落实正确的理念,统一思想,引领行动。要树立尊重自然、顺应自然、保护自然的理念,发展和保护相统一的理念,绿水青山就是金山银山的理念,自然价值和自然资本的理念,空间均衡的理念,山水林田湖是一个生命共同体的理念。推进生态文明体制改革要坚持正确方向,坚持自然资源资产的公有性质,坚持城乡环境治理体系统一,坚持激励和约束并举,坚持主动作为和国际合作相结合,坚持鼓励试点先行和整体协调推进相结合。

会议强调,推进生态文明体制改革要搭好基础性框架,构建产权清晰、多元参与、激励约束并重、系统完整的生态文明制度体系。要建立归属清晰、权责明确、监管有效的自然资源资产产权制度;以空间规划为基础、以用途管制为主要手段的国土空间开发保护制度;以空间治理和空间结构优化为主要内容,全国统一、相互衔接、分级管理的空间规划体系;覆盖全面、科学规范、管理严格的资源总量管理和全面节约制度;反映市场供求和资源稀缺程度,体现自然价值和代际补偿的资源有偿使用和生态补偿制度;以改善环境质量为导向,监管统一、执法严明、多方参与的环境治理体系;更多运用经济杠杆进行环境治理和生态保护的市场体系;充分反映资源消耗、环境损害、生态效益的生态文明绩效评价考核和责任追究制度。

会议要求,各地区各部门务必从改革发展全局高度,深刻认识生态文明体制改革的重大意义,增强责任感、紧迫感、使命感,扎实推进生态文明体制改革,全面提高我国生态文明建设水平。

会议指出,文艺是民族精神的火炬,是时代前进的号角。实现中华民族伟大复兴,离不开中华文化繁荣兴盛,离不开文艺事业繁荣发展。举精神旗帜、立精神支柱、建精神家园,是当代中国文艺的崇高使命。弘扬中国精神、传播中国价值、凝聚中国力量,是文艺工作者的神圣职责。

会议强调,繁荣发展社会主义文艺,必须高举中国特色社会主义伟大旗帜,以马克思列宁主义、毛泽东思想、邓小平理论、"三个代表"重要思想、科学发展观为指导,学习贯彻习近平总书记系列重要讲话精神,坚持社会主义先进文化前进方向,全面贯彻"二为"方向和"双百"方针,紧紧依靠广大文艺工作者,坚持以人民为中心,以社会主义核心价值观为引领,深入实践、深入生活、深入群众,推出更多无愧于民族、无愧于时代的文艺精品,不断满足人民精神文化需求,建设社会主义文化强国,为实现"两个一百年"奋斗目标、实现中华民族伟大复兴中国梦提供强大的价值引导力、文化凝聚力、精神推动力。

会议强调,繁荣发展社会主义文艺,要坚持以人民为中心的创作导向,为人民抒写、为人民抒情,建立经得起人民检验的评价标准。要聚焦中国梦的时代主题,培育和弘扬社会主义核心价值观,唱响爱国主义主旋律,传承和弘扬中华优秀传统文化,让中国精神成为社会主义文艺的灵魂。要把创新精神贯穿创作生产全过程,高度重视和切实加强文艺理论和评论工作,大力发展网络文艺,加强文艺阵地建设,推动优秀文艺作品走出去。要把思想道德建设放在队伍建设首位,培养造就文艺领军人物和高素质文艺人才,做好新的文艺组织和新的文艺群体工作,努力建设德艺双馨的文艺队伍。

会议强调,党的领导是文艺繁荣发展的根本保证。各级党委要把文艺工作纳入重要议事日程,抓好宏观指导,把好文艺方向。各级政府要把文艺事业纳入经济社会发展总体规划,落实中央支持文艺发展的政策,制定本地支持文艺发展具体措施。各级党委宣传部门要充分调动各方面力量做好文艺工作,形成党委统一领导,宣传部门牵头抓总,文化、教育、新闻出版广电、文联、作协等部门和团体协同推进,社会各方面积极参与的文艺工作新格局。要选优配强文艺单位领导班子,推动文艺界廉政建设,营造繁荣发展文艺的良好环境。要不断深化改革、完善体制机制,加强和改进文艺评奖管理,切实提高评奖公信力和影响力。

会议还研究了其他事项。

美 2016 年起铺设新型 ATM　隔空取款不是梦

非接触式 ATM 已经在西班牙和加拿大等国家推出有一段时间了,但在美国尚未普及。不过,看来这种情况很快就会改变了——由于 Apple Pay、Android Pay 等移动支付的大行其道,各大银行已开始着手生产非接触式 ATM。根据 Wired 和 TechCrunch 的消息称,摩根大通、美国银行以及富国银行等银行都已经开始批量生产能够支持 NFC(近距离无线通信技术)功能的 ATM,计划将于 2016 年晚些时候正式开始铺设。

Wired 的消息称,摩根大通计划在接下来的一年里分两个阶段推出非接触式 ATM:第一阶段将仍需要用户在手机 APP 上使用七位数的代码进行验证,从而允许他们在没有持卡的情况下在 ATM 上进行账户操作。

摩根大通发言人 Michael Fusco 对此表示:“这并不是说移动支付能够完全取代银行卡,我们只是想让顾客在无需携带银行卡的前提下更便捷地进行账户的相关操作。不过,在第二阶段中我们确实在考虑用移动支付取代传统物理卡片。我们将在今年晚些时候推出支持 NFC 功能的 ATM,这样顾客就可以像使用 Apple Pay 或 Android Pay 一样来在 ATM 上进行操作。”

虽然据 TechCrunch 的消息称,富国银行和美国银行也将于今年晚些时候推出支持 NFC 功能的 ATM。但耐人寻味的是,它们都对“是否支持 Apple Pay”缄默其口。

采用非接触式 ATM 还有助于减少银行卡欺诈事件的发生——没有物理卡片的话,犯罪分子必须还要破解 Apple Pay 或 Android Pay 的加密,而这无疑大幅提高了犯罪成本。

据 TechCrunch 的消息称,美国银行在 2016 年 2 月底开始推出新型 ATM。

来源:雷锋网

阅读理解:

新闻报道的结构一般分为五个部分:标题、导语、主体、背景、结语。

提示:标题、导语、主体必不可少。

2. 台阶训练

新闻报道的写作要求是什么?

提示:迅速、准确、新鲜、简明、可读。

3. 拟写会议文书

请帮助林抒完成领导交办的拟写会议新闻报道任务。

任务评价

文种	标题评价	内容评价	格式评价	评价等第	评价人
新闻报道					

知识链接

1. 新闻报道的概念

新闻有广义和狭义之分:广义的新闻是指报纸刊载,电台、电视台播放的宣传报道文章,包括消息、通讯、特写、新闻评论(社论、短评、编者按等)、读者来信、报告文学等纪实文体;狭义的新闻即所谓的“新闻报道”,实际上就是指“消息”。新闻报道是报纸、广播、电视最广泛最经常使用的一种文体。

2. 新闻报道的特点

(1)时效性强。新闻报道具有强烈的时间性,常常以最快的时效性告诉受众发生了什么新闻事实。

(2)简短明快。由于对时间要求性特别高,新闻报道常常采用一事一报的形式,直接报道事实的主要内容,简明扼要。

(3)独特的格式和结构形式。新闻报道由于其表达方式基本是叙述事实,所以长期以来就形成了一些比较固定的格式,如“倒金字塔结构”和“一般逻辑结构”等。但它并不像公文那样程式化,即在大的结构方面比较固定,而具体到每一篇新闻报道时又有很多不同,完全可以根据具体内容进行取舍,灵活性仍然很强。

3. 新闻报道的分类

新闻报道按内容性质来分,有政治消息、经济消息、军事消息、工业消息、农业消息、文教消息、体育消息等。如果按报道的对象和角度来分,又可分为以下三种基本类型:一般消息、综合消息、典型报道。

(1)一般消息。一般消息即简明扼要地反映国内外的重大事件以及现实生活中的新事物和新动向的报道,也称“动态消息”。它是新闻体裁中最常用、最及时、最典型的体式。报纸上的“要闻”“简讯”“短新闻”和“简明新闻”等都属于一般消息。

(2)综合消息。综合消息即全面概括地反映一个时期或某一事件、某一问题的全局性情况的报道,它具有范围广、声势大的特点,其作用和意义在于反映声势和气氛,以便给读者一个总的、全面的感觉和印象。

(3)典型报道。典型报道即对一些具体单位或部门的典型经验和成功做法进行集中报道的消息,也叫“经验新闻”。这种消息有点类似专题经验总结,但主要是写成功的做法,从事实中引出结论,从而给读者或听众以启发、教育和指导,具有很强的指导性。

4. 新闻报道的写作格式

新闻报道的结构一般分为五个部分:标题、导语、主体、背景、结语。

(1)标题。标题就是新闻报道的题目。它用很简洁的语言标出所报道的内容,以此来吸引读者。标题可以是单行标题,也可以是双行或者多行标题。标题的本体是正题,正题前可以加上引题(引标),常用来交代背景、烘托气氛或揭示事件意义,引出正题,正题后可以加上副题(副标),对正题做阐释和补充。

(2)导语。导语就是新闻报道的第一段或开头的一两句话,它扼要地揭示新闻报道的核心内容。

(3)主体。主体是新闻报道的躯干,主体部分要求内容充实、线索清楚、层次分明。

(4)背景。背景指的是跟报道事实有关的情况。

(5)结语。结语一般是最后一句或者一段话。可以对全文内容做概括性的小结;也可以指出事件发展趋势;还可以根据所报道的事实提出值得深思的问题。

这五个部分中,标题、导语、主体是构成一则新闻报道必不可少的三部分。

拓展阅读

倒金字塔结构

它以事实的重要程度或受众关心程度依次递减的次序,把最重要的写在前面,然后将各个事实按其重要程度依次写下去,一段只写一个事实,全部陈述事实,犹如倒置的金字塔或倒置的三角形,因而得名。它多用于事件性新闻。

倒金字塔结构起源于美国南北战争和电报的运用。在美国南北战争期间,电报刚开始投入使用，记者的稿件通过电报传送，但由于电报技术上的不成熟和军事临时征用的原因，稿件有时不能完全传送，时常中断。后来，记者们想出一种新的发稿方法：把战况的结果写在最前面，然后按事实的重要性依次写下去，最重要的事实写在最前面。这种应急措施产生了新的文体——倒金字塔结构。

会议新闻写作要求

会议新闻就是会议上发生或与会议有关的新闻。通常可以理解成是报道会议的新闻。

会议新闻写作要求如下：

1. 抓会议中的重要内容

每个会议都有一个或几个中心内容，在写会议新闻时，应该从其中心内容入手。

2. 挖掘新闻背后的新闻

有的会议本身的新闻价值较小，报道意义不大，在这种情况下，应该从会议圈子里跳出来，通过会议所提供的新闻线索去挖掘会议新闻背后的新闻。

3. 会场采访和会外采访相结合

会场采访和会外采访是相辅相成的，只是工作的侧重点不同。会外采访是会场采访的一种配合和补充，运用会外采访的方法可以挖掘更多的会议新闻背后的新闻。记者可在会外专访一些会议参加者，请其谈论与会议有关的问题、意见、要求、心得体会，以及自己参加会议的情况等；也可以采访会议组织者、工作人员，请其介绍会议日程、生活安排等；还可以围绕会议主题采访会外公众，以获悉他们对会议的反应。

4. 捕捉会场上富有人情味的事件或镜头

会场上某些富有人情味的事件或镜头是会议报道的“鲜活货”。一些会议花絮报道，对读者吸引力更大。

拓展训练

1. 上网浏览各类新闻报道，择其一二，分析其结构和语言特点。
2. 观察身边发生的事件，自拟一份规范的新闻报道。

项目六 拟写商务文书

商务文书是商务往来和经济管理活动中使用的具有惯用格式的各种文书的总称。

当今社会是市场经济社会，商务活动则是各种社会活动的基础。伴随着经济改革的深入发展，商务文书写作已成为当前应用写作的一个热点。企业内部的大部分沟通也是以商务文书的形式进行的。在政府机关和企事业单位，拟写商务文书是秘书必须具备的能力。

通过本项目的学习和训练，应该掌握常用商务文书的基本知识和基本写作方法。

项目目标

了解秘书商务文书的内容和写作方法，学会写作常用商务文书。

项目分解

任务 1　拟写产品说明书

任务 2　拟写商品广告

任务 3　拟写意向书、经济合同

任务 4　拟写市场调查报告

任务 1　拟写产品说明书

任务目标

1. 知识目标

(1)了解产品说明书的概念、特点、分类。

(2)了解产品说明书的写作格式。

2. 能力目标

(1)能够理解产品说明书的写作要求。

(2)能够正确写作产品说明书。

任务情境

李莉是某家电公司的秘书，公司近几年来发展良好，大力研发新产品，公司最新研制出了一种新型智能空调，领导要求李莉为这种空调写一份使用说明书。这可难倒了李莉，平时只看到食品、药物、家用电器上有说明书，但真要写起来还真不知道该如何着笔。

你能帮助李莉完成任务吗？

任务要求

1. 范文阅读：了解产品说明书的写作要求。
2. 台阶训练：收集信息，回答问题。
3. 拟写商务文书：帮李莉完成领导交办的拟写产品说明书的任务。

任务实施

1. 范文阅读

××保健品说明书

【药品名称】

品　　名：××保健品

【性　　状】本品为纯生物制剂，不含防腐剂和化学合成药物，经药理实验和临床试验均无副作用，可长期服用。

【主要成分】西青果、罗汉果等。

【药理作用】中医理论认为："人体是一个平衡的有机整体，病弱的根本原因在于平衡失调。"

然而，人体的平衡，却时常受到内外各种因素的破坏：工作生活的压力、季节气候的变化、生理机能的老化等很多的原因让人穷于应付。生物保健口服液，遵循自然法则，以特殊工艺从生物中提取有效的活性物质，增强人的体质，从而迅速恢复被破坏的机能；并通过帮助人体平衡地吸收膳食中的营养及各类元素，以保证人体器官功能的物质所需，从而达到预防、防治疾病的保健目的。

它能双向调节机体功能，延长细胞寿命，提高机体免疫力，提高工作、运动能力，振奋精神，充沛体力，促进体力恢复和病后康复。

【适用范围】

1. 食欲不振、消化不良、睡眠不安、精神衰弱、疲倦无力、精力不足。
2. 贫血、十二指肠溃疡、胃炎、高血压病的辅助治疗。
3. 病后体弱。
4. 老年慢性病，人体机能衰退。
5. 儿童、青少年营养不良，发育不全，学习注意力不集中，记忆力差，学习、考试用脑过度。

【用　　法】每日2次，每次1片，小儿减半，早午服用。以30天为1个疗程。然后停服1周，若再服用1个疗程，效果更佳。

【规　　格】每片 2 克。

【贮　　存】干燥阴凉处,或冰箱内保存。

【包　　装】铝膜袋。

【有 效 期】2 年。

【批准文号】(略)。

【生产企业】(略)。

董事长:(略)　　邮　　编:(略)

电　话:(略)　　网　　址:(略)

传　真:(略)　　电子信箱:(略)

地　址:(略)

阅读理解:

产品说明书的写作要求如下:

(1)实事求是,客观真实。

(2)根据对象,突出产品特点。

(3)语言通俗,准确简洁,尽可能图文并重。

提示:真实实用、简洁清楚是产品说明书写作最重要的要求。

2. 台阶训练

(1)利用互联网收集信息,了解现在市场上的智能家用空调的发展情况,为拟写产品说明书准备资料。

(2)想一想产品说明书有哪些基本功能?

3. 拟写商务文书

根据任务情境,完成领导交办的拟写产品说明书的任务。

任务评价

文种	标题评价	内容评价	格式评价	评价等第	评价人
产品说明书					

知识链接

一、产品说明书的概念

产品说明书是一种以说明为主要表达方式,对商品加以介绍的文书。一般概括介绍商品名称、用途、性能、特征、使用和保管方法等知识,使用户了解商品的特点,获得有关商品的知识,能够正确使用和保养商品。

二、产品说明书的特点

1. 真实性

产品使用涉及千家万户,关系到广大消费者的切身利益,决不允许夸大其词。

2. 条理性

产品说明书在陈述产品的各种要素时,要有一个由浅入深、循序渐进的顺序。

3. 通俗性

很多消费者没有专业知识。说明书要用通俗浅显和大众喜闻乐见的语言，清楚明白地介绍产品，使消费者使用产品得心应手，注意事项心中有数，维护维修方便快捷。

4. 实用性

强调产品的实用性，目的在于突出“我的比你的好用”这个重要指标，利于突出产品优势，利于消费者使用产品。

三、产品说明书的分类

产品说明书应用广泛，类型多种多样，按不同的分类标准可分类如下：

(1)按对象、行业分类，可分为工业产品说明书、农产品说明书、金融产品说明书、保险产品说明书等。

(2)按形式分类，可分为条款(条文)式产品说明书、图表式产品说明书、条款(条文)和图表结合说明书、网上购物产品说明书、音像型产品说明书、口述产品说明书等。

(3)按内容分类，可分为详细产品说明书、简要产品说明书等。

(4)按语种分类，可分为中文产品说明书、外文产品说明书、中外文对照产品说明书等。

(5)按性质分类，可分为一般产品说明书、特殊产品说明书等。

四、文种的写作格式

产品说明书的结构通常由标题、正文和落款三个部分构成。

1. 标题

说明书的标题通常由产品名称或说明对象加上文种构成，一般放在说明书第一行，要注重视觉效果，可以有不同的形体设计，如《××牌电子显微镜使用说明书》。

2. 正文

正文是产品说明书的主体，是核心部分，介绍产品的特征、性能、使用方法、保养维护、注意事项等内容。

3. 落款

落款即写明生产者、经销单位的名称、地址、电话、邮政编码、E-mail 等内容，为消费者进行必要的联系提供方便。

拓展阅读

产品说明书的表达方式和样式

产品说明书制作要全面地说明事物，不仅介绍其优点，同时还要清楚地说明应注意的事项和可能产生的问题。产品说明书(含使用说明书、安装说明书)一般采用说明性文字，而戏剧演出类说明书则可以以记叙、抒情为主。

说明书可根据情况需要，使用图片、图表等多样形式，以期达到最好的说明效果。

现在单纯的文字性的说明书已经不能满足一些复杂的工业产品的说明需求了，很多厂商通过三维动画加实拍的宣传片代替简单的产品说明书。

拓展训练

1. 找出家中物品的说明书,并按照所学知识分类。
2. 制作 PPT 课件,推荐一款你喜欢的商品。

任务 2　拟写商品广告

任务目标

1. 知识目标
(1)了解商品广告的概念、特点、分类。
(2)了解商品广告文案的写作要求。
2. 能力目标
(1)了解商品广告的基本结构。
(2)能够正确写作商品广告。

任务情境

林萧今年大学毕业,来到一家食品公司担任秘书工作。

今天领导布置给了林萧一项任务,即为公司即将推出的新饮料拟写一个商品广告文案。小林一听很高兴,广告电视上天天都能看到,长则一分钟,短则十几秒,这项工作太简单了!小林马上开始动笔,却不知不觉写成了一篇小文章,怎么也不像广告,真是听起来容易,做起来难呀!

你能帮助林萧完成领导交给的任务吗?

任务要求

1. 范文阅读:了解商品广告文案的写作要求。
2. 台阶训练:回答问题。
3. 拟写商务文书:完成领导交给的拟写商品广告的任务。

任务实施

1. 范文阅读

雀巢咖啡,味道好极了

瑞士雀巢公司隆重推出驰名中外的雀巢咖啡。精选优良的咖啡豆烘焙而成,一茶勺雀巢咖啡加热水、加糖，即刻冲成一杯香浓美味的咖啡，提神醒脑，敬客自奉，至高享受——味道好极了！雀巢咖啡！

汰渍洗衣粉电视广告

家庭主妇：要不是亲身体验，我还不相信呢！祖父六十大寿，在我家院子大摆宴席，我丈夫的新衬衫就把各种美味一一记录，要是洗不干净，好好的一件衣服，就要泡汤了。咳！试试广告介绍的全新汰渍洗衣粉吧！真想不到它的清新洁丽，能够那么快发挥作用，把污渍和汗味消除得如此彻底，衣服恢复干净，还有香味呢！我丈夫很高兴。谢谢！

旁白：全新汰渍洗衣粉。

清洁、清爽、清香。

阅读理解：

(1)广告语的内容真实准确，既是广告法所规定的要求，同时又直接关系到消费者的切身利益。

(2)不同的广告有不同的主旨、素材、结构和语言，要能根据不同的诉求对象，确定合适的广告文案的内容形式。

(3)具有创意的广告不仅能给人耳目一新、心驰神往之感，更能激发消费者的购买欲，提高产品的公信力和美誉度。

(4)广告的品位、格调反映了广告的思想性和审美性。好的广告要能体现健康的价值观念、道德观念和审美观念，能陶冶人的情操，引人向上。

(5)信息时代，竞争激烈，节奏加快，广告只有采用简洁的结构、精巧生动的语言才能使人过目不忘，从而有效地宣传产品，引导消费。

提示：内容真实，有思想，有创意是拟写广告的基本要求。

2. 台阶训练

好的商品广告是什么样的广告？请收集几篇你认为很好的商品广告加以分析，说出其优点。

3. 拟写商务文书

帮助林萧完成领导交给的拟写广告文案的任务。

任务评价

类型	标题评价	内容评价	格式评价	评价等第	评价人
商品广告					

知识链接

商品广告的概念

广告是通过一定的媒介和形式，向社会公众介绍商品、服务或传播其他信息的一种宣传方式。

商品广告是狭义的广告,特指生产者或商品经营者向消费者介绍商品和推销商品的广告。做商品广告的目的是为了提高商品的知名度,扩大商品的销售。

2. 商品广告的特点

(1)真实性。《广告管理条例》第三条规定:“广告内容必须真实、健康、清晰、明白,不得以任何形式欺骗消费者。”《广告法》第七条规定:“广告内容应当有利于人民的身心健康,促进商品服务质量的提高,保护消费者的合法权益,遵守社会公德和职业道德,维护国家尊严和利益。”可见,真实性是一切广告的最基本特点。

(2)宣传性。商品广告已成为密切连接生产者和消费者的信息桥梁,成为传播商品信息、促进社会经济活跃和繁荣的重要工具。商品广告发布者针对消费者的需求,向消费者宣传商品信息,帮助消费者了解本组织或特定产品,赢得他们的信任与支持,使本组织在激烈的市场竞争中立于不败之地。

(3)生动性。与传统广告主要依靠文字传播有所不同,现代广告的载体基本上是多媒体,以图、文、声、像的形式,传送生动形象的信息,让顾客如身临其境般感受商品的品质或服务。

(4)创意性。商品广告要在激烈竞争中赢得消费者青睐,新颖的创意必不可少。好的创意给消费者留下深刻印象,吸引消费者产生购买行为。

3. 广告的分类

(1)按广告诉求方式分类,一般可分为以下两种类型。

理由诉求广告:主要是陈述说明商品销售的基点,作用于人们的理智,以促进人们产生有意识的购买行为。这种广告多采用专业化形式,如介绍商品的质量、性能、规格、价格等,强调商品的独特属性和消费者从中得到的利益。

情绪诉求广告:主要是向广告宣传对象的感觉和情绪传递广告的主题,它作用于人们的情绪。这类广告多用夸张等艺术手法,主要针对“冲动购买”者的心理,如生活用品、化妆品的广告。

(2)按广告媒介的使用分类,一般可以分为以下六种类型。

印刷媒介广告,也称为平面媒体广告,即刊登于报纸、杂志、招贴、海报、宣传单、包装等媒介上的广告。

电子媒介广告,是以电子媒介如广播、电视、电影等为传播载体的广告。

户外媒介广告,是利用路牌、交通工具、霓虹灯等户外媒介所做的广告,此外还包括利用热气球、飞艇甚至云层等作为媒介的空中广告。

实物媒介广告,是在商场或展销会等场所,通过实物展示、演示等方式进行广告信息的传播,有橱窗展示、商品陈列、模特表演、彩旗、条幅、展板等形式。

数字互联媒介广告,是利用互联网作为传播载体的新兴广告形式之一,具有针对性、互动性强,传播范围广,反馈迅捷等特点。尤其是大数据支持的推送广告,发展前景广阔。

活动媒介广告,利用新闻发布会、体育活动、各种文娱活动等形式而开展的广告。

(3)按照广告传播区域分类,可以将广告分为国际性广告、全国性广告和地区性广告等几类。

4. 商品广告的写作格式

商品广告的结构形式比较灵活,从一般规律看,大致分为标题、正文、附文三部分,也叫广告文字结构“三要素”。

(1)标题。要求有效吸引读者注意力(读标题者为读正文的5倍),传递主要的广告信息,诱导读者继续阅读广告正文。

①直接标题,如:

维维豆奶,欢乐开怀。——维维豆奶广告

白猫洗衣粉,洗衫好干净。——白猫洗衣粉广告

阿里山瓜子,一嗑就开心。——阿里山瓜子广告

芬必得止头疼,一天都轻松。——芬必得镇痛药

②间接标题,如:

热气腾腾,蒸蒸日上。——电饭锅广告标题

寒冷与宁静的联想。——电冰箱广告标题

你追我赶,共赴前程。——齐鲁鞋业有限公司广告标题

生来就会跑。——运动鞋广告

你本来就很美。——化妆品广告

③复合式标题,如天府花生广告的标题:

引题　　四川特产,口味一流

正题　　天府花生

副题　　越剥越开心

(2)正文。商品广告的正文由开头、主体和结尾三部分组成。由于广告形式的不同,有的广告可以省略正文。

①开头。常见的写法有三种:

一是与广告标题相呼应,或承接标题继续叙述,或对标题的设问做出回答,或解释标题含义并进一步强调标题。

二是概括全文,以精练语言点明主旨,此种写法由借鉴新闻导语而来。

三是简介企业情况。当然并不限于此三种。

②主体。这是商品广告内容的中心,这一部分要对广告标题及开头所提挈、许诺的事项加以说明和证实,是商品广告主题的具体化。一般多用有力的事实和根据来说明商品的特点、优势及推荐购买的理由。在手法上,灵活多样,突出个性特色,并与内容有机结合,使它们相得益彰地体现广告的宣传意图。

③结尾。商品广告的结尾要干净利落,或公布服务的宗旨,或强调广告的信息焦点,或呼应标题、照应开头。

(3)附文。附文又称随文,是商品广告不可缺少的组成部分,一般放在广告文案的结尾部分。主要标明企业或经营者名称、地址、购买商品或接受服务的方法、通信联络方式、联系人、银行账号等,以方便销售。

拓展阅读

1. 商品的发展一般要经历哪几个阶段?不同阶段广告宣传的侧重点在哪里?

(1)创牌阶段。侧重介绍商品的功能、用途和特长。

(2)竞争阶段。侧重介绍商品的价格优势、质量优势、性能优势等。

(3)信誉阶段。侧重介绍广告主在社会上的信誉,用户和消费者以及社会权威机构对商品的评价,商品获得的荣誉,商品的市场占有率等。

(4)衰退阶段。侧重挖掘商品更新换代后的新优势和新用途。

2. 广告语和广告标题有什么区别?

(1)表现功能不同。广告语是为了加强企业、商品和服务的一贯的、长期的印象而写作的,而广告标题是为了使广告作品得到受众的注意,吸引受众阅读广告正文而写作的。

(2)表现风格不同。广告语因为着力于对受众的传播和波及效应的形成,在表现风格上立足于口头传播的特征,其语言表达风格就要体现口语化特征,追求自然、生动、流畅、给人以朗朗上口的音韵节奏感。在语言的构造上,要体现平易、朴素但富于号召力的遣词造句特点。

广告标题的写作则要求新颖、有特色、能吸引人。因此,它虽然也可以是生动流畅的口头语风格,但因为它在广告中提纲挈领的作用,更倾向于书面语言风格的运用。

3. 运用时限、范围不同

广告标题是一则一题,在每一则广告中,标题都是不同的。因此,运用时间短暂。而广告语要在广告主的长期广告宣传中予以一贯运用,它在一个企业或商品的广告战略中被长期地运用,被广告运作过程中的每一则广告作品所运用,是该企业在不同媒介中的广告作品的一部分。因此,广告语所运用的时间长,而广告标题所运用的时间短;广告语的运用范围广,而广告标题的运用范围窄。

4. 负载信息不同

广告语所负载的信息,一般是企业的特征、宗旨、商品的特性、服务的特征等,是企业、商品和服务的观念和特征的体现。而广告标题不一定要负载这些信息,为了吸引消费者的注意力,它可以负载与广告语中一样的信息,也可以负载与广告语中不相关的信息内容,在信息的负载面上,广告标题与广告语各具特色。

总之,广告标题和广告语在广告作品中所起的作用不同,所处的位置不同,两者之间变与不变、长期与短期、运用范围大与小等方面都有很大的不同。

拓展训练

1. 找一篇商品说明书与一篇商品广告对比,分析两者的异同。
2. 找出你最喜欢的一则商品广告,说说它的出彩之处,并模仿这则广告自拟一则广告。

任务3　拟写意向书、经济合同

任务目标

1. 知识目标

(1)了解意向书、经济合同的概念、特点、分类。

(2)掌握意向书、经济合同的写作格式。

2. 能力目标

(1)能够区分意向书、经济合同的不同。

(2)能够正确写作意向书和经济合同。

任务情境

陈诚是某建筑公司办公室的秘书。公司这几年大力发展,目前正积极准备一个新工程的建设。今天,领导给陈诚布置了两项任务,一是拟一份项目融资合作意向书,二是拟一份向B公司租建筑机械设备的租赁合同。这可难倒了陈诚,意向书、经济合同,到底有什么区别?应该怎么写?看来只能到书本中去找答案了。

如果你是陈诚,你能顺利完成领导交办的任务吗?

任务要求

1. 范文阅读:正确区分意向书、经济合同。
2. 台阶训练:案例分析。
3. 拟写商务文书:完成领导交办的拟写意向书和经济合同的任务。

任务实施

1. 范文阅读

(1)意向书。

合资兴办一次性餐具加工厂意向书

××省××包装印刷厂(以下简称甲方)与香港××贸易公司(以下简称乙方)本着平等互利的原则,先后于2015年3月2日、2015年4月5日两次就合资兴办一次性餐具加工厂事宜进行了协商,达成如下合作意向:

一、双方按《中华人民共和国中外合资经营企业法》及其他有关规定合资兴办一家一次性餐具加工厂。合资企业名称暂定为"华利快餐餐具有限公司"。

二、甲方以现厂区东部的肆幢车间、壹幢办公楼、贰拾亩(1亩≈666.67平方米)厂区空地和其他生产生活资料作价入股。作价入股股份的计算以双方认可的资产评估机构、土地评估机构评估结果为准。乙方一次性投入约人民币伍佰伍拾万元。其中包括提供全套一次性餐具生产机器肆套,生产和工作用车伍辆,现有企业改造、配套资金和企业生产周转金。具体投入数额视甲方资产、土地作价情况而定。甲乙双方的投资比例确定在甲方占55%,乙方占45%。

三、合资企业的主导产品是纸饭盒、纸碟、纸碗、纸杯等各式纸质餐具,预计年产量为1.2亿只。其中60%由乙方负责出口销售。

四、甲方负责合资企业的申报立项、登记注册、场地设施改造、财产保险等工作,乙方负责提供和安装设备、培训技术人员、提供国际市场信息。

五、合营期限定为壹拾贰年整,即从2016年1月1日起至2027年12月31日止。期满后如需继续合作,应经双方协商同意,并向有关部门申报办理延期手续。

六、产品价格由双方协商确定。所需原材料根据出口需要,可由乙方进口,或由甲方在国内解决。

七、合营期满后,其固定资产残值归甲方所有。

八、双方按认可的投资比例分配利润及承担亏损责任。

九、未尽事宜,双方在今后协商补充。甲乙双方在完成合资办厂的准备工作后,约定时间进行磋商,签订正式协议。

十、本意向书用中文书写,一式六份,双方各执三份。

甲方:××包装印刷厂(章)　　乙方:香港××贸易公司(章)

代表:张××(签名)　　代表:程××(签名)

陈××(签名)　　厉××(签名)

2015年4月5日

意向书

××××年×月×日至×日,香港云氏研究所(以下简称甲方)云先生,与西北远望公司(以下简称乙方)李先生,就双方共同合作生产压缩机事宜,进行了洽谈。双方达成以下共识:

1. 双方对进一步探讨在甘肃兰州地区建立压缩机生产基地的可行性深感兴趣。

2. 双方商定,乙方负责为该合作项目寻找厂址,甲方负责提供压缩机的最新技术。

3. 双方同意于××××年×月×日至×日在西安进一步探讨投资的方式和比例,利润的分配,双方的权利与义务等问题。

云晓(签字)　　李林(签字)

香港云氏研究所所长　　西北远望公司总经理

××××年×月×日

(2)经济合同。

浙江强盛有限公司买卖合同

供方:浙江天东家具有限公司　　合同编号:2007C 字(321)号

需方:浙江强盛有限公司　　签订地点:本公司

签订时间:2007年2月19日

根据我国合同法有关规定,供需双方经友好协商,共同制定以下条款,以资共同遵守。

一、产品名称、品种规格、数量、金额、交货时间。

产品名称	型号	单位	数量	单价/元	金额/元	交货时间
办公桌	A86	张	30	500.00	15 000.00	2007.9.2
椅子	B55	把	50	80.00	4 000.00	2007.9.2
合计人民币金额(大写):壹万玖仟元整						

二、质量要求、技术标准:国家标准/行业标准。供方对质量负责的条件和期限:供方保证质量,实行“三包”。

三、交货办法、交货地点:供方免费直送至需方指定仓库。

四、运输方式和费用负担:货车运送,费用由供方负担。

五、包装标准、包装物的供应与回收和费用负担:供方负担。

六、给付定金的数额、时间：无。

七、结算方式及期限：需方收货并验收合格后30日内付清壹万玖仟元整人民币货款。

八、如需提供担保，另立合同担保书，作为本合同附件。

九、违约责任：如供方不能按时交货，每拖延一天，由供方按货款总金额的百分之一赔偿需方的损失。

需方必须按双方协商日期交付货款，若违约，每迟交付10天，由需方按货款总金额的百分之一赔偿供方。

十、解决合同纠纷的方式：一旦双方发生纠纷，自行协商不成时，到仲裁机构仲裁。

十一、本合同一式两份，供、需双方各执一份。

甲　方	乙　方
单位名称：(章)	单位名称：(章)
单位地址：	单位地址：
法定代表人：	法定代表人：
委托代理人：	委托代理人：
电报挂号：	电报挂号：
开户银行：	开户银行：
账　　号：	账　　号：
邮政编码：	邮政编码：

××××年 ×月×日

江苏天天公路工程有限公司设备租赁合同

承租方：江苏天天公路工程有限公司　　　　（以下简称甲方）

出租方：××××工程机械有限公司　　　　（以下简称乙方）

鉴于江苏天天公路工程有限公司已成为 ×××××××工程的承包人，为优质、文明、安全、高效地完成该工程的施工任务，双方本着公平、公正、诚实信用的原则，现就机械设备租赁有关事宜于2016年10月20日共同达成并签订本协议如下：

一、租赁设备情况

1. 设备名称：混凝土运输车。

2. 设备规格型号、数量：3方、2台。

3. 设备状况：新 。

二、租赁期限及使用地点

租赁期限不少于3个月

使用地点：×××××××××××。

三、租金和付款方式

1. 租金：设备租赁费采用包月形式，按9000元/（月·台）结算，工程完工后15天内结算余额，同时乙方必须提供等额正规租赁发票。

2. 付款方式：每月结清上月包月款项。

四、租赁机械的所有权

1. 在租赁期间，租赁机械的所有权属于乙方。甲方对租赁机械只有使用权，没有所有权。

2. 在租赁期间，乙方如将租赁机械另租给第三人，必须征得甲方书面同意。

五、租赁机械的使用、维修、保养和费用

1. 乙方为租赁机械配备操作手2名,操作手应具有合格的操作证,负责操作管理租赁设备,其工资由乙方负责承担,甲方负责安排操作手的食宿,其食宿费用由甲方负责承担。

2. 租赁机械在租赁期内的使用修理费由乙方承担。

3. 乙方在工作中应服从甲方管理,严格按照设备操作规程和施工规范施工,确保施工质量满足甲方要求。

4. 乙方应对设备加强检修和保养,确保设备处于良好的工作状态。设备故障维修时间不得超过5天,超过上述时间按天折减当月租金。

5. 乙方应加强安全意识,严格按照安全操作规程作业,确保施工安全,凡因乙方自身原因造成的安全事故,乙方承担全部责任。

六、租赁机械的进、退场

租赁机械的进场费用由甲方承担,2500元/台,退场及费用由乙方承担。

七、租赁机械的毁损和灭失

乙方应为租赁机械办理保险,在租赁期内发生的租赁机械的毁损和灭失的风险由乙方自行承担,甲方承担机械进场后的看管义务。

八、违约责任

乙方有下列行为之一者,甲方有权解除合同,并追究相关责任:

1. 乙方不服从甲方管理或消极怠工。

2. 设备性能差,施工质量不能满足要求。

3. 安全意识淡薄,不按安全操作规程作业。

九、其他事宜

其他未尽事宜由双方协商解决。

十、争议的解决

协议履行过程中发生争议时,双方本着公平、合理的原则及时协商解决,协商不能达成一致时,提请甲方所在地仲裁机构裁决或由甲方所在地的司法机构行使司法管辖权。

十一、合同份数

本协议书正本2份、副本2份,合同双方各执正本1份,副本1份,当正本与副本的内容不一致时,以正本为准。

甲方:　　　　　　　　　　　　乙方:

法定代表人或其授权的代理人:　　　　法定代表人或其授权的代理人:

日　期:　　年　　月　　日

阅读理解:

(1)意向书是指当事人双方或多方之间,在对某项事务正式签订条约、达成协议之前,表达初步设想的意向性文书。

(2)经济合同是合同的一种。它是平等民事主体的自然人、法人和其他组织相互之间实现一定经济目的,明确相互权利和义务而签订的书面协议。

提示:从法律效力和内容方面加以区分。

2. 台阶训练

案例分析:某燃气气公司在供气合同上写道:"需方须购买供方提供的神州牌热水器或神州牌煤气炉,否则供方不为需方开通管道煤气。"

这个合同合法吗？请谈谈你的认识。

答：____。

3. 拟写商务文书

帮助陈诚完成领导交办的拟写意向书和经济合同的任务。

任务评价

文种	标题评价	内容评价	格式评价	评价等第	评价人
意向书					
经济合同					

知识链接

一、意向书

（一）意向书的概念

意向书是双方或多方就某一问题或合作项目进入实质性谈判之前，根据初步接触所形成的带有原则性、意愿性和用来表示合作意向的一种文书。

它不是正式协议，更不是合同，仅仅表示双方或多方的基本意图和愿望。要实现意向，还得进一步协商。

（二）文种的特点

（1）临时性。意向书只是表达谈判的初步成果，为今后的谈判做铺垫，所以一旦经过深入谈判，最终确定了合作双方的权利和义务，意向书的使命便告结束。意向书不像协议、合同那样具有法律效力。

（2）协商性。意向书是共同协商的产物，也是今后协商的基础。在双方签署之后，仍然允许继续进行协商修改，有时甚至可以提供几种方案，供今后谈判协商时选择。写意向书多用商量的语气，不带任何强制性。有时还用假设、询问的语气。

（3）灵活性。意向书的灵活性主要表现在两个方面：一是意向书发出后，对方如有更好的意见，可以直接采纳，部分改变或全盘改变都是可能的；二是在同一份意向书里可以提出多种方案供对方选择，或者对其中的某项某款同时提出几种意见或调查，让对方比较和选择。

（三）意向书的分类

按其对象不同，意向书可分为合作意向书、求职意向书和租赁意向书等。

（四）意向书的写作格式

1. 标题

（1）事由＋文种，如《关于合作经营华天大酒家的意向书》。

（2）合作项目＋文种，如《合资建立水泥厂意向书》。

（3）合作单位＋合作项目＋文种，如《上海市××公司、新加坡××产业公司合作经营塑料品意向书》。

（4）只写文种“意向书”三个字，如《意向书》。

2. 正文

(1)前言。

(2)主体。分条款写明达成的意向性意见,可参照合同或协议的条款排列。

(3)结尾。写明"未尽事宜,在签订正式合同或协议书时再予以补充"一语,以留有余地。

3. 落款

签订各方单位的名称、代表人姓名并加盖公章、私章及日期。

二、经济合同

(一)经济合同的概念

经济合同是指平等民事主体的法人、其他经济组织,个体工商户、农村承包经营户相互之间,为实现一定的经济目的,明确相互权利义务关系而订立的合同。从内容上看,它主要包括购销、建设工程承包、加工承揽、货物运输、供用电、仓储保管、财产租赁、借款、财产保险以及其他经济合同。

(二)经济合同的特点

(1)经济合同是双方或多方当事人的法律行为。

(2)经济合同的主体是具有独立民事权利主体资格的个人或组织。

(3)经济合同的内容体现了一定的经济目的。

(4)经济合同必须坚持平等协商、等价有偿和自愿互利的原则。

(三)经济合同的分类

经济合同按不同标准,有多种分类:

(1)按合同形式分,有口头经济合同和书面经济合同。

(2)按合同的有效期限分,有长期合同、短期合同、年度合同、季度合同等。

(3)按合同成立的程序分,有承诺合同和实践合同。

(4)按国际关系分,有国内合同与涉外合同。

(5)按业务性质和内容划分,有15种:买卖合同,供用电、水、气、热力合同,赠予合同,借款合同,租赁合同,融资租赁合同,承揽合同,建设工程合同,运输合同,技术合同,保管合同,仓储合同,委托合同,行纪合同,居间合同。

(四)经济合同的写作格式

经济合同主要有两种形式,一是表格式,二是条款式。

1. 标题

标题,即合同名称,其位置在合同的首行居中。

2. 约首

合同的约首包括签订日期、合同编号和当事人名称等内容。

3. 正文

正文包括以下五个方面的内容:

(1)签订合同的依据和目的。

(2)双方协议的内容。

(3)合同的有效期限。

(4)合同的份数与保存。

(5)有表格、图样、计划、实样、资料等附件,应在正文的文末注明。

4. 结尾

内容有:甲乙双方单位名称(章)、单位地址、法定代表人签字、委托代理人签字、电报挂号、开户银行、账号、邮政编码、日期等。

拓展阅读

合同与意向书的区别

合同和意向书有区别。意向书是地区之间、部门之间、单位之间以及国家领导层之间,就某些方面进行协作,经过商议而形成的意向性意见的纪要。它是双方表达各自意图和希望达到某种目的的文件,它的内容比合同、协议书更具原则性。

合同和协议书的内容比意向书更具体、更实际些。合同是法律文件,具有法律效力;意向书不是法律文件,只是便于双方领导层掌握情况,作为进一步签订合同、递交确认书或协议书的依据和准备,因此它只具有信用性,不具有法律效力,和备忘录有些相似。

拓展训练

1. 课外上网,查找意向书,研究学习其写法。
2. 课外上网,查找规范的经济合同,研究学习其写法。
3. 你所在学校有意与一家文化传播公司开展校企合作,共同建设学校文秘专业。请模拟双方代表进行洽谈 ,并订立一份合作意向书。

任务4　拟写市场调查报告

任务目标

1. 知识目标

(1)了解市场调查报告的概念、特点、分类。

(2)掌握市场调查报告的写作格式。

2. 能力目标

(1)掌握市场调查报告的写作要求。

(2)能够正确写作市场调查报告。

任务情境

杨艳是C市一家饮料公司的秘书。

近日,公司对C市果汁饮料市场进行了一次市场调查,根据统计数据,公司对调查结果进行了如下简要的分析:

追求绿色、天然、营养成为消费者喝果汁饮料的主要目的,品种多、口味多是果汁饮料行业的显著特点。据××市场调查显示,每家大型超市内,果汁饮料的品种都在120种左右,厂家达十几家,竞争十分激烈,果汁的品质及创新成为果汁企业获利的关键因素,品牌果汁饮料的淡旺季销量无明显区分。

目标消费群——调查显示,在选择果汁饮料的消费群中,15~24岁年龄段的占了34.3%,25~34岁年龄段的占了28.4%,其中,又以女性消费者居多。

影响购买因素——口味:酸甜的味道销量最好,低糖营养型果汁饮品是市场需求的主流;包装:家庭消费首选750毫升和1升装的塑料瓶大包装;260毫升的小瓶装和利乐包为即买即饮或旅游时的首选;礼品装是家庭送礼时的选择;新颖别致的杯型装因喝完饮料后瓶子可当茶杯用,所以也影响了部分消费者做出购买决定。

饮料种类选择习惯——71.2%的消费者表示不会仅限于一种,会喝多种饮料;有什么喝什么的占了20.5%;表示就喝一种的有8.3%。

品牌选择习惯——调查显示,习惯于多品牌选择的消费者有54.6%;习惯于单品牌选择的有13.1%;因品牌忠诚性做出单品牌选择的有14.2%;价格导向占据了2.5%;追求方便的比例为15.5%。

饮料品牌认知渠道——广告:75.4%;自己喝过才知道:58.4%;卖饮料的地方:24.5%;亲友介绍:11.1%。

购买渠道选择——在超市购买:61.3%;随时购买:2.5%;个体商店购买:28.4%;批发市场:2.5%;大中型商场:5.4%;酒店、快餐厅等餐饮场所也具有较大的购买潜力。

一次购买量——选择喝多少就买多少的有62.4%;选择一次性批发很多的有7.6%;会多买一点存着的有29.9%。

领导要求杨艳根据这个调查结果,写一篇市场调查报告,你能帮助杨艳完成吗?

任务要求

1. 范文阅读:了解市场调查报告的写作要求。
2. 台阶训练:回答问题。
3. 拟写商务文书:完成领导交办的拟写市场调查报告的任务。

任务实施

1. 范文阅读

网购化妆品趋势报告

随着消费者购买力的不断提升,国内化妆品消费需求增长势头强劲,我国已经成为全球网购化妆品消费最快增长国,网购化妆品也正从低端化走向高端化。为了洞悉消费者对网购化妆品的看法和态度,在全面了解今年网购化妆品趋势的同时,推动国内化妆品行业的健康发展,本公司展开了网络调研,以总结预测未来网购化妆品的发展新趋势。

本次调研共回收9762份有效数据。其中女性占50.1%、男性占49. 9%,受访者中绝大多数有良好的教育背景,77.4%的人接受过高等教育,研究生及以上学历者占总数的17% 。

通过对调查资料的分析,我们能看出目前网络化妆品市场呈现如下趋势:

一、化妆品传统购买观念正在被颠覆

随着消费者对化妆品的需求的快速提升,消费习惯、消费文化、消费模式悄然发生了变化,对于化妆品的传统购买观念也正在被颠覆。虽然价格高,无法试用等问题仍然令人担忧,但化妆品网购必将成为趋势。调查显示,有过网购化妆品经验的消费者当中,62.7%人认为化妆品是适合在网上购买的。

二、消费者对化妆品网购升温

电子商务发展得风风火火,哪里有需求,网购大潮就会涌向哪里,化妆品也不例外。调查发现,85.4%的消费者愿意在网上购买化妆品,另有14.6%的消费者仍未敢试水网购大品牌化妆品。显然,网购带来的快乐被越来越多的人认同,而消费者对化妆品的网购意愿也在逐步升温。

三、化妆品网购兴起的重要原因之一是价格便宜

近年来,我国的化妆品市场保持每年20%的增速,预计在五年内将超过日本成为世界第二大化妆品消费国。而化妆品电子商务之所以能风生水起,除了网购的便利因素,价格因素也是消费者在网购化妆品时考虑的重要原因之一。调查数据表明,有79.5%的消费者认为,网购的化妆品较之实体商家销售的化妆品,有明显的价格优势。

四、正品与质量保证是消费者最看中的因素

针对消费者已购买或者打算购买网购化妆品的调查中,76.9%的被访者认为正品、质量保证是他们在网购化妆品时最看重的因素,其次67.4%的被访者认为价格比市面上的相同产品低也是他们比较看中的因素。可见,网购化妆品的高折扣力度在让消费者怦然心动的同时,消费者对网购产品质量的判别、样式的追求等方面的要求将更加严格。

五、网店商家当以质量、服务聚拢消费者

网店商家要想在网购化妆品潮流中脱颖而出,需要把服务、价格、质量三者结合。根据调查数据分析,71.5%消费者在购买化妆品选择网店商家时,将网店商家是否能提供质量保障列在首位,55.6%的消费者同时也希望网店商家能把商品的外形、功能等介绍得很详细,价格和增值服务,也是消费者考虑的重要因素之一。作为网店商家,应充分了解消费者心理,利用自身优势,满足他们的需求。

六、网络是消费者了解信息的首选

消费者表示,在购买化妆品前,会通过网络广告、邮件、杂志等途径了解相关品牌网站的信息,其中78%的消费者通过网络广告、论坛推荐、微信、微博的途径去了解,而潜在消费者比有购买经验的消费者更愿意从这些途径去了解相关信息。其次,相对其他渠道来说,消费者也更信赖通过邮件的形式进行了解。再次则是杂志和亲戚朋友的告知。这意味着企业需要学习如何更多地在网络社交媒体上推广品牌形象,而不是像过去那样仅仅依靠电视、纸媒和在线广告。

综上所述,化妆品网购呈现出良性发展趋势,其网购模式将会被更多人所接受。其中,价格优势是吸引消费者的前提,而品质与服务则是制胜的关键。各网购商家都需拿出自己的特色服务,才能吸引和留住更多消费者。

来源:《医学美学美容:财智》,2012

阅读理解：

(1)调查报告必须符合客观实际,引用的材料、数据必须是真实可靠的。

(2)市场调查报告是以调查资料为依据的,即调查报告中所有观点、结论都应有大量的调查资料为根据。

(3)市场调查报告必须围绕市场调查上述的目的来进行论述。

(4)调查报告的语言要简明、准确、易懂。

提示:重点要做到真实、简明、准确。

2. 台阶训练

市场调查报告有哪些基本要素?

答:____。

提示:一份市场调查报告一般具备三个要素。

(1)基本情况。即对调查结果的描述与解释说明,可以用文字、图表、数字加以说明。对情况的介绍要详尽而准确,为下一步做分析、下结论提供依据。

(2)分析与结论。对上述情况数据进行科学的分析,找出原因及各方面因素的影响,透过现象看本质,得出对调查对象的明确结论。

(3)措施与建议。通过对调查资料的分析研究,对市场情况有了明晰的认识,针对市场供求矛盾和调查发现的问题,提出建议和看法,供领导决策参考。

3. 拟写商务文书

完成领导交办的拟写市场调查报告的任务。

任务评价

文种	标题评价	内容评价	格式评价	评价等第	评价人
市场调查报告					

知识链接

一、市场调查报告的概念

市场调查报告是经济调查报告的一个重要种类,它是以科学的方法对市场环境、需求、商品情况、商品流通销售方式及售后服务、竞争对手等进行深入细致的调查研究后所写成的书面报告。其作用在于帮助企业了解掌握市场的现状和趋势,增强企业在市场经济大潮中的应变能力和竞争能力,从而有效地促进经营管理水平的提高。

二、市场调查报告的特点

(1)针对性。市场调查报告是决策机关做出决策的重要依据之一,必须有的放矢。

(2)真实性。市场调查报告必须从实际出发,只有通过对真实材料进行客观分析,才能得出正确的结论。

(3)典型性。主要表现为两点:一是对调查得来的材料进行科学分析,找出反映市场变化的内在规律。二是报告的结论要准确可靠。

三、市场调查报告的分类

(1)按服务对象分,可分为市场需求者调查报告(消费者调查报告)、市场供应者调查报告(生产者调查报告)。

(2)按调查范围分,可分为区域性市场调查报告、全国性市场调查报告、国际性市场调查报告。

(3)按调查频率分,可分为经常性市场调查报告、定期性市场调查报告、临时性市场调查报告。

(4)按调查对象分,可分为商品市场调查报告、房地产市场调查报告、金融市场调查报告、投资市场调查报告等。

四、市场调查报告的写作格式

从严格意义上说,市场调查报告没有固定不变的格式。不同的市场调查报告的写作,主要依据调查的目的、内容、结果以及主要用途来决定。但一般来说,各种市场调查报告在结构上都包括标题、导言、主体和结尾几个部分。

1. 标题

市场调查报告的标题即市场调查的题目。标题必须准确揭示调查报告的主题思想。标题要简单明了、高度概括、题文相符。如《××市居民住宅消费需求调查报告》《关于化妆品市场调查报告》《××产品滞销的调查报告》等,这些标题都很简明,能吸引人。

2. 导言

导言是市场调查报告的开头部分,一般说明市场调查的目的和意义,介绍市场调查工作基本概况,包括市场调查的时间、地点、内容和对象以及采用的调查方法、方式。这是比较常见的写法。也有调查报告在导言中,先写调查的结论是什么,或直接提出问题等,这种写法能增强读者阅读的兴趣。

3. 主体

这是市场调查报告中的主要内容,是表现调查报告主题的重要部分。这一部分的写作直接决定调查报告的质量高低和作用大小。主体部分要客观、全面阐述市场调查所获得的材料、数据,用它们来说明有关问题,得出有关结论;对有些问题、现象要做深入分析、评论等。总之,主体部分要善于运用材料,来表现调查的主题。

4. 结尾

结尾主要是形成市场调查的基本结论,也就是对市场调查的结果做一个小结。有的调查报告还要提出对策措施,供有关决策者参考。

有的市场调查报告还有附录。附录的内容一般是有关调查的统计图表、有关材料的出处、参考文献等。

拓展阅读

常用市场调查方法

(1)按调查范围不同,市场调查可分为市场普查、抽样调查和典型调查三种。

市场普查,即对市场进行一次性全面调查,这种调查量大、面广、费用高、周期长,难度大,但调查结果全面、真实、可靠。

抽样调查,是从全部调查研究对象中,抽选一部分单位进行调查,并据以对全部调查研究对象做出估计和推断的一种调查方法。

典型调查,即从调查对象的总体中挑选一些典型个体进行调查分析,据此推算出总体的一般情况。

(2)按调查方式不同,市场调查可分为访问法、观察法。

访问法即事先拟定调查项目,通过面谈、信访、电话等方式向被调查者提出询问,以获取所需要的调查资料。这种调查简单易行,不是很正规,在与人聊天闲谈时,就可以把调查内容穿插进去,在不知不觉中进行了市场调查。

观察法即调查人员亲临顾客购物现场,如商店和交易市场,亲临服务项目现场,如饭店内和客车上,直接观察和记录顾客的类别,购买动机和特点,消费方式和习惯,各商家商品价格与服务水平,经营策略和手段等,这样取得的一手资料更真实可靠。

拓展训练

选择你所熟悉的某种日用商品,对其在本地的市场销售状况做市场调查,写出一篇小型市场调查报告。

项目七 拟写法规文书

法规文书是指各机关、团体、企事业单位为强化组织，加强行政和经济管理，根据法律、法规、方针政策和实际情况在其职权范围内所制定的规范性文件的总称。包括章程、条例、规定、办法、细则、制度和守则等。

本项目选择机关、企事业单位因组织管理需要拟写的相关法规文书进行教学和训练，帮助大家掌握常用的法规文书的知识和写作方法。

项目目标

了解常用法规文书的内容和写作方法，学会写作常用法规文书。

项目分解

任务 1　拟写章程、条例

任务 2　拟写规定、办法、细则

任务 3　拟写制度、守则

任务 1　拟写章程、条例

任务目标

1. 知识目标

(1) 了解章程、条例的概念、特点和分类。

(2) 了解各类章程、条例的写作格式；掌握章程的结构和写法。

2. 能力目标

(1) 能够区分章程、条例的使用范围。

(2) 能够正确用规范的语言和格式完善企业章程，能够分析条例的结构。

任务情境

张华来到扬州达华房地产开发有限公司工作,很快在行政部办公室文员岗位已经工作了3个年头了。

今天,公司董事长给张华分配了两个任务:

一是公司董事长李迪大学毕业已经10年了,正在和几个同窗好友筹建大学校友会,需要拟写一个校友会章程,董事长提供了一个草案,需要张华给修改完善;二是公司正在清理相关的劳动用工制度,尤其是劳动合同法的相关制度,董事长需要张华汇报国家新制定的《职工带薪年休假条例》对公司的请假制度有哪些新要求,并拿出对策。

张华需要按照章程的格式要求完成校友会章程,利用以前学过的条例的公文知识,读懂《职工带薪年休假条例》,完成公司请假管理制度的修改准备。

请问,如果你是张华,你该怎样完成这些任务?

任务要求

1. 范文阅读:体会各类章程、条例的写作格式;掌握章程的结构和写法。
2. 台阶训练:改正病文中的错误。
3. 拟写法规文书:完成领导交给的2项拟写任务。

任务实施

1. 范文阅读

(1)章程。

南京瑞祥房地产开发有限公司章程

第一章　总　　则

第一条　依据《中华人民共和国公司法》(以下简称《公司法》)及有关法律法规的规定,由张瑞凯、王明军等二方共同出资,设立南京瑞祥房地产开发有限公司,(以下简称公司)特制定本章程。

第二条　本章程中的各项条款与法律、法规、规章不符的,以法律、法规、规章的规定为准。

第二章　公司名称和住所

第三条　公司名称:南京瑞祥房地产开发有限公司。

第四条　公司住所:南京市玄武大道98号D2座3号。

第三章　公司经营范围

第五条　公司经营范围:房地产开发与经营,商品房销售与代理。

第四章　公司注册资金及股东的姓名(名称)、出资额、出资时间及出资方式

第六条　公司注册资金:1200万元人民币。

第七条　股东的姓名(名称)、出资额(万元)、出资时间及出资方式如下:

<table>
<tr><td rowspan="2">股东姓名或名称</td><td colspan="3">认缴情况</td><td colspan="3">变更(截止变更登记申请日)时实际缴付</td><td colspan="3">分期缴付</td></tr>
<tr><td>出资数额/万元</td><td>出资时间</td><td>出资方式</td><td>出资数额/万元</td><td>出资时间</td><td>出资方式</td><td>出资数额</td><td>出资时间</td><td>出资方式</td></tr>
<tr><td>张瑞凯</td><td>650</td><td>2006年11月16日</td><td>货币</td><td>650</td><td>2013年11月16日</td><td>货币</td><td></td><td></td><td></td></tr>
<tr><td>王明军</td><td>550</td><td>2006年11月16日</td><td>货币</td><td>550</td><td>2013年11月16日</td><td>货币</td><td></td><td></td><td></td></tr>
<tr><td rowspan="2">合计</td><td>1200</td><td rowspan="2"></td><td rowspan="2"></td><td rowspan="2">1200</td><td rowspan="2"></td><td rowspan="2"></td><td rowspan="2"></td><td rowspan="2"></td><td rowspan="2"></td></tr>
<tr><td>其中货币出资1200万元</td></tr>
</table>

第五章　公司的机构及其产生办法、职权、议事规则

第八条　股东会由全体股东组成，是公司的权力机构，行使下列职权：

(一)决定公司的经营方针和投资计划；

(二)选举和更换非由职工代表担任的执行董事、监事，决定有关执行董事、监事的报酬事项；

(三)审议批准执行董事的报告；

(四)审议批准监事的报告；

(五)审议批准公司的年度财务预算方案、决算方案；

(六)审议批准公司的利润分配方案和弥补亏损的方案；

(七)对公司增加或者减少注册资本做出决议；

(八)对发行公司债券做出决议；

(九)对公司合并、分立、解散、清算或者变更公司形式做出决议；

(十)修改公司章程。

第九条　股东会的首次会议由出资最多的股东召集和主持。

第十条　股东会会议由股东按照出资比例行使表决权。

第十一条　股东会会议分为定期会议和临时会议。

召开股东会会议，应当于会议召开十五日以前通知全体股东。

定期会议每年召开一次。代表1/10以上表决权的股东、执行董事、监事提议召开临时会议的，应当召开临时会议。

第十二条　股东会会议由执行董事召集和主持。

执行董事不能履行或者不履行召集股东会会议职责的，由监事召集和主持；监事不召集和主持的，代表1/10以上表决权的股东可以自行召集和主持。

第十三条　股东会会议做出修改公司章程、增加或者减少注册资本的决议，以及公司合并、分立、解散或者变更公司形式的决议，必须经代表2/3以上表决权的股东通过。

第十四条　公司不设董事会，设执行董事一人，由股东会选举产生。执行董事任期3年，任期届满，可连选连任。

第十五条　执行董事行使下列职权：

(一)负责召集股东会，并向股东会议报告工作；

(二)执行股东会的决议；

(三)审定公司的经营计划和投资方案;

(四)制订公司的年度财务预算方案、决算方案;

(五)制订公司的利润分配方案和弥补亏损方案;

(六)制订公司增加或者减少注册资本以及发行公司债券的方案;

(七)制订公司合并、分立、变更公司形式、解散的方案;

(八)决定公司内部管理机构的设置;

(九)决定聘任或者解聘公司经理及其报酬事项,并根据经理的提名决定聘任或者解聘公司副经理、财务负责人及其报酬事项;

(十)制定公司的基本管理制度。

第十六条　公司设经理,由执行董事决定聘任或者解聘。经理对执行董事负责,行使下列职权:

(一)主持公司的生产经营管理工作,组织实施股东会决议;

(二)组织实施公司年度经营计划和投资方案;

(三)拟订公司内部管理机构设置方案;

(四)拟订公司的基本管理制度;

(五)制定公司的具体规章;

(六)提请聘任或者解聘公司副经理、财务负责人;

(七)决定聘任或者解聘除应由股东会决定聘任或者解聘以外的负责管理人员;

(八)股东会授予的其他职权。

第十七条　公司不设监事会,设监事 一人,由股东会选举产生;监事的任期每届为三年,任期届满,可连选连任。

第十八条　监事行使下列职权:

(一)检查公司财务;

(二)对执行董事、高级管理人员执行公司职务的行为进行监督,对违反法律、行政法规、公司章程或者股东会决议的执行董事、高级管理人员提出罢免的建议;

(三)当执行董事、高级管理人员的行为损害公司的利益时,要求执行董事、高级管理人员予以纠正;

(四)提议召开临时股东会会议,在执行董事不履行本法规定的召集和主持股东会会议职责时召集和主持股东会会议;

(五)向股东会会议提出提案;

(六)依照《公司法》第一百五十二条的规定,对执行董事、高级管理人员提起诉讼。

第六章　公司的法定代表人

第十九条　执行董事为公司的法定代表人,由股东会选举产生,任期三年,任期届满,可连选连任。

第七章　股东会会议认为需要规定的其他事项

第二十条　股东之间可以相互转让其部分或全部出资。

第二十一条　股东向股东以外的人转让股权,应当经其他股东过半数同意。股东应就其股权转让事项书面通知其他股东征求同意,其他股东自接到书面通知之日起满三十日未答复的,视为同意转让。其他股东半数以上不同意转让的,不同意的股东应当购买该转让的股权;

不购买的，视为同意转让。

经股东同意转让的股权，在同等条件下，其他股东有优先购买权。两个以上股东主张行使优先购买权的，协商确定各自的购买比例；协商不成的，按照转让时各自的出资比例行使优先购买权。

第二十二条　公司的营业期限二十年，自公司营业执照签发之日起计算。

第二十三条　有下列情形之一的，公司清算组应当自公司清算结束之日起三十日内向原公司登记机关申请注销登记：

（一）公司被依法宣告破产；

（二）公司章程规定的营业期限届满或者公司章程规定的其他解散事由出现，但公司通过修改公司章程而存续的除外；

（三）股东会决议解散；

（四）依法被吊销营业执照、责令关闭或者被撤销；

（五）人民法院依法予以解散；

（六）法律、行政法规规定的其他解散情形。

第八章　附　　则

第二十四条　公司登记事项以公司登记机关核定的为准。

第二十五条　本章程一式三份，并报公司登记机关一份。

全体股东签字盖章

2013 年 10 月 9 日

（2）条例。

中华人民共和国国务院令

第 514 号

《职工带薪年休假条例》已经 2007 年 12 月 7 日国务院第 198 次常务会议通过，现予公布，自 2008 年 1 月 1 日起施行。

总理　温家宝

二〇〇七年十二月十四日

职工带薪年休假条例

第一条　为了维护职工休息休假权利，调动职工工作积极性，根据劳动法和公务员法，制定本条例。

第二条　机关、团体、企业、事业单位、民办非企业单位、有雇工的个体工商户等单位的职工连续工作 1 年以上的，享受带薪年休假（以下简称年休假）。单位应当保证职工享受年休假。职工在年休假期间享受与正常工作期间相同的工资收入。

第三条　职工累计工作已满 1 年不满 10 年的，年休假 5 天；已满 10 年不满 20 年的，年休假 10 天；已满 20 年的，年休假 15 天。

国家法定休假日、休息日不计入年休假的假期。

第四条　职工有下列情形之一的，不享受当年的年休假：

（一）职工依法享受寒暑假，其休假天数多于年休假天数的；

(二)职工请事假累计20天以上且单位按照规定不扣工资的;

(三)累计工作满1年不满10年的职工,请病假累计2个月以上的;

(四)累计工作满10年不满20年的职工,请病假累计3个月以上的;

(五)累计工作满20年以上的职工,请病假累计4个月以上的。

第五条　单位根据生产、工作的具体情况,并考虑职工本人意愿,统筹安排职工年休假。

年休假在1个年度内可以集中安排,也可以分段安排,一般不跨年度安排。单位因生产、工作特点确有必要跨年度安排职工年休假的,可以跨1个年度安排。

单位确因工作需要不能安排职工休年休假的,经职工本人同意,可以不安排职工休年休假。对职工应休未休的年休假天数,单位应当按照该职工日工资收入的300%支付年休假工资报酬。

第六条　县级以上地方人民政府人事部门、劳动保障部门应当依据职权对单位执行本条例的情况主动进行监督检查。

工会组织依法维护职工的年休假权利。

第七条　单位不安排职工休年休假又不依照本条例规定给予年休假工资报酬的,由县级以上地方人民政府人事部门或者劳动保障部门依据职权责令限期改正;对逾期不改正的,除责令该单位支付年休假工资报酬外,单位还应当按照年休假工资报酬的数额向职工加付赔偿金;对拒不支付年休假工资报酬、赔偿金的,属于公务员和参照公务员法管理的人员所在单位的,对直接负责的主管人员以及其他直接责任人员依法给予处分;属于其他单位的,由劳动保障部门、人事部门或者职工申请人民法院强制执行。

第八条　职工与单位因年休假发生的争议,依照国家有关法律、行政法规的规定处理。

第九条　国务院人事部门、国务院劳动保障部门依据职权,分别制定本条例的实施办法。

第十条　本条例自2008年1月1日起施行。

2. 台阶训练

(1)指出下面章程存在的问题。

关于××大学校友会章程

第一章　总　　则

本会自觉接受江苏省教育厅和江苏省民政厅的业务指导和监督管理。

性质:本会是非营利性群众团体,由××大学的海内外校友自愿组合而成。

第一条　宗旨:本会继承和发扬母校的优良传统和校风,密切与母校和海内外校友及海内外校友间的联系和合作,在人才培养、科学研究、社会服务、基本建设等各方面促进母校各项事业的发展。遵守国家宪法、法律及政策法规,遵守社会道德风尚。

第二条　名称:本会定名为"××大学校友会",其英译名为"The Alumni Association of ××University"。

第三条　会址:本会设在××市××大学荷花池校区(××市大学南路88号)。

第二章　会　　员

第四条　凡符合下列条件之一者,均属××大学校友:

(一)凡曾在××大学学习过的毕业生(包括各种学历层次)、肄业生、进修生、成人教育、留学生等以及以其他形式在此学习的学生。

(二)凡曾在××大学任职、任教者,包括兼职教师、名誉教授、客座教授、访问学者等。

第五条　校友入会程序:凡承认本会章程并自愿参加的上述××大学校友,经与校友会或当地校友组织取得联系登记入会,即为本会会员。

第六条　本会接受团体会员,国内外各地校友组织经与本会联系,承认本会章程,均可成为本会团体会员。

第三章　组织机构

第七条　本会最高权力机构为会员代表大会,其主要职责是:

(一)制定、修改本会章程。

(二)推举产生本会理事,组成领导小组。

(三)讨论和决定本会的重大问题。

会员代表大会原则上一届四年,每届召开一次,特殊情况可提前或延期召开。

第八条　本会领导小组是本会最高权力机构的执行机构。其基本职责是:

(一)向会员代表大会报告工作,提出议案。

(二)讨论和决定本会的工作方针、工作计划和重大问题,商定下届领导小组改选事宜。

(三)在会员代表大会闭会期间,执行会员代表大会决议,组织各项活动,对外代表本会。

领导小组一般每届任期四年,理事可以连任,领导小组原则上每年召开一次。

第九条　领导小组产生常务理事若干人,组成常务领导小组,推举会长1人,副会长若干人;根据会长提名,决定秘书长1人,副秘书长若干人。

领导小组休会期间,由会长主持常务领导小组工作,行使领导小组职责,根据需要可临时召开常务领导小组会议。

第四章　经　　费

第十条　本会经费主要来源:

(一)学校拨给的专项经费。

(二)校友按领导职务大小捐赠。

(三)企事业单位、社会团体的资助。

第十一条　本会经费的主要用途:

(一)组织学术交流、联谊等活动费用。

(二)编辑出版《××大学校友通讯》等刊物费用。

(三)接待校友及有关人员费用。

(四)日常办公费用。

第十二条　本会经费委托××大学财务处代管,按财务制度规定执行,并定期向领导小组报告收支情况。

提示:此章程存在的主要问题如下。

(1)标题删除"关于"二字;没有每段都用条项式,第一段前应补上"第一条""第二条"。

(2)章程第一章内容排序混乱,应先写本组织性质、宗旨等。

(3)表述不当。如"领导小组"可改为"理事会",经费来源部分应修改为"主要来自于会员、会员单位提供的赞助"等。

(4)内容缺失,不够完整。主要缺以下内容:任务(有的放在宗旨里了,不明晰)、组织原则、会员的权利与义务、日常办事机构及其职责、生效时间等。

(2)病例析改。

下面是一则条例开头的构成文字,请调整、理顺:

为了推进生态文明建设,防治大气污染,保障人体健康,促进经济、社会可持续发展,改善本市大气环境质量,根据有关行政法规、法律,结合本市实际情况,制定本条例。

提示:为了防治大气污染,改善本市大气环境质量,保障人体健康,推进生态文明建设,促进经济、社会可持续发展,根据有关法律、行政法规,结合本市实际情况,制定本条例。

3. 拟定法规文书:

拟写××大学校友会章程。

任务评价

请老师或同学评价你的写作成果:

文种	标题评价	内容评价	格式评价	评价等第	评价人
章程修改					
章程拟写					
条例修改					

知识链接

一、章程的概念

章程,是政治、经济、文化等组织或团体的纲领性文件,是政党、团体、企业等社会组织对本组织的性质、宗旨、任务、组织机构、组织成员、活动规则或企业的权利、义务、经济性质、业务范围和规模、活动制度以及就某项业务所制定的规章。

二、章程的特点

1. 内容纲领性强,具有规范性和组织约束力

章程规定一个组织的组织规程和办事规则,具有纲领的性质。凡成立一个企业、团体、组织,都必须制定一个章程。企业等社会组织一旦获准成立,首先应审定通过章程,用以约束全体成员,并作为组织活动准则。章程具有规范性和组织约束力,该组织的一切活动,都必须遵循这个章程。

2. 通过合法程序制定

章程一定要通过合法的程序制定,才能要求属下所有组织和成员认可,才能要求所有的组织和成员遵守。通常是成立起草小组拟出草案征求意见,最后由该组织的最高级会议——代表大会通过,成为正式章程。这一点,一般在标题下边就要标明,这是它有法定权威、有法定约束力的主要原因。

3. 用途广泛

章程主要用于制定组织规程,使用较广泛。章程除用于制定企业等组织的规程外,还用于规定机构性质、任务、某项活动的原则。

三、章程的分类

1. 组织章程

组织章程多用于制定企业等社会组织的组织准则和成员行为规范，如《×××股份有限公司章程》《中国足球协会章程》《××大学章程》等。

2. 业务章程

业务章程多用于制定某项活动的准则或在行使业务职权时的规范，如《公司股票发行章程》《××学校国家奖学金章程》等。

四、章程的写作格式和注意事项

(一)章程的写作格式

1. 章程的标题

章程的标题由组织、活动、事项、单位或社会组织的全称加"章程"两字构成。有的还在标题下面注明此章程通过的时间和会议名称。

2. 章程的正文

正文内容包括三部分——总则、分则、附则。

组织章程总则部分要准确、简明、庄重地写明该组织的名称、性质、宗旨、任务、指导思想和组织本身建设的要求等内容。

企业章程总则部分一般要写明企业名称、宗旨、经济性质、隶属关系、业务范围等。

组织章程分则部分一般需写明以下内容。组织人员：参加条件、参加手续和程序、承担的义务和享受的权利、对成员的纪律规定等。组织机构：领导机构、常务机构和办理机构的设置、规模、产生方式和程序、任期、职责、相互关系等。组织经费：来源和管理方式。组织活动：内容和方式。其他事宜：视不同组织、团体的需要确定。

企业章程分则部分主要需写明资本、组织、人事管理、资产管理、利润分配等内容。

组织章程附则是主体部分的补充，主要说明解释权、修订权、实施要求、生效日期，章程与其他法规、规章的关系，办事机构地址，及对下属组织的要求等内容。

企业章程附则一般写公布施行与修改补充等问题。

(二)章程写作的注意事项

1. 使用要规范

常见一些本该用规定、办法、规则来行文的文件，却滥用、误用章程的情况。一般说来，章程主要用于制定组织准则。即使是用来制定组织规程，也要履行规范的程序：草案经由征求意见，到会员大会审议通过，不能只由少数人草拟，匆匆公布施行。

合资企业的章程，则必须在充分协商、反复讨论后才使用，一般经由"意向书"或"协议书"到制定章程。

2. 结构要严谨

章程结构要合乎规范写法。格式规范、结构严谨的章程有助于维护其严肃性。

3. 条款要简短单一

章程的条款一般要写得简短些。要求每条内容表述一个完整独立的意思。

4. 要注意章程与简章的区别

简章是对某项工作、某事项的办理原则、要求、方式、方法做出规定的文书。简章内容只是有针对性地说明办事程序,性质上更接近于规定和办法,如《××大学招生简章》等,显然,章程在适用范围和写法上皆不同。

五、条例的含义

条例是对某方面工作、某些事项或机关、团体的组织、职权等做出较全面系统的带有规章制度性质的规定。条例的规范对象较为重大,涉及面较广且较全面系统。条例一般是作为法律的重要补充,是行政法规的主要形式。条例的制发机关主要是国家及省、直辖市、自治区两级。《行政法规制定程序暂行条例》规定:"对某一方面的行政工作比较全面、系统的规定,称'条例'。"各地方政府及其行政部门制定的法规,一般不得称"条例",但可制定规定、办法等。任何社会团体、企事业单位不得超越法定权限制发条例。

六、条例的特点

1. 法规性强

我国的法律在立法机关尚未制定之前,都是用"条例"先制定单行法规的。可以说"条例"是一些法律试行阶段的主要形式,如《治安管理处罚法》之前为《治安管理处罚条例》;另一方面,条例又是法律条款具体化的常用形式,如《中华人民共和国著作权法实施条例》。

2. 时效较长

条例在法规性公文中,是规格最高的一种。作为法律的重要补充形式,条例一般都是对一个时期内的规范对象加以规定。

3. 制发程序严格

条例制发严格的特点主要表现在对适用范围的限制上。制发严格还表现在文种使用的限制上,国务院各部门、地方人民政府可使用"条例"。条例在制发程序上也较为严格。

七、条例的分类

根据适用范围,条例可主要分为三类:

1. 施行法律条文

《劳动合同法实施条例》《保守国家秘密法实施条例》《行政复议法实施条例》,是分别对《劳动合同法》《保守国家秘密法》《行政复议法》有关条款的实施提出的具体规则。

2. 制定管理规则

《党政机关厉行节约反对浪费条例》《缺陷汽车产品召回管理条例》《广西壮族自治区发展中医药壮医药条例》《黔南布依族苗族自治州岩溶资源保护条例》等,都是某方面工作的管理规则。

3. 确定职责权限

条例还用以制定某类组织或人员的任务、权利、职责,如《导游人员管理条例》。

八、条例的结构和写法

1. 标题

条例标题大致有两种写法:一是由规范范围、规范对象加"条例"构成,如《安徽省城镇供水条例》;二是规范对象加"条例"构成,如《城镇排水与污水处理条例》《建设工程安全生产管理条例》等。

一般在标题下方,写明发布机关、会议日期和名称以及公布日期,如《北京市大气污染防治条例》下方注明"2014 年 1 月 22 日北京市第十四届人民代表大会第二次会议通过"。还有一种，以令的方式发布。《校车安全管理条例》在前面的《中华人民共和国国务院令》中已写：《校车安全管理条例》已经 2012 年 3 月 28 日国务院第 197 次常务会议通过，现予公布，自公布之日起施行。

2. 正文

条例的正文一般呈三分式结构。条例正文一般分为“总则”“分则”“附则”三部分。有些不标明“章”只标明“条”的，开头一条或一、二条就是总则，最后一条或一、二条就是附则，中间的几条就是分则。

(1)总则。条例一般在开篇第一条写明制定目的、依据。例如，《城镇排水与污水处理条例》第一条：“为了加强对城镇排水与污水处理的管理，保障城镇排水与污水处理设施安全运行，防治城镇水污染和内涝灾害，保障公民生命、财产安全和公共安全，保护环境，制定本条例。”

实施法律条文的，应写明制定依据。例如，《中华人民共和国保守国家秘密法实施条例》第一条：“根据《中华人民共和国保守国家秘密法》(以下简称《保密法》)的规定，制定本条例。”开篇第二条一般写出适用范围，如《南水北调工程供用水管理条例》第二条：“南水北调东线工程、中线工程的供用水管理，适用本条例。”

(2)分则。条例的分则是它的主体部分。条例常见两种结构方式：章断条连式和条文并列式。一般来说，篇幅长、条款多的用章断条连式结构，反之则用条文并列式结构。

实施法律条文的条例，一般需要对原件条款、适用范围等加以具体化，如《劳动合同法实施条例》，重点规定了下列内容：一是对劳动合同的订立的责任、包括无固定期限劳动合同在内的劳动合同的解除和终止做了明确规定。二是对劳务派遣做了具体规定。三是对经济补偿与赔偿金的关系做了明确规定。

(3)附则。附则是对施行该条例或有关事项的附带说明。

说明的内容包括：适用范围、词义解释、制定权、解释权、监督执行权、施行日期、废止有关文件等。这部分一般放在附则或最后几条列出。

3. 条例的写作要求

(1)条款式的写法。条例的主要内容部分，采取逐章逐条的写法。条款的层次从大到小依次可分七级：篇、章、节、目、条、款、项。一般以章、条、款三层组成最为常见。这种条款式写法要求“章断条连”“条连款不连”，即“章”的序号全篇通连；每章结束另起一章时，“条”的序号也依次通连下去。如第一章有三条，第二章的第一条应写“第四条”，其余类推；“条”下的“款”，在各条独立编次，如第一条有四款，写(一)、(二)、(三)、(四)，第二条款次复又从(一)、(二)开始，其余类推。“款”下的“目”，一般以分行形式标示，独立编次，并不通连。章、条、款的序数一律用汉字，不用阿拉伯数字。

(2)条款要周密，体式要规范。一方面，条款必须符合国家的有关法律、法令及有关方面的政策，不得与有关文件相抵触；另一方面，规范内容，不能有遗漏，不能留下空白点，以免执行起来被人钻空子。

(3)条例一般采用说明的表达方式。其他公文有说明，也有叙述、议论，而条例几乎纯粹是以说明的方式来进行表达。它并不叙述有关情况，工作过程以及背景，也用不着一条一条去申述理由，议论条例有关规定的意见和作用。

拓展阅读

公司章程的特征和性质

公司章程与《公司法》一样,共同肩负调整公司活动的责任。这就要求,公司的股东和发起人在制定公司章程时,必须考虑周全,规定得明确详细,不能做各种各样的理解。

一、公司章程的基本特征

(1)法定性。法定性主要强调公司章程的法律地位,主要内容及修改程序、效力都由法律强制规定,任何公司都不得违反。公司章程是公司设立的必备条件之一,无论是设立有限责任公司还是设立股份有限公司,都必须由全体股东或发起人订立公司章程,并且必须在公司设立登记时提交公司登记机关进行登记。

(2)真实性。真实性主要强调公司章程记载的内容必须是客观存在的、与实际相符的事实。

(3)自治性。自治性主要体现在:其一,公司章程作为一种行为规范,不是由国家而是由公司依法自行制定的,是公司股东意思表示一致的结果;其二,公司章程是一种法律以外的行为规范,由公司自己来执行,无须国家强制力来保证实施;其三,公司章程作为公司内部规章,其效力仅及于公司和相关当事人,而不具有普遍的约束力。

(4)公开性。公开性主要是对股份有限公司而言。公司章程的内容不仅要对投资人公开,还要对包括债权人在内的一般社会公众公开。

二、公司章程的性质

(一)公司设立的最主要条件和最重要的文件

公司的设立程序以订立公司章程开始,以设立登记结束。我国《公司法》明确规定,订立公司章程是设立公司的条件之一。审批机关和登记机关要对公司章程进行审查,以决定是否给予批准或者给予登记。公司没有公司章程,不能获得批准,也不能获得登记。

公司章程是确定公司权利、义务关系的基本法律文件。公司章程一经有关部门批准,并经公司登记机关核准即对外产生法律效力。公司依公司章程,享有各项权利,并承担各项义务,符合公司章程的行为受国家法律的保护;违反章程的行为,有关机关有权对其进行干预和处罚。

(二)公司对外进行经营交往的基本法律依据

由于公司章程规定了公司的组织和活动原则及其细则,包括经营目的、财产状况、权利与义务关系等,这就为投资者、债权人和第三人与该公司进行经济交往提供了条件和资信依据。凡依公司章程而与公司经济进行交往的所有人,依法可以得到有效的保护。

(三)公司章程是公司的自治规范

公司章程作为公司的自治规范,是由以下内容所决定的。其一,公司章程作为一种行为规范,不是由国家,而是由公司股东依据公司法自行制定的。公司法是公司章程制定的依据。作为公司法只能规定公司的普遍性的问题,不可能顾及各个公司的特殊性。而每个公司依照公司法制定的公司章程,则能反映本公司的个性,为公司提供行为规范。其二,公司章程是一种法律外的行为规范,由公司自己来执行,无须国家强制力保障实施。当出现违反公司章程的行为时，只要该行为不违反法律、法规，就由公司自行解决。其三，公司章程作为公司内部的行为规范，其效力仅及于公司和相关当事人，而不具有普遍的效力。

拓展训练

1. 甲乙丙三个股东准备各投资 800 万元，成立捷达物流有限责任公司，学习公司章程范本，拟写该公司的章程。

2. 查阅国务院《校车安全管理条例》（国务院令第 617 号），分析该条例的结构和写作特点。

任务 2　拟写规定、办法、细则

任务目标

1. 知识目标

（1）了解规定、办法、细则的概念、特点和分类。

（2）了解各类规定、办法、细则的写作格式；掌握规定、办法、细则的结构和写法。

2. 能力目标

（1）能够区分规定、办法、细则的使用范围。

（2）能够分析规定、办法、细则的结构，能够使用规范的语言和格式拟写规定、办法、细则。

任务情境

为加强公司员工队伍建设，规范公司的考勤管理，提高员工的基本素质，促进招聘、调动、离职和考勤工作的规范化、程序化，以适应公司业务发展需要，公司董事长给张华分配了两个任务：拟写《公司员工招聘、调动、离职等规定》和《公司考勤管理办法》。

请问，如果你是张华，如何对照规定、办法的写作格式，高质量地完成董事长交给的任务？

任务要求

1. 范文阅读：体会规定、办法和细则的写作格式；掌握规定、办法的结构和写法。

2. 台阶训练：改正病文中的错误。

3. 拟写法规文书：完成领导交给的两项拟写任务。

任务实施

1. 范文阅读

（1）规定。

公司招聘工作管理规定

第一章　总　　则

第一条　为加强公司员工队伍建设,提高员工的基本素质,促进招聘工作的规范化、程序化,以适应公司业务发展需要,特制定本规定。

第二条　人力资源部为公司招聘归口管理部门,各部门的招聘工作由人力资源部与部门共同组织实施。

第二章　招聘工作原则与纪律

第三条　招聘工作原则

(一)客观公正:公司将对每位符合基本规定的应聘者进行客观、公正的考察,任何人不得以权谋私。

(二)适者聘用:公司将依据公司基本用人标准和职位任职资格要求,对应聘者进行价值观、人品素质和职位任职能力的考察,以聘用符合公司基本用人标准和职位任职要求的人员。

(三)近亲回避原则:公司不考虑员工的配偶、父母、子女及其配偶、兄弟、姐妹的应聘。

第四条　招聘工作纪律

(一)公司招聘工作人员和其他工作人员必须遵守招聘工作的原则和纪律,按照招聘工作流程开展工作。

(二)参加招聘工作的人员应遵守招聘工作的职业道德,对所有应聘者的个人资料保密。

第三章　用人基本标准及职位任职要求

第五条　用人基本标准

(一)诚实守信、积极向上,符合公司倡导的价值观。

(二)年满18周岁、无不良行为记录。

(三)真实、完整地向公司提供个人信息,不弄虚作假。

(四)没有肝炎、肺结核等急、慢性传染病或其他影响正常工作、不符合职位要求的疾病。

第六条　所招人员应符合公司规定的相应职位任职资格要求并通过相关考核。

第四章　招聘程序

第七条　人力资源部负责按照规范程序组织实施招聘工作

为保证满足用人需要、保证招聘工作的正常开展,每年一月份各部门须根据部门年度工作任务对部门人员状况进行分析,按照实际需求制订年度用人计划。

人力资源部依据经公司总经理批准的用人计划组织招聘工作。招聘工作按照以下流程实施。

(一)用人部门填写《人员补充申请表》,说明招聘要求。

(二)审核应聘者的基本情况:人力资源部发布招聘信息,并明确要求应聘者提交《应聘登记表》、近期免冠正面照片、对照任职资格要求的资质证明;对于这些材料,人力资源部负责审查、核实;并在此基础上按照招聘工作原则、基本用人标准和任职资格要求进行初步筛选。

(三)笔试:为考察应聘者对职位要求的基础知识、专业知识掌握的程度进行笔试,笔试题库由用人部门根据职位工作需要设计与提供,人力资源部随机抽取试题组织考试,并指定人员阅卷。

(四)初试:主要根据用人基本标准考察通过笔试的应聘者的价值观、精神风貌、职业形象、职业性格、求职动机;初试完毕由考察小组填写《初试评价表》。

（五）复试和操作考核:主要根据职位任职资格要求考察应聘者的知识、技能、经验等基本要求并对认知能力、思维能力、协作能力等进行发展潜力判断;对应聘者进行实际操作考核;复试完毕由考察小组填写《复试评价表》。

第八条　聘用审批:人力资源部对所有通过人员进行审核,并填写《聘用审批表》,对拟聘用人员报部门总经理(或副总经理)批准聘用。

第九条　本规定由人力资源部解释。

第十条　本规定自2014年5月4日发布之日起实施。

（2）办法。

中华人民共和国国务院令

第644号

现公布《国务院关于修改〈全国年节及纪念日放假办法〉的决定》,自2014年1月1日起施行。

总理　李克强

2013年12月11日

国务院关于修改《全国年节及纪念日放假办法》的决定

国务院决定对《全国年节及纪念日放假办法》作如下修改:

将第二条第二项修改为:"（二）春节,放假3天（农历正月初一、初二、初三）"。

本决定自2014年1月1日起施行。

《全国年节及纪念日放假办法》根据本决定作相应修改,重新公布。

（1949年12月23日政务院发布　根据1999年9月18日《国务院关于修改〈全国年节及纪念日放假办法〉的决定》第一次修订　根据2007年12月14日《国务院关于修改〈全国年节及纪念日放假办法〉的决定》第二次修订　根据2013年12月11日《国务院关于修改〈全国年节及纪念日放假办法〉的决定》第三次修订）

第一条　为统一全国年节及纪念日的假期,制定本办法。

第二条　全体公民放假的节日:

（一）新年,放假1天(1月1日);

（二）春节,放假3天（农历正月初一、初二、初三）;

（三）清明节,放假1天（农历清明当日）;

（四）劳动节,放假1天(5月1日);

（五）端午节,放假1天（农历端午当日）;

（六）中秋节,放假1天（农历中秋当日）;

（七）国庆节,放假3天(10月1日、2日、3日)。

第三条　部分公民放假的节日及纪念日:

（一）妇女节(3月8日),妇女放假半天;

（二）青年节(5月4日),14周岁以上的青年放假半天;

（三）儿童节(6月1日),不满14周岁的少年儿童放假1天;

（四）中国人民解放军建军纪念日(8月1日),现役军人放假半天。

第四条　少数民族习惯的节日，由各少数民族聚居地区的地方人民政府，按照各该民族习惯，规定放假日期。

第五条　二七纪念日、五卅纪念日、七七抗战纪念日、九三抗战胜利纪念日、九一八纪念日、教师节、护士节、记者节、植树节等其他节日、纪念日，均不放假。

第六条　全体公民放假的假日，如果适逢星期六、星期日，应当在工作日补假。部分公民放假的假日，如果适逢星期六、星期日，则不补假。

第七条　本办法自公布之日起施行。

(3)细则。

公司奖惩条例实施细则

第一章　总则

第一条　根据国务院《企业职工奖惩条例》和《中华人民共和国劳动法》有关规定，为增强员工的主人翁责任感，调动员工的积极性、创造性，维护正常的生产、工作秩序，提高劳动生产率，特制定本《细则》。

第二条　公司员工必须遵守国家的政策、法律、法规，遵守公司的各项规章制度，爱护公共财物，热爱本职工作，努力学习和掌握文化技术业务知识和技能，团结协作，勤奋工作，完成生产和工作任务。

第三条　在实行奖惩制度过程中，必须把思想工作同经济手段结合起来。在奖励时，要坚持精神鼓励与物质鼓励相结合，以精神鼓励为主的原则。对违纪职工的处理，要坚持以思想教育为主，惩罚为辅的原则。

第二章　奖励

第四条　对有下列情形之一的职工应当给予奖励：

(一)在完成生产工作任务、提高产品质量方面做出显著成绩的；

(二)在产品开发、工艺工装、技术改造、劳动保护等方面有发明或提出合理化建议取得重大成果和显著成绩的；

(三)在改进生产经营管理、增产节约、提高经济效益等方面做出显著成绩，对公司有较大贡献的；

(四)在保护公共财产、防止或排除重大事故隐患，在事故抢救中使人民生命和集体财产少受或免受损失的；

(五)在抵制不正之风，同不良倾向做斗争，对维护正常的生产、工作秩序，维护社会治安有显著功绩的；

(六)一贯忠于职守，积极负责、廉洁奉公、舍己为人事迹突出的；

(七)其他应当给予奖励的。

第五条　对职工的奖励分为：劳动模范、通令嘉奖、先进工作(生产)者、晋级、记大功、记功等。

第六条　奖励程序：

(一)授予劳动模范称号或给予通令嘉奖的，由总经理会同工会提名，征求职代会和党委意见，报请上级主管部门批准；

(二)评选先进工作(生产)者,由班组民主推荐,部门领导审核,经公司评审委员会讨论后,由总经理批准;

(三)职工奖励性晋级,由总经理提名,征求职代会意见和公司管理委员会讨论后由总经理决定;

(四)评选标兵及记大功、记功等,经公司工会提出建议,公司评审委员会讨论,由总经理批准;

(五)中层以上干部获先进以上荣誉的,分别由分管领导提名,听取职工代表组长意见后,由党委和总经理决定;

(六)对于受到上述奖励的职工,可发给一次性奖金,其事迹载入档案,作为转正、定级、晋级、晋升的重要参考内容之一。

第三章　惩罚

第七条　对于有下列行为之一的职工,应当视情况给予行政处分(以下简称处分)或同时给予解除劳动合同;

(一)违反劳动纪律和考勤制度,经常迟到、早退、旷工、消极怠工,没有完成生产任务或工作任务的(如一个月内迟到、早退2次以上;一个年度内迟到、早退4次以上;因本人原因连续满3个月及以上或累计满4个月及以上完不成生产或工作任务的);

(二)无正当理由不服从工作分配和调动、指挥或无理取闹,聚众闹事,打架斗殴,影响生产、工作秩序和社会秩序的;

(三)玩忽职守,违反技术操作规程和安全规程或违章指挥造成事故,使人民生命、财产遭受损失的;

(四)工作不负责任,经常产生废品,损坏设备工具,浪费原材料、能源,造成经济损失的;

(五)滥用职权,违反政策法令,违反财经纪律,挥霍浪费资财,损公肥私,使企业在经济上遭受损失的;

(六)有贪污、盗窃、赌博、营私舞弊和其他违法乱纪行为不够刑事处分的;

(七)犯有其他严重错误的。

员工有上述行为,情节严重,触犯刑法的,由司法机关依法惩处。

第八条　对员工的行政处分分为:警告、记过、记大过、降级(或降薪)、撤职、留用察看、开除(指开除公司籍)。

第九条　触犯本条例"第七条(一)"中行为之一,情节比较严重,符合开除条件的,同时可给予解除劳动合同。对于情节相对较轻的也可先给予留用察看处分,察看期限为一至二年。

第十条　员工因触犯刑律被司法机关依法判处徒刑关押执行的,可给予开除处分,同时解除劳动合同。

被判处徒刑,在缓刑、管制或拘役期间,犯有上述"第七条(一)"中规定之一的,应给予开除处分,同时给予解除劳动合同。

第十一条　员工在受到留用察看处分期间,犯有上述第七条规定之一的,应给予开除处分,同时给予解除劳动合同;察看期间表现好的,可缩短察看期限半年至一年,提前恢复司籍。

第十二条　对有下列行为之一的,根据情况分别给予停工(停职)检查或除名、解除劳动合同处理:

(一)触犯本条例"第七条(一)"中行为之一的,可以责令其停工(停职)检查。停工(停

职)检查是帮助员工认识错误的一种方法,停工(停职)期一次不超过五天;

(二)由于违纪经过教育或受到行政处分,又坚持不改的,公司有权给予解除合同;

(三)无正当理由经常旷工,连续旷工超过15天或一年内累计旷工超过30天的,经批评教育无效,总经理有权给予除名、同时解除劳动合同。

第十三条　经济处罚:

(一)触犯本条例"第七条(一)"中行为之一的应当扣除当月绩效工资。对于受到警告、记过、记大过、降级(降薪)、撤职处分的,应当扣除3~6个月绩效工资;

(二)触犯本条例"第七条(三)、(四)、(五)"中行为之一的,应责令其赔偿经济损失,赔偿金额可根据具体损失情况确定。可从工资中扣除,也可一次交清;

(三)对于受到留用察看处分的,处分期间停发基本工资、绩效工资,改发生活费;

(四)对于受到停工(停职)检查处理的,检查期间按当地当年最低生活标准发给生活费;

(五)对于受到撤职处分的员工,在6个月至一年内不发绩效工资,必要时可同时给予降级(或降薪)处理;

(六)对于受到降级(或降薪)处分的,一般降技能工资一级。

第十四条　惩处审批程序:

(一)给予留用察看以下(不含留用察看)处分的,由受处分员工所在部门提出书面呈批报告,经有关部门核定,报劳资部门审查,征求公司工会意见,总经理组织办公会议讨论决定。

(二)给予留用察看、除名的,须经总经理提名,听取职代会意见和党委意见,总经理组织办公会议讨论决定。

(三)给予开除处分的,由总经理提出建议,听取党委意见,经职代会讨论决定。

(四)责令停工(停职)检查的,由所在部门向劳资部门提出,经总经理批准。

(五)职代会对本公司各级领导干部的违纪处分(或处理)有建议权,主管部门核实并提出处理意见,听取党委意见后,总经理组织办公会议讨论决定。

(六)由于特殊原因不宜公开处分(或处理)的,由有关部门在查清事实的基础上提出处分(或处理)建议,总经理组织办公会议讨论决定。

(七)员工处分(或处理)应严格按照"事实清楚、证据确凿、定性准确、处分恰当、手续完备"的基本要求进行。操作过程中要结合所犯错误性质、认识态度、一贯表现慎重做出处理(或处分)决定。

(八)书面呈批报告包括下述内容:①班组级讨论意见;②部门建议行政处分意见;③部门民管组意见;④有关部门关于错误事实的核实意见;⑤劳资部门审查结论;⑥职代会代表组长会议或工会委员会讨论意见;⑦总经理决定。

(九)员工处分审批时间:从证实员工犯错误之日起,开除处分不得超过5个月,其他处分不得超过3个月。

(十)受到处分或被除名者,由劳资部门会同员工所在部门书面通知本人。处分(或处理)记入本人档案。处分(或处理)可在公司范围内公布。

(十一)受到处分不服者,可在公布处分之日起10天内(除名、开除的在15天内)向上级主管部门提出书面申诉。在上级机关未做出改变原处分的决定前,仍按原处分决定执行。

第十五条　受到警告、记过、记大过处分的,在受处分满半年以后;受到撤职处分的,在满一年以后;受到留用察看处分的,在正式恢复公司籍以后,在评奖、提级等方面,应当按照规定的条件,与其他员工同样对待。

第十六条　对于滥用职权,利用处分(或处理)员工之机进行打击报复或进行包庇的人员,应当从严予以处分(或处理),触犯刑律的由司法部门处理。

第十七条　本细则经职代会讨论通过之日起开始施行。

2. 台阶训练

下面是一篇病文和修改稿,请比较后说说修改原因。

××公司员工招聘、调动、离职等规定

一、招聘

1. 用人部门根据实际工作需要填报《用工申请表》,向人力资源部申请并提出招聘岗位的基本要求(如:年龄、性别、学历等)。

2. 由人力资源部根据公司用工需求拟订招聘计划,经分管领导审核,报总经理批准。

3. 人力资源部经市人才市场、人力资源市场收集应聘人员相关资料后再进行初步筛选,根据情况组织笔试和面试,经初选合格后,经分管领导审核,报总经理批准办理试用手续。

4. 部门经理助理以上人选由分管领导和总经理亲自笔试和面试。

5. 员工的试用期为一至三个月。试用期满,可聘为公司合同制员工并与公司签订劳动合同,公司将根据国家劳动和社会保障部的相关规定办理社保等手续。

二、任免

需公司任免的干部必须由总经理批准,以公司文件为准。

三、调动

1. 公司干部和员工在公司范围内调动,由用人部门提出拟调人员申请,行政办公室征求双方负责人意见后,报总经理批准。

2. 公司各部门需增加人员,须向人力资源部提出用工申请,由行政办公室负责调配或招聘。

3. 公司干部和员工持行政办公室开具的《职工调动通知书》,在原任职部门办理完交接手续后,再到新任部门报到。调离人员到新单位后,以实际聘任岗位和任职时间为准,其相关待遇以月度分段实施。

四、离职

1. 试用人员离职应提前三日写出书面辞职报告,由用人部门填报《辞退员工审批表》,经批准后到人力资源部办理辞退手续。

2. 员工与公司签订劳动合同后,双方都必须严格履行合同,用人部门不准无故辞退员工,确需辞退时应向人力资源部说明辞退原因。

3. 合同期内员工辞职的,必须提前一个月向公司提出书面辞职报告,由部门负责人签署意见,经公司分管领导签字,报总经理批准。由行政办公室予以办理辞职手续。

4. 员工本人辞职、被公司辞退和开除或提前终止劳动合同等,在离开公司以前,必须交还企业公司财物(如文件及相关业务资料等)。员工未经批准而自行离职的,公司不予办理任何手续;给公司造成损失的,应负赔偿责任。

修改稿

员工招聘、调动、离职等规定

一、总则

第一条　为进一步完善公司人事管理制度,优化人员结构,促进人员合理流动,保障公司和职工的合法权益,充分调动职工的积极性,根据国家有关法律政策特制定本规定。

第二条　本规定称调动辞职,包括职工调入调出公司、职工内部调动和职工辞去公司现职。

第三条　本规定适用于全体正式职工。本规定不适用于临时职工。

二、招聘

第四条　用人部门根据实际工作需要填报《用工申请表》,向人力资源部申请并提出招聘岗位的基本要求(如年龄、性别、学历等)。

第五条　由人力资源部根据企业公司用工需求拟订招聘计划,经分管领导审核,报总经理批准。

第六条　人力资源部经市人才市场、人力资源市场收集应聘人员相关资料后再进行初步筛选,根据情况组织笔试和面试,经初选合格后,经分管领导审核,报总经理批准,办理试用手续。

第七条　部门经理助理以上人选由分管领导和总经理亲自笔试和面试。

第八条　员工的试用期为一至三个月。试用期满,可聘为公司合同制员工并与公司签订劳动合同,公司将根据国家劳动和社会保障部的相关规定办理养老保险等手续。

三、任免

第九条　需公司任免的干部必须由总经理批准,以公司文件为准。

四、员工调动

第十条　公司干部和员工在公司范围内调动,由用人部门提出拟调人员申请,行政办公室征求双方负责人意见后,报总经理批准。

第十一条　公司各部门需增加人员,须向人力资源部提出用工申请,由行政办公室负责调配或招聘。

第十二条　公司干部和员工持行政办公室开具的《职工调动通知书》,在原任职部门办理完交接手续后,再到新任部门报到。调离人员到新单位后,以实际聘任岗位和任职时间为准,其相关待遇以月度分段实施。

五、离职

第十三条　试用人员离职应提前三日写出书面辞职报告,由用人部门填报《辞退员工审批表》,经批准后到人力资源部办理辞退手续。

第十四条　员工与企业公司签订劳动合同后,双方都必须严格履行合同,用人部门不准无故辞退员工,确须辞退时应向人力资源部说明辞退原因。

第十五条　合同期内员工辞职的,必须提前一个月向公司提出书面辞职报告,由部门负责人签署意见,经公司分管领导签字,报总经理批准。由行政办公室予以办理辞职手续。

第十六条　员工本人辞职、被公司辞退和开除或提前终止劳动合同等,在离开公司以前,必须交还公司财物(如文件及相关业务资料等)。员工未经批准而自行离职的,公司不予办理任何手续;给公司造成损失的,应负赔偿责任。

六、其他

第十七条　本规定由公司人事部负责解释。

第十八条　本规定自××××年×月×日颁布之日起实施。自本规定生效之日起，凡与本规定不一致的，以本规定为准。

3. 拟写法规文书

任务一：拟写一则《公司员工招聘、调动、离职等规定》。

任务二：拟写一则《公司考勤管理办法》。

任务评价

请老师或同学评价你的写作成果：

文　种	标题评价	内容评价	格式评价	评价等第	评价人
《公司员工招聘、调动、离职等规定》					
《公司考勤管理办法》					

知识链接

一、规定的概念

规定是国家机关、社会团体、企事业单位对特定范围内的工作和事务制定相应的措施，要求所属部门或下级机关贯彻执行的一种政策性文件。

在制文机关上，条例由党和国家领导机关和权力机关制发，规定则可以由任何机关、社会团体、企事业单位在自己职权范围内制发。

二、规定的特点

1. 规范的内容具体

规定规范的是某项工作或某种活动，对象具体、明确而集中。规定与条例均属法规性公文，但规定比条例适用范围要小，只对特定范围内的工作和事务进行行为规范。在内容上，条例多为原则性规定，而规定的内容更接近实际事务性工作，比条例更具体一些，针对性更强更明确。

2. 制约性

规定用于对特定范围内的工作和事务制定具有约束力的行为规范。

3. 用途广泛

规定可以由任何机关、社会团体、企事业单位在自己职权范围内制发。

三、规定的分类

(1)管理性规定。即制定某项活动或某方面工作的管理规则和要求，加强管理，规范行为。

(2)政策性规定。即依照有关法律法规条文，对某项活动或某项工作制定政策规范的规定。

(3)实施性规定。即为实施有关法规而制定的规定。实施性规定与实施原件配套使用。

(4)补充性规定。即对某些法规性文件进行补充的规定。

四、规定的写作格式和注意事项

1. 写作格式

(1)标题。标题通常有三种写法:一是由发文机关、适用对象或主要内容加“规定”构成,如《国务院关于加强食品等产品安全监督管理的特别规定》。这种标题的构成与行政公文完全式标题写法一样。二是由规范范围、适用对象或主要内容加“规定”构成,如《广东省丹霞山保护管理规定》。三是在“规定”之前加某些修饰限定语,如《关于加强物资采购管理的暂行规定》。

(2)正文。正文组成分三部分:因由、规范、说明。规定的因由部分,一般说明制作本规定的依据或目的。不同类型的规定,其规范部分的写法不尽相同。

管理性规定:着重于规定管理原则、管理职责、质量标准、措施、办法、管理范围及要求。

政策性规定:着重于规定界限划分、明确范围、提出要求和奖惩情况,解决“应当怎样”和“不应怎样”的问题。

实施性规定:着重于对实施文件做出有关规定,对原件条款做出解释,提出相应的实施意见。

补充性规定:主要内容为补充原件中某些提法不够明确之处,对不够具体的方面加以明确、具体,对遗漏的问题加以补充完善,以便实施。

规定的说明部分,通常说明本规定的制作权、解释权、实施日期,如“本规定自发布之日起施行”“本规定由×××负责解释”“各部门、各单位可根据本规定,制定具体实施办法”等。

2. 注意事项

准确掌握规定的适用范围。一般说来,制定某项规定性、政策性强的工作或活动的规则,可用“规定”。但对临时性、阶段性的工作,则应发“通知”,而对岗位性的、局部性的、业务性强的工作,则应制定“制度”。

规定的内容要具体、明确,语言要凝练、准确、严密、肯定,避免产生歧义。

五、办法的含义

办法是机关企事业单位为贯彻某一法令或者做好某方面工作而制定的法规性文书。

办法一般用命令或通知的方式发布,在行政管理领域运用得非常普遍。例如,人力资源和社会保障部以令的方式发布的《劳务派遣行政许可实施办法》,国家食品药品监督管理局以通知的方式发布的《药品生产质量管理规范认证管理办法》。

六、办法的特点

1. 具体性

办法和条例、规定是比较近似的文种。它们都有法规性,之间的区别体现为:条例的制作单位级别高,意义重大,内容全面、系统、原则。规定的制作单位没有条例那么严格,内容比较局部化,方法、步骤、措施比较详细。而办法由分管某方面工作的职能部门做出,内容更为具体。

2. 派生性

有相当一部分办法是为贯彻落实某一法律和规章制度而制定的,是法律和规章制度的派生物。例如,《江苏省物业服务收费管理办法》第一条:“为规范物业服务收费行为,维护业主和物业服务企业的合法权益,根据《中华人民共和国价格法》《江苏省物业管理条例》等法律、法规,结合我省实际,制定本办法。”其对法律和条例的依附性十分明显。

七、办法的分类

根据适用范围,办法可以分为以下两类:

(1)实施法律、条例和计划的办法。这种办法的派生性很强,有的从标题上就明确指出这一点。例如,《浙江省土地登记办法》根据《中华人民共和国土地管理法》《浙江省实施〈中华人民共和国土地管理法〉办法》的规定,结合本省实际,制定本办法。

(2)实施行政管理的办法。这种办法虽然也是以相关法律为依据制作的,但不是哪一部法律和条例的派生物,有一定的独立性。它是企事业单位管理部门对一些法律不可能具体涉及的局部性工作所做的安排。

八、办法的结构和写法

1. 标题

办法的标题一般由主要内容和文种构成。主要内容包括基本事项、适用范围或阐释依据,如《储蓄存款利息所得个人所得税征收管理办法》《〈国务院关于职工工作时间的规定〉的实施办法》。

2. 制发时间、依据

制发时间、依据应加括号标于标题之下正中,有多种写法:制发时间和通过的会议;通过的会议及通过的时间;发布机关和发布时间;发布机关和首次发布时间及修订时间。

随命令和通知发布的办法,自身不显示制发时间和依据,但以后单独使用时,应将原命令和通知的发布时间标注于标题之下。

3. 正文

(1)总则、分则、附则写法。内容复杂的办法,可采用总则 分则 附则式写法。

总则写明制定办法的目的、依据、意义、适用范围、实施部门等。例如,《第五次全国人口普查办法》第一章为总则,分别写了目的和依据、领导机关、普查标准时间、经费来源、责任机关。

分则列出具体的方法、步骤、措施、要求等,可分若干章展开。

附则用来写特殊规定、补充规定和生效时间。例如,《江苏省物业服务收费管理办法》附则共三条,分别涉及少数边远不便地区的特殊情况,实施细则的解释权,施行时间。其中第三十六条为:"本办法自2014年1月1日起施行,有效期5年。江苏省物价局、江苏省住房和城乡建设厅2010年印发的《江苏省物业服务收费管理办法》(苏价服〔2010〕12号)同时废止。"

(2)直接分条式写法。内容简单的办法,直接分条即可。前若干条写目的、依据、宗旨等,中间较多的条款写方法、步骤、措施等,最后一两条写补充规定和实施要求。

九、细则的概念

细则是机关企事业单位经常使用的规范性公文。它是为已颁布的法令、条例、规定做出具体说明和阐释的文体,一般为贯彻执行有关条例和制度而定。

十、细则写作要点

(1)标题。标题常常写事由和文种类别(细则),发文机关和发布日期也在标题标出,如果属会议批准或通过的,要用括号在标题下另加注说明"××××年×月×日××会议批准(通过或修订)"。

(2)正文。正文根据内容的复杂程度而定,复杂的要分总则、分则、附则或章节来写;简单的直接分条列述即可。一般正文分三部分来写:先写发布的缘由,次写具体内容,再写明实施机关、生效日期、解释权等。

拓展阅读

规章制度的分类

规章制度大致可分为以下三类:

1. 法规

法规包括行政法规和地方性法规。

(1)行政法规是国务院为领导和管理国家各项行政工作,根据宪法和法律,由国务院及其主管部门制定并经国务院批准发布的法规。

(2)地方性法规是由省、自治区、直辖市以及省、自治区、直辖市政府所在市和经国务院批准的较大的市的人民代表大会和其常务委员会根据本行政区域的具体情况和实际需要,依法制定的在本行政区域内具有法律效力的法规。法规常用条例、规定、办法等文种写作。

2. 行政规章

行政规章可分为国务院部门规章和地方人民政府规章。

(1)国务院部门规章是由国务院各部门根据法律和行政法规、决定、命令在本部门权限内按规定程序制定、发布的规章。

(2)地方人民政府规章是由省、自治区、直辖市以及省、自治区、直辖市政府所在市和经国务院批准的较大的市的人民政府根据法律、行政法规和地方性法规制定的普遍适用本地区行政管理工作的规章。行政规章常用规定、办法、细则等文种写作。

3. 行政类规章

行政类规章主要是指在一定范围或一个单位、党派、组织、团体内部生效的不属于法规、规章范畴的规范性文书,如章程、制度、规则、守则(准则)、规程、须知、公约等。

拓展训练

为了建立健全应对紧急事项的应急处理机制,有效预防员工发生食物中毒、疾病、受伤、死亡意外事件,对打架斗殴等治安或其他刑事案件,积极应对,及时处理,最大限度减少公司损失,降低负面影响,保障公司和员工的整体利益,拟写《公司紧急事项处理办法》。其中包括紧急事项含义、紧急事项的涵盖范围、紧急事项的报告、紧急事项的处理措施、紧急事项的处理等内容。

任务3　拟写制度、守则

任务目标

1. 知识目标

(1)了解制度、守则的概念、特点和分类。

(2)了解各类制度、守则的写作格式;掌握制度、守则的结构和写法。

2. 能力目标

(1)能够区分制度、守则的使用范围。

(2)能够使用规范的语言和格式完善制度,能够书写守则。

任务情境

张华在扬州达华房地产开发有限公司任职,在行政部办公室文员岗位已经工作3年了。最近,公司管理层提出了要让公司产值在2014－2016三年间翻番,成为全市效益最好的房企。

今天,公司董事长给张华分配了两个任务:一是调查公司员工存在的问题,拟写一则公司员工守则。二是公司正在梳理相关的劳动用工制度,尤其是劳动合同法的相关制度,董事长需要张华汇报国家制定的《职工带薪年休假条例》对公司的用工制度有哪些要求,草拟一则公司新的请假制度,供下个月公司董事会讨论修改。

请问,如果你是张华,你该怎样完成这些任务?

任务要求

1. 范文阅读:体会各类制度、守则的写作格式;掌握制度、守则的结构和写法。

2. 台阶训练:改正病文中的错误。

3. 拟写法规文书:完成领导交给的两项拟写任务。

任务实施

1. 范文阅读

(1)制度。

综合办公室管理制度

一、印鉴管理

1. 本公司印鉴由综合办主任负责保管。

2. 综合办要对需盖印鉴的介绍信、证明及对外出具的任何公文,进行仔细核实,并有详细的登记记录。

3. 公司内不允许开具空白介绍信、证明,如因工作需要或其他特殊情况需要开具时,应经综合办主管签字后方可开出。

二、办公财产管理

1. 综合办要严格审查、核定各部门申报的办公用品购置计划,严格控制办公费用支出。

2. 办公用品由综合办统一购置、保管,未经批准不得随意购置(特殊情况例外)。

3. 综合办严格执行办公用品领用手续,厉行节约,遵循领用定时、限额、限量原则。领用者应妥善保管并节约使用办公用品。

4. 各部门要由专人负责领取物品,并在领取单上签字,由综合办登记造册保管。

5. 各部门办公用品或财产要认真管理,实行部门领导负责制,办公财产在保修期内如有损坏由保修单位负责维修,保修期后如因部门原因或个人原因损坏、丢失,由部门或个人负责。

6. 单位任何办公用品及财产不得流失或据为己有,否则,将追究相关人员责任。

7. 因工作需要配备给个人的用品,在工作调动或离岗之前,必须归还单位。

8. 综合办要将公司所有财物分类记入台账,定期盘点、核查,并将核查情况汇总上报总经理。

三、会务管理

1. 综合办须及时发出会议通知,并向与会者明确召开会议的时间、地点、参加人员,会议内容、目的,以及与会人员须携带的文件材料和其他相关事项。

2. 综合办须认真做好会议记录,并做到会议结束后的文件退收工作,会议文件的立卷归档,会议文件汇编,完善会务工作。

3. 对相关部门执行会议决议情况进行督办,并将其执行结果注册归档。

4. 内部会议必须做到保密。

5. 若举办大型会议,必须事先开好工作人员会,让其明确与会者的各自分工,以便各负其责,相互衔接,密切配合,保证会议顺利进行。

6. 爱护会议室的设施,保持会议室清洁,任何人不得将会议室的桌椅、茶具、烟缸等财产带出去。

四、公司日常支出的核准

1. 各部门办公费由综合办严格参照年初预算支出计划中的数额核定,差旅费用标准依据《财务管理制度》中的规定执行。

2. 各种费用的报销先由部门负责人签字、会计审核票据,然后由综合办主任核准、签字,最后由总经理批准签字后支付。

五、公司小车的使用规定

1. 对车辆使用的要求:

(1)凡提供公司使用的车辆必须是符合国家相关规定的车辆,并由专职司机驾驶。

(2)车辆必须车况良好,手续齐全。必须参加第三者责任险和司乘险。

(3)员工购买车辆不准以公司的名义领取牌照。

(4)综合办每年需要在车辆使用开始时,对车辆的手续、保险费等加以确认,并记录车辆的总里程表读数,作为车辆支出计算的基准数据。

2. 小车司机的费用报销:小车司机只能报销本人的旅差票据。

(2)守则。

公司员工守则

第一条　遵法制

学习理解并模范遵守国家的政策法律、本市的法规条例和本公司的规章制度,不得损害公司的荣誉和利益,争当一名好公民、好市民、好员工。

第二条　爱集体

1. 和企业荣辱与共、关心公司的经营管理和效益;树立质量是企业的生命的思想,严格按照作业指导书操作,在实际操作过程中发现有更合理的操作方法,主动及时向相关部门提出,经技术确认后修改作业指导书。

2. 有创新精神和积极的工作态度，学习经济及管理知识等新知识，提高工作能力和自身素质，多提合理化建议和改革措施。

3. 工作卡代表公司的形象，要保持整洁、完好，不得随意涂改和损坏。如丢损工作卡，应立即报告公司并按相关制度申请补办，辞工时应将工作卡、工作服交回公司。

4. 牢固竖立“诚信、务实、开拓、进取”的观念和“诚信、敬业、创新、发展”的企业精神。

第三条　听指挥

1. 服从领导听指挥，全面优质完成本职工作和领导交办的一切任务。

2. 按照民主集中制的原则，坚决支持、热情帮助领导开展工作。

第四条　严纪律

1. 不迟到、不早退，出勤满，干满点。

2. 穿齐工作服，佩戴工作卡，不能穿拖鞋上班。

3. 工作时间不串岗，不窝工，不办私事，不饮酒，不在禁烟区吸烟。

4. 不私拿或损坏公物，爱护公司一切财产，损坏财产照价赔偿。

5. 不私设灶具自制饮食。

6. 未经允许，不得带领亲戚朋友进入车间；非上班时间未经允许，不准随便进入车间。

7. 同事间保持支持理解，团结协作，互勉共进，不搞帮派主义，不做侮辱或诽谤他人等有损团结之事。

第五条　讲礼貌

1. 使用礼貌用语，不以肤色、种族、信仰、服饰取人。

2. 与客人相遇时，要主动相让；与客人同行时，应礼让客人先行。

3. 上楼梯时，要男士先上，下楼梯时，要男士先下；同乘电梯时，让客人先上、先下。

4. 不高声说笑谈话，不得在公司嬉闹、打架，或聚众群殴。

第六条　重仪表

1. 保持精神饱满，衣冠、头发整洁。男员工不准留长发、戴耳环、染彩发，女员工化淡妆。

2. 上岗时打扮要适度。

第七条　讲卫生

1. 常剪指甲，注意卫生，无汗味、异味。

2. 严禁在公司范围内乱丢烟头、杂物，随地吐痰；废弃物及垃圾应放在指定地点。

3. 工作前不得饮酒，吃蒜、韭菜等异味食品，保持口腔卫生。

第八条　讲站姿

1. 挺胸、收腹、平肩，不得弯腰塌背，松松垮垮。

2. 双臂自然下垂在身体两侧或背后，放在背后时，左手放在右手手背上。

3. 头部端正，目视前方，面部表情自然，略带微笑。不得前仰后合或依靠他物，不得插兜、叉腰、抱肩，不得前后叉腿或单腿打点，不得东张西望、摇头晃脑，不得站立聊天。

第九条　敬客户

1. 文明接待，礼貌服务，彬彬有礼，不卑不亢。接待客人时面带微笑，谈话时应站立端正，讲究礼貌，用心聆听，不抢话插话、争辩，讲话声音适度，有分寸，语气温和文雅，不大声喧哗。听到意见、批评时不辩解，冷静对待，及时记录上报，不得与客户争吵。

2. 遇到客人询问,做到有问必答,不能说服务忌语,不得以生硬、冷淡、烦躁的态度待客。

3. 尊重客人风俗习惯,不议论、指点、讥笑有生理缺陷的客户,不嬉戏客户小孩,不收受礼品。

4. 接电话时要细心聆听,不得抢话。声调要温和,勿忘使用本岗位礼貌用语,严禁使用服务忌语。(另见《电话接待服务规定》)

5. 会见客户时,不必主动握手。必须握手时,应面带笑容,姿势端正,用力适度,不能用左手。握手时,左手不得插兜。

6. 客户面前不得化妆、修指甲、剔牙、挖耳朵、打饱嗝、伸懒腰、打响指、哼小调。

7. 同事有业务接待时,尽量避免频繁经过,非受邀请,禁止在现场逗留、聆听,以免干扰交谈。

第十条　守机密

1. 不向客户或外部人员谈论本公司的一切事务。

2. 不议论客户长短。

3. 一切内部文件、资料、报表、总表等,都应做到先收锁再离人,保证桌上无泄密。

4. 公司物产(产品、元器件、材料、工具、资料等),未经许可任何人不得私自带出公司,不得泄露公司商业秘密(技术资料、设计图样、生产工艺、生产流程、产品价格及合作单位)。违者视其情节轻重,看是否交至政法部门处理。

第十一条　保廉洁

1. 不以拉关系图私利。

2. 馈赠物品要如数交公不得私留。

3. 不贪污、不受贿,不挪用公款,不以权谋私。

4. 勇于揭发问题,敢于同不良现象做斗争,要打击歪风,树立正气。

第十二条　勤节约

1. 养成勤俭节约习惯,节约用电、用水、用料,不浪费饭菜,克服“浪费难免论”,消灭长明灯、长流水等现象。

2. 节约使用文具和器材,爱惜各种设备和物品。

3. 要发扬勤俭兴业的好传统,为公司的增收节支做贡献。

2. 台阶训练

根据任务情境,完成相关任务。

(1)对比下面草稿和修改稿,指出草稿存在的问题。

公司请假管理制度(草稿)

第一条　工作时间规定

(一)公司实行每周五天工作制,每周工作时间为星期一至星期五。

(二)公司工作时间为:

上午8:00-12:00,下午13:30-18:30(冬季为13:00-18:00)

第二条　病假规定

(一)请病假须持县级以上医院休假证明。

（二）中级管理人员及以下职员，休病假审批权限为：2 天（含 2 天）以内由部门负责人批准；3～5 天由副总经理批准；5 天以上由总经理批准。

（三）高层领导休病假审批权为总经理。

（四）对于公司正式员工，因病治疗或休养者申请病假时，应出具县级以上医院证明；5 天以内（含 5 天）的，每天扣发半天工资；一个月以内的，发放岗位工资的 80%；2 个月以内的，发放岗位工资的 60%；3 个月以内的发放当地最低生活保障金；3 个月以上的解除劳动合同。

第三条　事假规定

（一）请事假须提前一天向部门负责人提出申请，2 天以内由部门负责人批准；3～5 天由副总经理批准；5 天以上由总经理批准。

（二）事假无薪。

（三）试用期员工请事假，应延长试用期。

第四条　婚假规定

（一）达到法定婚龄的员工（男年满 22 周岁，女年满 20 周岁）结婚，凭结婚证可按请假程序请婚假 3 天。

（二）达到法定晚婚年龄的员工（男满 25 周岁，女满 23 周岁）结婚，凭结婚证可按请假程序请假 5 天。

（三）婚假至少要提前一周申请，经批准后方可休假且一次休完，不得分期休假。

（四）婚假为有薪假。

第五条　产假规定

（一）符合国家计划生育政策的被正式聘用的女员工享受产假。

（二）符合国家计划生育政策的被正式聘用的女员工怀孕期间，每月可享受 1 天孕期检查假，该假为有薪假

（三）符合国家计划生育政策的被正式聘用的女员工产假为 90 天，持医院证明的难产为 105 天，多胞胎生育的，每多一孩，增加产假 15 天。产假为有薪假；第一个月工资全额发放，第二个月按岗位工资的 80% 发放，第三个月按岗位工资的 50% 发放。

（四）产假结束后须续假的，按事假处理。

（五）符合国家计划生育政策的被正式聘用的女员工怀孕 3 个月以上流产或死产的凭医院证明休假 15 天，假期按岗位工资的 80% 发放。

（六）妻子分娩，男员工可享受 5 天护理假，护理假按岗位工资的 50% 发放。

（七）产假、护理假须提前一个星期凭生育指标和结婚证申请。

（八）产假、护理假一次休完，不得分期休假。

第六条　丧假规定

员工亲属（父、母、岳父母、配偶、子女）去世，凭亲属死亡证明复印件或病危通知书休假 3～7天，假期工资全额发放。

第七条　年休假规定

（一）年休假提前 1 个星期申请，上级负责人批准后到综合管理部备案。

（二）年休假一次休完，不得分期休假。

（三）年休假为有薪假，足额发放。

工作年限(年)	2≤年限≤4 年	5≤年限≤7 年	8≤年限≤10 年	10 年以上
年休假(天)	3	4	5	6
备　注	年休假除国家规定假期外还可享受公司规定的年休假期;工作年限满 10 年的,每为企业增加一年服务,增加一个工作日的年假,但总计不得超过 10 个工作日,且不跨年度累计			

对职工应休未休的年休假天数,单位应当按照该职工日工资收入的 200% 支付年休假工资报酬。

第八条　工伤假规定

员工因工受伤不能坚持工作的,在疗养期间工资 80% 发放。

第九条　迟到、早退规定

(一)上班不准迟到,迟到达 5 分钟者,乐捐 5 元,每超过 1 分钟,乐捐 1 元,以此类推。

(二)下班不准早退,若有早退者,乐捐金额与迟到相同。

(三)如有特殊原因造成的迟到或早退者,必须向部门负责人说明原因,报送综合部管理备案。

第十条　旷工规定

(一)旷工最小计量单位为半天。

(二)迟到或早退 120 分钟以上为旷工半天。

(三)无故不到岗,不请假不到岗或未获准假不到岗为旷工。

第十一条　考勤执行

(一)考勤统一由综合管理部执行,各部门配合执行。

(二)员工上下班为指纹考勤;公司所有员工都必须考勤。

(三)考勤须按时统计,迟报、错报、不报将对考勤实施处罚。

公司请假管理制度(修改稿)

第一条　工作时间规定

(一)公司实行每周五天工作制,每周工作时间为星期一至星期五。

(二)公司工作时间为:上午 8:00—12:00,下午 13:30—17:30(冬季为 13:00—17:00)。

第二条　病假规定

(一)请病假须持县级以上医院休假证明。

(二)中级管理人员及以下职员,休病假审批权限为:2 天(含 2 天)以内由部门负责人批准;3 ~5 天由副总经理批准;5 天以上由总经理批准。

(三)高层领导休病假审批者为总经理。

(四)对于公司正式员工,因病治疗或休养者申请病假时,应出具县级以上医院证明;5 天以内(含 5 天)的,每天扣发半天工资;一个月以内的,发放岗位工资的 80%;2 个月以内的,发放岗位工资的 60%;3 个月以内的发放当地最低生活保障金;3 个月以上的解除劳动合同。

第三条　事假规定

(一)请事假须提前一天向部门负责人提出申请,2 天以内由部门负责人批准;3 ~5 天由副总经理批准;5 天以上由总经理批准。

(二)事假无薪。

(三)试用期员工请事假,应延长试用期。

第四条 婚假规定

(一)达到法定婚龄的员工(男年满22周岁,女年满20周岁)结婚,凭结婚证可按请假程序请婚假3天。

(二)婚假至少要提前一周申请,经批准后方可休假且一次休完,不得分期休假。

(三)婚假为有薪假。

第五条 产假规定

(一)符合国家计划生育政策的被正式聘用的女员工享受产假。

(二)符合国家计划生育政策的被正式聘用的女员工怀孕期间,每月可享受1天孕期检查假,该假为有薪假

(三)符合国家计划生育政策的被正式聘用的女员工产假为90天,持医院证明的难产为105天,多胞胎生育的,每多一孩,增加产假15天。产假为有薪假:第一个月工资全额发放,第二个月按岗位工资的80%发放,第三个月按岗位工资的50%发放。

(四)产假结束后须续假的,按事假处理。

(五)符合国家计划生育政策的被正式聘用的女员工怀孕3个月以上流产或死产的凭医院证明休假15天,假期按岗位工资的80%发放。

(六)妻子分娩,男员工可享受5天护理假,护理假按岗位工资的50%发放。

(七)产假、护理假须提前一个星期凭生育指标和结婚证申请。

(八)产假、护理假一次休完,不得分期休假。

第六条 丧假规定

员工亲属(父、母、岳父母、配偶、子女)去世,凭亲属死亡证明复印件或病危通知书休假3~7天,假期工资全额发放。

第七条 年休假规定

(一)年休假提前1个星期申请,上级负责人批准后到综合管理部备案。

(二)年休假一次休完,不得分期休假。

(三)年休假为有薪假,足额发放。

工作年限(年)	1≤年限<10年	10≤年限<20年	20年以上
年休假(天)	5	10	15

第八条 工伤假规定

员工因工受伤不能坚持工作的,在疗养期间工资全额发放。

第九条 迟到、早退规定

(一)上班不准迟到,迟到达5分钟者,乐捐5元,每超过1分钟,乐捐1元,以此类推。

(二)下班不准早退,若有早退者,乐捐金额与迟到相同。

(三)如有特殊原因造成的迟到或早退者,必须向部门负责人说明原因,报送综合部管理备案。

第十条 旷工规定

(一)旷工最小计量单位为半天。

(二)迟到或早退120分钟以上为旷工半天。

(三)无故不到岗,不请假不到岗或未获准假不到岗为旷工。

第十一条　考勤执行

(一)考勤统一由综合管理部执行,各部门配合执行。

(二)员工上下班为指纹考勤;公司所有员工都必须考勤。

(三)考勤须按时统计,迟报、错报、不报将对考勤实施处罚。

(2)分析守则的写作结构。

员 工 守 则

员工守则是职员精神、行为规范的准则,为加强对员工的管理,确保完成各项任务,实现公司的战略目标,特制定本守则。每位员工必须严格遵守。

第一章　精神规范

第一条　本公司的企业精神是"创造、挑战、贡献",这是每位员工的精神规范标准。公司将成为每位员工尽情发挥才智的舞台,每位员工都应坚信:自己的奉献和才能在公司不会被埋没,一分耕耘必有一分收获。

创造——勇于思考和尝试新方法,以满足客户的需要。

挑战——树立崇高的目标并全力为之奋斗,视困难为发展的契机。

贡献——超越自我,致力于创造美好社会的长远目标。

第二条　公司员工必须遵守中华人民共和国的各项法律和法规,遵守公司的规章制度,不断提高自己的道德水准和业务技术水平,成为勇于"创造、挑战、贡献"的合格员工。

第二章　行为要则

1. 仪表——要整洁端庄,稳重大方。

2. 环境——要清洁整齐,使客人和自己都愉快轻松。

3. 待人——要温文有礼,和颜悦色,不卑不亢,牢记礼貌就是为人,事关公司事业、形象。

4. 守时——守时守约,乃为人处世之基本,务求一诺千金,严格自律。

5. 效率——以最简捷的动作,最快的速度办理每项业务。

6. 质量——凡经我手,无论产品或劳务,都以精湛、细致、考究而使人信服。

7. 专精——钻研技术,钻研业务,精益求精,永无止境。

8. 勤勉——勤勤恳恳、兢兢业业地工作,为人处世。

9. 谦虚——满招损,谦受益。无论学习还是做事,虚怀若谷,就能排除障碍,开阔道路。

10. 团结——员工同事,每日相处,更应互相体谅,礼貌谦让,才能精诚合作,团结共进。

11. 自律——永远不向外人批评公司。

永远不对他人口语主管,即便离开公司,也自奉严格,不蜚短流长,自尊自重自己的人格。

12. 安全——时时处处想着公司事业的安全,小到烟蒂纸屑,大到工程项目,可能出差错的地方都想到,认真细致地去做好工作。

第三章　工作纪律

第一条　仪容仪表

1. 职员头发应常修剪。男职员发角长度以不盖过耳部及衣领为宜,胡须应每天剃刮。

2. 女职工宜淡雅清妆,不得浓妆艳抹。

3. 除结婚、订婚戒指之外，须少佩戴或不佩戴饰物。

4. 上班时间应着公司统一服装，佩戴公司徽章和其他规定标志。（在统一着装前，男职员着西装、白衬衫、领带、皮鞋，女职员着套装。服装要整洁大方，不得穿短裤上班）

第二条　处事礼仪

1. 接电话——当外线电话铃响时，应迅速接起，并主动自报："您好，××公司。"电话交谈要态度和蔼、礼貌、声音清晰；通话完毕应主动说"谢谢，再见"。当内线电话铃响时，应立即接起，并主动自报："您好，我是×××。"

2. 乘电梯——当职员与领导或客人同乘电梯时，应请领导或客人先进出。

3. 乘车——司机迎送领导或客人时，应将车辆停在领导或客人下车方便的地方，当职员与领导或客人同乘车辆时，应主动打开车门，请领导或客人先上车，下车时职员要先下车，为领导或客人打开车门。

4. 对客户——对公司的客人要热情礼貌、以诚相待，客人来访要迎进、让座、请茶、送出，并使用礼貌用语"您""请""您好""谢谢""对不起""请原谅""多多关照""再见"等。客户是"上帝"，公司不允许职员对客户有无礼行为，不得讥讽或不理睬客户，更不得顶撞客户或无理辩解。

5. 对同事——职员之间应以诚相见，肝胆相照，互帮互助，取长补短。对同事说话要和蔼可亲，使用礼貌语言；要善于倾听别人的意见，虚心学习他人的长处；同事之间应团结协作，求同存异；当同事遇到困难时，大家应主动帮助，使助人为乐形成风气；要善解人意，不吹毛求疵，更不允许在背后指责和挑剔他人。

6. 对领导——要尊重领导，尊重老顾问；与领导见面时，应说"您好，×（职务）"；对领导的决定要不折不扣地执行，在工作中如有意见应采取合理方式向自己的直接领导反映，不得越级，如对直接领导有意见，应向公司行政部反映。

7. 对下属——领导应在工作中充分调动职员的积极性和工作热情，以身作则，以公正无私的态度对待下属，体恤下级，关心和爱护每一位职员。

第三条　工作纪律

1. 上班时间不准打私人电话，不准会见与业务无关的客人。

2. 上班时间不准吃东西，不得睡觉。吸烟者要注意保持环境卫生。

3. 上班时间不准喧谈闹唱，扎堆聊天，发出不必要的声响。

4. 不经批准，不得随意为私人使用公司设施和办公用品。

5. 上班时间不得喝酒、打架。

6. 下班时间无故不得在公司内逗留。

7. 不得利用职权营私舞弊，谋取私利，假公济私。

8. 不得有贪污、盗窃、赌博等其他违法违纪行为。

9. 遵守公司的保密制度，不得泄露公司的秘密，自觉维护公司的利益。

10. 开会、学习、培训，无正当原因不得迟到或不参加。

11. 不得在上班时间做与工作无关的事，如听收（录）音机、看电视和书报杂志（除工作或培训需要外）、洗澡、下棋、打牌等。

12. 工作要认真负责，爱护公司财物。

13. 汇报工作要实事求是。

14. 不得在同事之间、同事与领导之间造谣污蔑，搬弄是非，挑起事端。

15. 上班时间不得擅离工作岗位（包括无故串岗）。

3. 拟写法规文书

完成领导交给的两项任务。

任务评价

请老师或同学评价你的写作成果：

文种	标题评价	内容评价	格式评价	评价等第	评价人
公司请假管理制度					
公司员工守则					

知识链接

一、制度的概念

制度是国家机关、团体、企事业单位为了加强对某项工作的管理而制定的要求有关人员共同遵守的管理操作规程和行为准则。

建立制度的目的：明确职责，规范行为，提高工作质量，优化管理。

二、制度的特点

1. 规程具体性

制度体现的工作规范和工作程序是针对某项具体的工作或具体的岗位而制定的。

2. 准则性

制度对人们的制约比不上规定，制度主要是作为一种行为准则存在。

3. 发布形式多样性

制度除作为文件发布外，还可以张贴或悬挂在某一岗位和工作现场。

三、制度的分类

1. 岗位性制度

岗位性制度即对做好某一个岗位的工作而制定的管理操作规程和行为要求，如《××公司安全工作制度》《××公司门卫制度》等。

2. 法规性制度

法规性制度即根据有关政策法规而制定的某一项工作的工作程序和管理规范，如《××员工档案管理制度》《××公司用工管理制度》等。

四、制度的写作格式和注意事项

（一）制度的写作格式

1. 标题

标题有两种写法：一种由制发单位、制度内容和文种构成，如《××公司财产管理制度》；

另一种由制度内容和文种构成,如《××岗位责任制度》《行政事业单位审计制度》等。

2. 正文

内容较多、涉及面较广的制度,正文的内容分三部分:

总则——说明制文的目的、根据和指导思想。

分则——对某项工作的实质性规范。(总则和附则之外的中间部分)

附则——说明执行要求及生效日期等事项。

内容较单一、基层单位的制度其正文一般如下:

第一条写制定制度的目的、要求、适用范围等。中间各条写制度的各项具体规范。最后一条写施行制度的要求及生效日期。

特殊情况下有的制度各条均写具体规范,略去制定制度的目的、适用范围和生效日期等。

3. 签署

写在正文右下方,内容由制发单位名称、制发时间构成。

如果标题已注明制发单位,则此处可省略。

(二)制度写作注意事项

制度是否分章写,要根据内容多少而定。第一部分、第三部分要简明扼要;第二部分要具体切实。制度的文字要明白易懂,具体准确,防止出现重复和无用的语句。

五、守则的含义

守则是党政机关、企事业单位常用的一种公文。它是党政机关、人民团体或企事业单位制发的、要求本单位本部门或本系统人员共同遵守的道德规范与行为准则。守则是根据本单位具体情况制定的,有的还是工作中的具体操作规范,有特定的使用范围和较强的针对性。

六、守则的写作结构

守则一般由标题、正文和签署三部分构成。

1. 标题

守则的标题由发文机关、事由和文种类别(守则)组成,有时可省去发文机关和事由,只写"××人员守则"或"守则"。

2. 正文

通常先以简要语说明制文缘由,次分条目列述具体内容;再以"以上各要,望互相监督执行(遵守)"等语作结。

3. 签署

签署发文单位和日期。

如标题中已写明发文单位,或用题下标示注明了发布日期,这部分的内容可以省略。

守则一般比较简短,条理清楚,内容明确具体是其基本要求。

拓展阅读

关于《德胜员工守则》

《德胜员工守则》(周志友编,机械工业出版社 2013 年出版)是一部在出版之前就受到广泛关注的内部使用小册子,曾经在很多大中型企业内部流传、复印,被人们称为"手抄本"。正式出版后,它又被业内人士称为“奇书”,被众多学者、企业家誉为“中国企业管理圣经”。旧版自2005年出版以来,已重印27次,销量达35万册。2011年该书被翻译成英文版发行。该书是公司直接指导现实管理的书籍,其中包括员工守则、管理者素质、同事关系等,是一种典型的工业化社会管理流程,对培养员工技能、素质、纪律起到一定的作用,对于提升管理者的能力也有一定的作用,书中提出,“一个不遵守制度的人是一个不可靠的人!一个不遵守制度的民族是一个不可靠的民族!”

《德胜员工守则》提倡守规则,这对于一个企业来说可以提高员工的纪律性,方便统一管理。书中条例都很详细,引导人们重视细节,认识到细节的重要性;书中各项制度在一定程度上能规范企业操作流程,使企业形成一种高效、准确的作业模式。

拓展训练

在竞争激烈的快餐市场中,西式快餐之所以总能立于潮头,是因为它有着一流的管理。西式快餐提出的目标是100%的顾客满意,即顾客在西式快餐所能得到的服务要多于他原来所期望得到的服务。这就要求员工要有敬业精神,对顾客的服务要细致入微。优质的产品(Q),快速友善的服务(S),清洁卫生(C)的用餐环境以及物超所值(V)是西式快餐管理的四大要素。

从网上查找学习国际著名快餐公司(或其他你认为很优秀的公司)的管理制度,摘抄你最欣赏的某项规定,并说明理由。

项目八 拟写法律文书

法律文书，从广义上来说是指一切具有法律效力的文件、公文的总称。其制作主体相当广泛，可以是国家机关（包括非司法部门）、企事业单位、社会团体，也可以是个人。法律文书不仅包括人们熟悉的公安、检察、审判等司法文书，而且还包括自然人、法人和司法机关以外的国家机关制作的与法律活动相关的文书，如公证、仲裁、工商、税务、审计、物价、民政等机关或组织处理各类非诉讼案件（事件）的有执行意义或证明作用的文书都可列入法律文书范畴，还包括案件当事人、律师及律师组织自书或代书的诉讼实务文书。本项目选择企事业单位因诉讼活动需要拟写的相关诉讼文书进行教学和训练，帮助大家掌握常用的法律诉讼文书的知识和写作方法。

项目目标

了解常用诉讼法律文书的内容和写作方法，学会写作常用诉讼法律文书；

项目分解

任务 1　拟写民事起诉状
任务 2　拟写民事答辩状
任务 3　拟写民事上诉状

任务 1　拟写民事起诉状

任务目标

1. 知识目标
（1）了解民事起诉状的概念、特点、分类。
（2）了解民事起诉状的写作格式；掌握民事起诉状的结构和写法。

2. 能力目标

(1)能够区分民事起诉状的使用范围。

(2)能够正确书写民事起诉状。

任务情境

张华来到成州达华房地产开发有限公司工作,在行政部办公室文员岗位已经工作一些年头了,他进修了南京大学的法学本科,拿到了自学考试本科毕业文凭,在公司他越来越受到领导的器重。

今天,公司董事长王小刚给张华分配了一个任务:公司收到起诉状副本一份,领导要张华写一份答辩状。

张华仔细一看起诉状的书写,存在一些问题,心中不禁有点轻松了,原告的法律功底也太弱了,估计这场官司对于公司而言胜诉在望,张华发现了起诉状的什么问题呢?

请问,如果你是本案的原告李海琴的律师,你该怎样书写这份起诉状呢?

任务要求

1. 范文阅读:体会民事起诉状的写作格式;掌握民事起诉状的结构和写法。
2. 台阶训练:改正病文中的错误。
3. 拟写法律文书:完成领导交给的两项拟写任务。

任务实施

1. 范文阅读

民事起诉状

原告:南京××通信电子技术有限公司 法定代表人:李雨真。

住所地:江苏省南京市秦淮区××路××号。

被告:江苏××电力高技术开发有限公司 法定代表人:王锦江。

住所地:江苏省镇江市××路××号。

诉讼请求:

1. 请依法判决被告履行合同,付清所欠货款。
2. 请依法判决被告按合同履行约定支付催款费用、欠款利息及违约金。
3. 本案全部诉讼费用由被告承担。

事实和理由:

2014年5月至10月,江苏××电力高技术开发有限公司(以下简称电力高)多次从我公司采购产品,其所购总额为213 050元,10月20号曾电汇还款20 000元,现所欠余额为193 050元(大写:壹拾九万叁仟零伍拾元整)至今尚未付清。

从2016年5月至10月,电力高向我公司采购产品,所签订合同共13份,签订金额213 050

元，我公司均已发货，具体明细可见所附对账单。按照双方合同约定，付款周期不超过 20 天，供货周期为 7～15 天。

5 月 23 日，我公司将已发货物增值税发票寄给电力高，6 月初电力高提出发票上有文字错误，要求调换发票，我公司即重开发票并派员工于洁送到电力高办公室。

6 月 25 日，我公司收到电力高 7057 号采购合同，我公司经考虑进行了发货。

此后，电力高又少量多次向我公司发出订单，我方均积极配合，及时发货。以上事实均有购销合同及对账单可证明。

我公司的发货渠道有三种：一是通过江苏××电力高技术开发有限公司在南京秦淮设立的办事处交货；二是通过中诚快递交货，有快递凭证；三是通过南京东站的长途汽车带货。发货的次数及数量均可查证。

我公司曾多次以各种渠道向电力高进行催款，但都索要未果，且电力高缺乏诚意合作的态度。现有催款函 2 份以证明我公司积极行使权利。

11 月 24 日、12 月 6 日，我公司总经理王一真两次到电力高为欠款事项商谈，电力高提出货款下浮 12% 的要求，现有 2014 年 11 月 30 日要求我公司所有产品降价 12% 的函 1 份予以证明。

为此，根据《中华人民共和国民事诉讼法》的有关规定，请求贵院依法确认双方所签订合同的法律效力，判令被告履行合同，全额支付所欠款项，并赔偿我公司由此带来的损失，包括欠款利息及违约金。求贵院支持。

证据和证据来源，证人姓名和住所：＿＿＿＿＿＿＿＿＿＿＿＿＿＿＿＿＿＿＿＿

此致

南京秦淮区人民法院

原告人：南京××通信电子技术有限公司

二〇一六年十二月十八日

附件：1. 本起诉状副本×份

2. 相关证据材料复印件×份（购销合同 13 份；对账单 2 份；江苏增值税专用发票 4 份；南京××通信电子技术有限公司催款函 2 份；中诚快递交货存根 4 份）

2. 台阶训练

阅读下面民事起诉状，指出存在的问题。

被告人：成州达华房地产开发有限公司，住所地：成州市江扬中路××号，法定代表人：×××，电话：××××××××××××

原告人：李海琴，女，1978 年 5 月 8 日出生，汉族，住成州市扬子江中路××号，电话：189××××××××

法律请求：

1. 请求依法判令被告支付原告逾期办理房屋权属证书违约金 137 250 元。

2. 本案诉讼费由被告承担。

法律理由：

原被告双方于 2013 年 7 月 27 日签订商品房买卖合同，约定原告购买被告开发建设的位于润扬中路北侧的×××美丽春天第 10 幢 3 单元 4 层 01 号商品房。

合同签订后,原告于2013年8月2日根据合同约定一次性支付房屋总价款1 500 000元,2014年2月6日,被告交付合同约定的商品房,但原告直到2016年5月6日才取得房屋权属证书,根据双方所签订的合同第15条约定,买受人不能在交付房屋15个月(2015年7月6日前)内取得房屋权属证书,出卖人应向买受人按日支付已付房款万分之三的违约金。原告认为被告延迟交付房屋权属证书的行为违反合同第15条约定,被告应该自双方约定的原告取得房屋权属证书之次日起,按日向原告支付已付购房款万分之三违约金共计137 250元。原告基于《中华人民共和国合同法》第60条、第121条,以及《最高人民法院关于审理商品房买卖合同纠纷案件适用法律若干问题的解释》第18条,根据《中华人民共和国民事诉讼法》第24条、第108条之规定,诉至贵院,请求法院依法支持原告的诉讼请求,以维护原告的合法权益。

此致

阳江区人民法院

原告:李海琴

2016年8月7日

3. 拟写法律文书

重新拟写李海琴民事诉讼状的完整稿。

任务评价

请老师或同学评价你的写作成果:

文种	标题评价	内容评价	格式评价	评价等第	评价人
民事起诉状修改					
拟写民事起诉状					

知识链接

一、民事起诉状的概念

民事起诉状是公民、法人或者其他组织,在其民事权益受到侵害或者与其他公民、法人或其他组织发生民事权益争议时,为维护自身的合法权益,作为民事原告,向有管辖权的人民法院提起诉讼,要求依法裁判的法律文书。

二、民事起诉状的特点

民事诉讼状有如下几个特点:

(1)起诉人是与本案有直接利害关系的公司、其他组织和法人或自然人。

(2)原告的起诉必须直指明确的被告。

(3)原告在起诉状中有明确而具体的诉讼请求、事实和理由。

(4)起诉的事由属于人民法院受理民事诉讼的范围和人民法院管辖。

三、民事起诉状的种类

普通程序的民事起诉状主要有两种:

(1)用于公民起诉使用的民事起诉状。

(2)用于法人或其他组织起诉使用的民事起诉状。

四、民事起诉状的写作格式

(1)标题。可用“民事起诉状”直接作为标题;也可以由案件的“案由 + 文种”构成,如《××财产纠纷起诉状》,写在诉状正上方。

(2)首部。原告:写清楚原告的姓名、性别、民族、籍贯、职业及住址;如果原告是法人或者其他组织,则应当写明单位全称和所在地址、邮政编码,法人代表的姓名、职务和电话号码;企业性质、工商登记和账号、开户银行、经营范围和方式等。

如果是委托代为诉讼的,若代理人是非律师,要写明委托代理人的基本情况,包括姓名、性别、年龄、职业、住址和与原告关系;若代理人是律师,要写明律师的姓名、属××律师事务所的律师。

被告:写法和内容与原告的相同。

第三人:写法和内容与原告的相同。

(3)诉讼请求。诉讼请求是原告对有关民事权益的基本主张,反映原告诉讼的目的,如请求履行合同、离婚、损害赔偿、支付抚养费、解决产权纠纷、追索劳动报酬、遗产合理分配等。如果属于申请权益的,要写明具体的数额。

这部分在写法上要求简洁明确,如可写为“请求依法判决继承被继承人遗产人民币××元”等;有多项请求的,要分项列写。

(4)事实和理由。这一部分是起诉状的关键部分,事实要写清楚,理由要表述充分,叙述要有条理,层次要清楚。

1)事实。应该清楚地陈述纠纷产生的时间、地点、原因及给原告造成的损失。着重论述双方争执的焦点,双方对民事权益争执的具体内容,被告侵权行为造成的后果以及应当承担的法律责任,并说明自己应否承担责任以及应当承担什么样的责任。并列出能证明事实的有关证据。

2)理由。分析被告行为是侵权还是违法,分析被告行为造成的后果,证明其应当承担的民事责任,分析权利义务关系,论证诉讼请求的合理性和合法性,并准确引用有关法律条款,为其诉讼确立法律依据。

在“证据和证据来源”“证人姓名和住所”栏中写明证据材料的种类、名称、件数、来源,证人的名称、单位、住所等。

(5)尾部。尾部包括致送机关名称、起诉人(或单位)、具状日期。

常用形式如下:

此　致

××人民法院

起诉人:×××(或法人单位)
委托代理人:××律师事务所
×××律师代书
××××年×月×日

五、民事起诉状的文书格式

公民使用的民事起诉状格式与法人或其他组织民事起诉状的格式不同,在使用时要注意区分,两者不能混淆,也不能相互替代。

公民使用的民事起诉状格式:

民事起诉状

原　告:姓名、性别、年龄(出生年月日)、民族、籍贯、职业或工作单位和职务、住址、联系电话等。

法定代理人:姓名、性别、年龄(出生年月日)、民族、籍贯、职业或工作单位和职务、住址、与原告的关系。

委托代理人:姓名、性别、年龄(出生年月日)、民族、籍贯、职业或工作单位和职务、住址(是律师的,只写姓名、工作单位和职务)。

被　告:姓名、性别、年龄(出生年月日)、民族、籍贯、职业或工作单位和职务、住址等(是法人或其他组织以及个体工商户的,应依次写明其名称、字号、地址、法定代表人、代表人或主要负责人、职务、电话以及业主姓名等事项)。

法定代理人:姓名、性别、年龄(出生年月日)、民族、籍贯、职业或工作单位和职务、住址、与被告的关系。

委托代理人:姓名、性别、年龄(出生年月日)、民族、籍贯、职业或工作单位和职务、住址(是律师的,只写姓名、工作单位和职务)。

第三人:姓名、性别、年龄(出生年月日)、民族、籍贯、职业或工作单位和职务、住址等(是法人或其他组织以及个体工商户的,应依次写明其名称、字号、地址、法定代表人、代表人或主要负责人、职务、电话以及业主姓名等事项)。

诉讼请求

事实和理由

证人姓名和住址,其他证据名称、来源

此　致

________________人民法院

起诉人:________(签字或盖章)

________年________月________日

附:1. 本上诉状副本________份

2. 证明材料________件

法人或其他组织使用的民事起诉状格式:

民事起诉状

原　告:(名称或字号)。

所在地址:

法定代表人(或代表人、主要负责人、业主):姓名、职务、电话。

企业性质:　　　　　　　　工商登记核准号:

经营范围和方式:

开户银行:　　　　　　　　账号:

委托代理人:姓名、性别、年龄、民族、职业或工作单位和职务、住址等(是律师的,只写姓名、工作单位和职务)。

（续）

<table>
<tr><td>被　告:(名称或字号)
所在地址:
法定代表人(或代表人、主要负责人、业主):姓名、职务、电话。(被告是公民的,应写明其姓名、性别、年龄、民族、籍贯、职业或工作单位和职务、住址等)。
委托代理人:姓名、性别、年龄、民族、职业或工作单位和职务、住址等(是律师的,只写姓名、工作单位和职务)。</td></tr>
<tr><td>第三人:名称、地址、法定代表人,主要负责人、业主姓名、职务等事项。(是公民的,应写明其姓名、性别、年龄、民族、籍贯、职业或工作单位和职务、住址等)。</td></tr>
<tr><td>诉讼请求</td></tr>
<tr><td>事实和理由</td></tr>
<tr><td>证人姓名和住址,其他证据名称、来源</td></tr>
<tr><td>此　致
__________人民法院
起诉人:______(加盖单位公章)
______年______月______日</td></tr>
<tr><td>附:1. 本上诉状副本______份
2. 证明材料______件</td></tr>
</table>

六、民事起诉状写作注意事项

(1)诉讼请求及事实要具体、全面,数字必须准确无误。

(2)诉讼理由必须以充分的证据和明确清楚的事实为基础,案件事实与理由的因果关系要清楚,不要含糊其辞,引用的法律条文要准确。

(3)注意人称的一致性。叙述的人称要前后一致,如用第三人称时要称原告与被告。

(4)语言要做到简练、准确、严谨,表述要有逻辑性。切忌长篇大论,让人看后不知所云。

拓展阅读

民事诉讼是指人民法院在当事人和全体诉讼参与人的参加下,依法审理和解决民事纠纷的活动。民事诉讼是解决纠纷的重要手段之一。在人们的生产、生活和工作中不可避免地会发生各种各样的矛盾和纠纷,如房产纠纷、合同纠纷、继承纠纷、侵权纠纷、名誉权纠纷等,民事诉讼的作用,是通过民事诉讼制度和程序的运用,解决当事人之间的权利义务之争,保障民事主体所应享有和承担的权利义务关系得以实现。与社会生活中解决民事争议的其他方法(如和解、调解、仲裁)相比较,民事诉讼是在国家审判机关的主持下进行的,民事诉讼的进行应当依照严格的诉讼程序和诉讼制度,民事诉讼具有强制性。

民事诉讼法,是国家制定的、规范法院与民事诉讼参与人的诉讼活动,调整法院与诉讼参与人法律关系的法律规范的总和。狭义上的民事诉讼法,是指国家制定的民事诉讼法法典,即《中华人民共和国民事诉讼法》。广义上的民事诉讼法,不仅包括民事诉讼法法典,而且还包括宪法及其他法律、法规中有关民事诉讼的规范,以及最高人民法院做出的有关民事诉讼的规范性文件即司法解释。

合格的民事起诉状,能够引起诉讼程序的开始,并使人民法院据此依法解决当事人的实体问题。因此,使用民事起诉状,对于当事人解决财产权益、知识产权、债权债务、经济合同、婚姻家庭纠纷等,在行使诉讼权利上具有法律实体上的和法律程序上的意义。民事起诉状是人民法院立案和审判的重要凭据之一,也是被告应诉答辩的根据。当事人向人民法院提起民事诉讼必须符合《中华人民共和国民事诉讼法》第 119 条规定的条件,民事起诉状的内容必须含有第 121 条规定的内容。

拓展训练

2015 年 7 月 28 日,原告房地产公司与被告电信公司签订两份商品房买卖合同,约定:被告购买原告开发的金融财富中心 A 座金融办公楼 1 层 101 号和 2 层 201 号商品房,合同价款分别为 6 716 220 元、6 718 530 元,合计总价款为 13 434 750 元。合同第六条约定,采用分期付款方式:101 房第一期于合同签订后付清首付款 3 366 220 元,第二期于 2015 年 9 月 30 日前付 2 010 000 元,第三期在房屋交付使用前付清 1 340 000 元;201 房第一期于合同签订后付清首付款 3 368 530 元,第二期于 2015 年 9 月 30 日前付 2 010 000 元,第三期在房屋交付使用前付清 1 340 000 元。合同第七条约定,逾期付款在 30 日之内,买受人应按合同约定的应付款期限之第二天起至实际全额支付应付款之日止,按日向出卖人支付逾期应付款万分之三的违约金。合同签订后,因工作需要,被告要求原告提前交房,原告于 2016 年 4 月将房屋交付给被告,并按被告要求将两处商品房的税务发票交给被告。被告支付部分房款后,尚欠 1 000 000 万元房款久拖不付,现起诉要求被告立即支付购房款 1 000 000 万元及其违约金(违约金以 1 000 000万元为基数乘以日万分之三,从 2016 年 4 月 1 日起直至给付之日止),本案诉讼费用由被告承担。

以原告公司的名义拟写一份起诉书,注意起诉书的格式。

任务 2　拟写民事答辩状

任务目标

1. 知识目标

(1)了解民事答辩状的基本知识。

(2)通过学习掌握民事答辩状的写作规范和要求。

2. 能力目标

能够拟写民事答辩状。

任务情境

针对李海琴诉公司一案,成州达华房地产开发有限公司需要应对。董事长提供了本案的重要细节:买受人李海琴不能在交付房屋15个月(2015年7月6日前)内取得房地产权属证书,不是公司不作为所致,而是在2014年8月6日至2016年4月6日期间无法和她本人联系上。这期间她因所在的大学外派美国,在华盛顿大学做访问学者,2016年4月7日才归国,因此无法办成房屋产权登记。

张华该如何拟写该答辩状呢?

任务要求

1. 范文阅读:体会各类民事答辩状的写作格式;掌握民事答辩状的结构和写法。
2. 台阶训练:改正病文中的错误。
3. 拟写法律文书:完成领导交给的民事答辩状的拟写任务。

任务实施

1. 范文阅读

民事上诉答辩状

答辩人(原审原告):王晓森,男,1989年7月14日出生,汉族,住玉明市朱宏北路天安大学渭水校区15号楼207室

委托代理人:张龙,勇士律师事务所律师

被答辩人(原审被告):山东希望机械工程有限公司,住所地:玉明市友谊路18号豪盛时代花园15栋401室

法定代表人:江于飞,总经理

委托代理人:李文杰,玉明长大律师事务所律师

答辩请求:1. 请求法院驳回被答辩人的无理上诉;2. 变更原审法院一审关于利息计算的判决,判令被告支付逾期违约金及质保金利息;3. 案件受理费及其他相关费用由被答辩人承担。

被答辩人山东希望机械工程有限公司(以下简称希望公司)因不服玉明市雁塔区人民法院(2010)雁民初字第3283号《民事判决书》,上诉王晓森建设工程施工合同纠纷一案,针对被答辩人希望公司的上诉事实和理由,答辩人王晓森特提出答辩如下:

答辩人与被答辩人在真实意思表达基础上签订了建设工程施工承包合同,该合同合法有效。

原审原告王晓森与希望公司签订的《承包施工合同》双方主体适格,意思表示真实,且合

同内容没有违反法律法规的规定,应当认定该合同合法有效,对双方当事人均具有约束力。

2. 答辩人王晓森要求被答辩人希望公司支付工程款及违约金合法有效。

(1)原审原告王晓森实际完成的工程已经希望公司确认,且该工程已竣工实际使用。2009 年 12 月 5 日,中国建筑工程总公司提交的最终结算单确定王晓森实际完成工程总价款为4 185 081. 75元,该结算也为被答辩人认可。但希望公司至今未支付全部工程款,依据双方签订的承包施工合同,答辩人主张希望公司支付剩余工程款的请求是合法合理的。

(2)希望公司已确认了拖欠原审原告王晓森 212 935. 62 元的工程款,根据双方签订的《承包施工合同》第 4 条第(3)款约定:“在乙方完成施工条件后,该分项工程进入下道工序施工 7 日内,甲方扣除5%质保金外,其余款项全部支付乙方,逾期按日1‰承担逾期付款责任。”希望公司至今未支付工程款并及时返还质保金,因此我方请求支付该款项及逾期违约金的主张是合法的。

3. 被答辩人要求扣除 15 万元工程款的主张不能成立。

希望公司辩称王晓森承诺从本人决算中扣除李小平(K83 段)透支的 15 万元,但我方仅施工 K84 +000 - K84 +620 段,并未就 K83 段与希望公司进行结算,而希望公司在一审中未向法庭提供其与李小平的结算证据,2009 年 12 月 5 日中国建筑工程总公司提交希望公司确认结算单中也未记载该款项,因此希望公司辩称扣除 15 万元的事实证据不足,依法不能采信。

综上所述,原审法院认定事实清楚,证据充足,使用法律正确,请求贵院依法驳回被答辩人无理的上诉请求,维持双塔区人民法院的一审判决,以维护答辩人的合法权益!

此　　致

玉明市中级人民法院

答辩人:王晓森

二0一一年五月二十八日

2. 台阶训练

阅读下面答辩状,指出存在的问题,说说修改的方法。

被告人:张兴飞,男,汉族,1941 年 11 月生,住址:市长兴路 56 号

原告人:东兴市达凯房地产开发总公司代表唐德成,公关部经理。

案由:上诉人张兴飞因房屋拆迁一案,不服绍兴市 × × 区〔2011〕民字第 19 号的判决,提出上诉。现答辩如下:

答辩理由:为了适应本市商业发展的需要,我公司于 2009 年 12 月向市城建规划局提出申请报告,要求拓宽新建丝绸百货大楼前面场地 150 平方米。市城建局 于 12 月 25 日以市城建字〔2010〕71 号批文同意该项工程。同年在拓宽场地过程中,需要拆迁租住户张兴飞一户约 18 平方米的住房,但张兴飞提出的要求过于苛刻。几经协商,不能解决。答辩人不得已于 2010 年 1 月 23 日投诉于绍兴市 × × 区人民法院。东兴市西湖区人民法院于 2011 年 2 月以〔2011〕民 字第 19 号判决书判处张兴飞必须于 2011 年 3 月底前搬迁该屋,并由市房地产开发总公司提供不少于原居住面积的房屋租给张兴飞居住,但张兴飞仍无理取闹。据此,答辩人认为张兴飞的上诉理由是不能成立的。

一、张兴飞说我们拓宽新建丝绸百货大楼前面的场地是未经批准的。这是没有根据的。

一审法庭曾审查过房地产开发总公司要求拓宽新建丝绸百货大楼前面场地的报告和市城建局城建字〔2010〕71 号的批文，并当庭概述了房地产开发总公司的报告内容，还全文宣读了市城建局的批文。这些均有案可查。张兴飞不能因为要求查阅市城建局的批文，未获准许，而否认拓宽工程的合法性。

二、张兴飞说我们未征得她本人同意，与房主刘晓东订立房屋拆迁协议是非法的。这更无道理。张兴飞租住此屋，只有租住权，并无房屋所有权。所有权理当归属房主刘晓东。我们拓宽场地，拆毁有碍交通和营业的房屋，理当找产权人处理，张兴飞无权干涉和过问。

应当指出，对于张兴飞搬迁房屋一事，我们已作了很大的让步和照顾。我们答应她在搬迁房屋时提供离现居住房屋 500 米的 × × 新建宿舍大楼底层朝南房间一间，计 20 平方米，租给她居住。而张兴飞还纠缠不清，漫天要价。扬言不达目的，决不搬迁。

综上所述，答辩人认为东兴市 × × 区人民法院的原判决是正确的，合法而又合情合理，应予维持。

此致

东兴市中级人民法院

原告人：东兴市达凯房地产开发总公司

代表唐德成

二〇一四年四月二十五日

3. 拟写法律文书

拟写达华房地产开发有限公司的答辩状。

任务评价

请老师或同学评价你的写作成果：

类型	标题评价	内容评价	格式评价	评价等第	评价人
民事答辩状修改					
民事答辩状拟写					

知识链接

一、答辩状的概念

答辩状是指被告人或被上诉人在收到人民法院送达的起诉状或上诉状副本后，在法定的时间内，针对诉状或上诉状陈述的事实和理由，进行答复和辩解的法律文书。它是与起诉状或上诉状相对应的一种法律文书。

答辩状分为刑事答辩状、民事答辩状和行政答辩状等。

二、民事答辩状的特点

民事答辩状是指民事诉讼案件的被告人或被上诉人根据民事起诉状或民事上诉状的内容，针对起诉状或上诉状陈述的事实和理由，进行答复和辩解的法律文书。

民事答辩状有其自身的特点:

(1)民事答辩状可以在民事诉讼的任何阶段使用。

(2)民事答辩状的作用是反驳原告的诉讼请求。

(3)民事答辩状具有很强的针对性和辩驳性。

三、民事答辩状的分类

民事答辩状按其所在程序不同,分为一审民事答辩状、二审民事答辩状和再审民事答辩状;按其提出答辩主体不同,可分为公民(自然人)民事答辩状和法人或其他组织民事答辩状。

四、民事答辩状的写法

(1)标题。可以直接用"民事答辩状"作为标题;也可以由"事由+文种"构成,如《财产纠纷答辩状》。

(2)首部。写清楚以下两部分主要内容:

答辩人的基本情况:写明答辩人的姓名、性别、年龄、民族、籍贯、职业、住址。答辩人如属法人或是组织,则应当写明单位全称和所在地址,法人代表的姓名、职务。

答辩案由:应当写明对何人起诉或上诉的何案进行答辩。具体写法为:"答辩人因××××一案,提出答辩如下:"

(3)答辩理由和答辩意见。明确回答原告人、上诉人的诉讼请求,具体阐明自己对案件的主张和看法,抓住关键问题,在阐明事实真相的基础上,准确地引用法律条文和具有法律效力的书证、人证、物证,完全或者部分否定原告提出的诉讼请求和提供的事实及证据,并提出自己的主张和意见。

(4)尾部。写致送机关名称、答辩人(或单位)、具状日期。

(5)附项。写明本诉状副本份数,书证、物证份数。

五、民事答辩状的格式

(1)公民使用的民事答辩状的格式如下:

民事答辩状

答辩人(姓名、性别、出生年月日、民族、职业、工作单位和职务、住址等)
委托代理人(代理律师的姓名及代理律师所在的律师事务所)
答辩人于________年________月________日收到贵院转来答辩人与被答辩人因________________纠纷一案的《应诉通知书》和《民事起诉状》副本及有关材料,现就被答辩人的诉讼请求,提出答辩意见如下:(答辩事由) 1. 2.
此致 ×××人民法院 答辩人(姓名) ××××年××月××日 附:本答辩状副本×份

(2)法人或其他组织民事答辩格式如下:

民事答辩状

<table>
<tr><td>答辩人(法人或其他组织名称、地址)</td></tr>
<tr><td>法定代表人(姓名、职务、电话)</td></tr>
<tr><td>答辩人于________年________月________日收到贵院转来答辩人与被答辩人因________________纠纷一案的《应诉通知书》和《民事起诉状》副本及有关材料,现就被答辩人的诉讼请求,提出答辩意见如下:(答辩事由)
1.
2.</td></tr>
<tr><td>此致
×××人民法院
答辩人(姓名)
××××年×月×日
(加盖公章)
附:本答辩状副本×份</td></tr>
</table>

六、民事答辩状的注意事项

民事答辩状的两种格式只是答辩主体有区别,其他结构在内容上的写法基本相同。

(1)首部。标题为"民事答辩状",不可写作"答辩词",也不必写作"民事上诉(或申诉)答辩状"之类。在称谓"答辩人"之后,应括注"被上诉人"或"被申请(诉)人"(一审答辩状无须写明"被告")。案由的说明方法有两种,都是格式化的。案由之后,应另起一段转入答辩状的正文。

(2)正文。主要内容是写明答辩或意见,应针对起诉状、上诉状、再审申请书或申诉状的内容进行回答。态度应当实事求是,确有侵权行为予以承认,无侵权行为予以辩驳。

(3)尾部。内容包括括送法院名称、附注答辩状副本份数和有关证据情况、答辩人签署等。

拓展阅读

答辩期间和举证期限

答辩期间在前:法院在受理案件后,向原告、被告送达案件受理通知书、应诉通知书、举证通知书。立案之日起5日内发送起诉状副本给被告。被告如果提交答辩状,必须在收到副本15日内提出,此为答辩期间。管辖权异议应当在提交答辩状期间提出。

举证期限在后:①法院指定,不少于30日;②当事人协商经法院同意,可少于30日;法院依申请或职权,法院组织证据交换,证据较多或重大疑难案件,应组织在答辩期满后、开庭审理前交换证据。增加、变更诉讼请求或者提起反诉,必须在举证期限届满前提起。

拓展训练

【案情上接任务1拓展训练】被告电信公司辩称:欠原告100万元属实,但原告交付的房屋存在裂缝,属于质量问题,在无法确定房屋质量问题是否影响结构安全的情况下被告拒绝支付剩余购房款,不属于违约。被告申请对涉案房屋进行质量鉴定,如不影响结构安全,要求原告对涉案房屋进行维修并赔偿损失。

以被告公司的名义写一份答辩状,注意答辩状的格式。

任务3　拟写上诉状

任务目标

1. 知识目标

(1)了解上诉状的概念、特点、分类。

(2)掌握上诉状的结构和写法。

2. 能力目标

能够用正确的格式写上诉状。

任务情境

【当事人】原审被告:台州市华丰电器有限公司,住所地台州市南海区。

法定代表人李华生,总经理。

委托代理人孔约菲,台州正义律师事务所律师。

原审原告:许晓寒,男,汉族,住连州市。

【案情事实】许晓寒于入职当日即2013年2月19日与华丰电器有限公司签订了一份《试工协议书》。虽然许晓寒对该《试工协议书》上其本人的签名予以确认,华丰电器有限公司也在《试工协议书》上加盖了公章,但该《试工协议书》上前半部分显示的是公司规章制度,后半部分写明的主要是许晓寒的身份情况,工作岗位是手写填制,合同期限有更改的痕迹,劳动报酬也只表明是实行计件工资制。

华丰电器公司与许晓寒之间客观上不存在劳动合同,华丰电器有限公司只与许晓寒签订了一份《试工协议书》,该协议书并不具备劳动合同主要的、必备的条款。

【一审判决】南海区人民法院(2013)佛南法里民一初字第417号民事判决:依照《中华人民共和国劳动合同法》第17条、第38条第一款、第46条第一款第(一)项、第47条、第82条、《中华人民共和国民事诉讼法》第64条第一款之规定,判决:“一、被告华丰电器有限公司于本判决发生法律效力之日起十日内支付未签劳动合同二倍工资差额26 721元予原告许晓寒;二、华丰电器有限公司于本判决发生法律效力之日起十日内支付经济补偿金2 450元予原告许晓寒;三、驳回原告其余诉讼请求。如未按本判决指定的期间履行给付金钱义务,应当依照《中华人民共和国民事诉讼法》第253条之规定,加倍支付迟延履行期间的债务利息。本案受理费10元(缓交),由被告台州市南海区里水华丰电器有限公司负担,于本判决发生法律效力之日起七日内向本院缴纳。”

【上诉理由】华丰电器有限公司与许晓寒之间已经客观上存在书面劳动合同,不需要支付双倍工资。华丰电器有限公司属于加工、制造风扇电机配件的企业。因风扇这种产品具有季节性，一般在每年的7月份后为淡季，基本上没有订单，所以这类企业的用工期限均是每年春节后至当年7月前后。华丰电器有限公司与许晓寒于2013年2月19日签订了一份《华丰电器厂试工协议书》，该份协议书即华丰电器有限公司与许晓寒之间的劳动合同。该协议约定了用人单位的名称、劳动者基本情况、合同期限、工作内容（扎线）、劳动报酬（计件工作制）。签订试工协议书时，华丰电器有限公司向许晓寒送达单价表，用以计算劳动报酬。由此可见，《华丰电器厂试工协议书》及单价表体现出《劳动合同法》第17条第（一）、（二）、（三）、（四）、（六）款主要劳动合同条款，依照《劳动合同法》第19条第四款的规定，上述协议即为双方劳动合同，协议内的期限即为合同期限。综上，《华丰电器厂试工协议书》具备了劳动合同主要的、必备的条款，原审法院认定华丰电器有限公司与许晓寒之间无签订书面劳动合同错误，故华丰电器有限公司上诉请求：

一、撤销原审判决第一项，判令华丰电器有限公司无须向许晓寒支付二倍工资差额26 721元；二、本案案件受理费由许晓寒承担。

假如你是台州正义律师事务所律师孔约菲，根据以上情况为公司写一份上诉书。

任务要求

1. 范文阅读：体会各类章程、条例的写作格式；掌握章程的结构和写法。
2. 台阶训练：改正病文中的错误。
3. 拟写法律文书：完成领导交给的两项拟写任务。

任务实施

1. 范文阅读

民事上诉状

上诉人（原审被告）：吴州市银龙房地产开发有限公司，住所地吴州市吴江区××路××号。

法定代表人：宋泰福。

委托代理人：罗莹，系该公司员工。

被上诉人（原审原告）：许学冉，男，汉族，1987年8月15日出生，住吴州市吴江区×××路××号。

委托代理人：邵一红、王裕华，均系吴州金德律师事务所律师。

上诉人吴州市银龙房地产开发有限公司因商品房预售合同纠纷一案，不服吴州市吴江区人民法院驳回其管辖异议申请的（2013）（苏吴民初字第419号）民事裁定，现提出上诉。

上诉请求：

撤销原审裁定，驳回被上诉人的起诉。

事实和理由：

上诉人、被上诉人签订《商品房买卖合同》后，双方经过协商一致，已经达成以下口头约定,即因《商品房买卖合同》及相关附件而引起的一切争议,均提请吴州市仲裁委员会按照该会仲裁规则进行仲裁。因此,本案不应由人民法院管辖。

此　致

吴州市中级人民法院

上诉人:宋泰福

吴州市银龙房地产开发有限公司(签字或盖章)

2013 年 10 月 9 日

附件:1. 本上诉状副本 2 份

2. 证明材料 1 件

2. 台阶训练

指出下面上诉状存在的问题。

被上诉人:钟山雷(原审被告),男,1965 年×月×日出生,汉族,住连江县××路××号。

上诉人:陈玉衡(原审原告),男,1965 年×月×日出生,汉族,住新民市××路××号。

法律请求:

上诉人因合伙协议纠纷一案,不服××市浦南新区人民法院 2012 年 5 月 30 日作出的(2012)浦民二(商)初字第 128 号民事判决,现提出上诉。

一、请求撤销三江市浦东新区人民法院作出的(2012)浦民(商)初字第 128 号民事判决第二项,改判被上诉人向上诉人支付违约金 100 万元。

二、一审和二审案件诉讼费用由被上诉人负担。

法律理由

上诉人认为,一审法院认定事实不清,适用法律不当。是被上诉人严重违约导致了双方所签订的合伙协议的履行不能,上诉人已经按照合同的约定履行了自己的约定义务,因被上诉人的违约行为导致了上诉人的损失,应该对上诉人予以赔偿。其主要事实与理由如下:

一、在认定法律事实方面,一审法院犯有有证不认、对事实认定不准的错误。

第一,原审法院认定上诉人并未履行《联合生产"发牌机"合同》第二条之约定,造成了自身的在先违约,不应获得赔偿。其理由是该合同第二条约定了由于徐涛负责此产品"发牌机"的专利技术、电路板和线束,协助甲方检测产品质量和产品的更新换代,而于作涛并没有获得生产"发牌机"的发明专利权证书,所以是上诉人自身违约。

第二,在原审庭审中,被上诉人提供的反诉证材料中有一份关键证据材料"发牌机2007 年5 月至 10 月份采购入库汇总表",该份证据可以证明上诉人已经向被上诉人提供了符合要求的生产"发牌机"的核心技术的主板、芯片、光控、线束等,而原审法院对这一重要证据的质证予以疏漏。犯有有证不认的错误。

二、原审法院适用法律错误。

第一,原审法院认定上诉人构成违约是属于适用法律错误。从签订该合同的双方当事人本意可以明显看出,双方需要的仅仅是拥有能够生产出该项产品的技术秘密即可。

第二,原审法院认定被上诉人与上诉人同时构成违约属于对合同理解的错误。从合同的可实施性来看,本上诉人认为,此合同也是有履行先后顺序的,而不是原审法院所认定的应该同时履行。因为根据该合同中的第一、二条之约定,合同的第二条的履行应该是在以第一条完全履行为前提条件。《联合生产"发牌机"合同》第一条明确约定了由魏国财负责投入资金办厂，提供厂地、组织人员、工具、管理和销售、注册；第二条约定：由于作涛负责此产品“发牌机”的专利技术、电路板和线诉束，协助甲方检测产品质量和产品的更新换代；合同的第二条的履行（即上诉人履行该合同），必须有被上诉人已经完全履行第一条为前提，否则，上诉人就没有了去履行的对象。

综上所述：上诉人认为，原审法院有认定事实不清，适用法律不当的错误。根据《中华人民共和国民事诉讼法》第153条第一款第（二）、（三）项之规定，上诉人请求××市第一中级人民法院依法改判，支持上诉人的上诉请求。

此致

××市第一中级人民法院

原告人：陈玉衡

二〇一二年 六月三日

3. 拟写法律文书

以台州正义律师事务所律师孔约菲的名义为公司写一份上诉书。

任务评价

请老师或同学评价你的写作成果：

类型	标题评价	内容评价	格式评价	评价等第	评价人
上诉书拟写					

知识链接

一、上诉状的概念

上诉状是指当事人或其法定代理人，不服地方各级人民法院的第一审民事判决或裁定，依法向上级一人民法院上诉，请求重新审理案件而提出的一种诉讼文书。

二、上诉状的特点

上诉状具有下列特征：

（1）必须是诉讼当事人及其法定代理人提起的，别人无权提起。

（2）必须是对各级人民法院第一审裁判不服所提起的。

（3）必须依照法定程序和期限，向做出第一审裁判的上一级人民法院提起上诉。

三、上诉状的分类

根据案件性质可将上诉状分为刑事上诉状、民事上诉状、行政上诉状等。

四、民事上诉状的写法与格式

1. 民事上诉状的写法

（1）首部。标题：写“民事上诉状”“刑事上诉状”或者“行政上诉状”。

“当事人”栏：民事上诉状按上诉人、被上诉人的顺序列写他们的基本情况。列写的方法如下：

上诉人和被上诉人是公民的，写法是：先列上诉人姓名、性别、年龄、民族、籍贯、职业或职务、工作单位或住址。上诉人如有法定代理人或委托代理人的,紧接着另起一行列写:法定(或委托)代理人姓名、性别、年龄、民族、职业或职务、工作单位或住址、与上诉人的关系。代理人是律师的,只列写姓名、职务。上诉人列写后,列被上诉人姓名、性别、年龄、籍贯、职业或职务、单位或住址。特别注意应把当事人在一审中的诉讼地位加以备注。例如,“上诉人(一审被告)”“被上诉人(一审原告)”。

(2)上诉请求。上诉请求说明具体的请求目的,是要求撤销原审裁判,全部改变原审的处理决定,还是要求对原审裁判进行部分变更。民事案件,相对来说比刑事案件的情节还要复杂一些,因此,请求目的,更要写得明确、具体、详尽。想达到什么目的,就一针见血地提出来,不能含糊其辞地只说“请求上级法院予以照顾,适当变更原判”,或者是“请求上级法院给我做主”之类的空话。要把全部请求目的写出来,有几条就写几条,不要疏漏。如果考虑不周而出现疏漏,在上诉审理过程中再提出补充或变更诉讼请求,也是允许的。

(3)上诉理由。民事上诉状,主要是针对原审裁判说话,而不是针对对方当事人的;民事起诉状则完全是论述对方当事人的无理之处,这是上诉状和起诉状在写法上的根本区别。针对原审裁判,论证不服的理由,应从以下几个方面进行:

一是对原审认定事实错误的论证。着重提出原审裁判所认定的事实是全部错误,还是部分错误;说明客观事实真相究竟如何。上诉状中提出的与原认定的事实相对抗的客观事实真相必须举出确实充分的证据来加以证实。人民法院处理案件,首先是“以事实为根据”,只要能够把原审认定的事实全部或部分推翻,必然会导致其处理决定的全部或部分改变。

二是对原审确定性质不当的论证。这要具体指出其定性不当之处。民事案件同样存在着定性问题,也就是确定案由问题。如果定性不准,则处理上必然不当。

三是对原判适用实体法不当的论证。这就是指原判引用有关的实体法条文,或者是与案情事实不相适应,或者是在引用有关法律条文上存在着片面性,或者是曲解了法律条款等,以致造成处理不当。要举出有关法律条款,加以具体地分析论证。

四是对原审适用程序法不当,因而影响正确审判的论证。这是指原审在审理案件中,违反了程序法的规定,因此造成案件处理不当的,可以据实予以提出,以作为要求改变原审裁判的理由。如果原审在案件审理中,虽有违反程序法规定之处,但处理并无不当。则不应作为唯一的上诉理由。

总之,上诉理由部分,实际上是对原审裁判的一段驳论文字。我们要注意两点:第一,驳论要有理有据,措辞要得体,要采取摆事实、讲道理的态度,遣词用语切忌无限上纲;第二,对原审认定事实和适用法律的正确部分,也就是没有争议的部分,有原审裁判可供上级人民法院审阅,因此,在上诉状中一般无须重复叙述,也不必说明对这些部分表示同意,以免造成上诉状文字冗长。

(4)结束语。在写完上诉理由之后,就写结束语。通常的写法是:“综上所述,说明×××人民法院(或原审)所做的判决(或裁定)不当,特向你院上诉,请求撤销原判(或裁定),给予依法改判(或重新处理)。”

(5)尾部及附项。致送机关,可分三行写为“此致×××人民法院转报×××中级(或高级)人民法院”;也可直接写为“此致×××中级(或高级)人民法院”。

右下方写上诉人(签名或盖章),并注明年、月、日。

附项写明:①本上诉状副本×份;②证物××(名称)×件;③书证××(名称)×件。

2. 民事上诉状的格式

格式样本：

民事上诉状

上诉人：×××（写明姓名、性别、年龄、民族、籍贯、职业或者工作单位和职务、住址、联系电话）。
委托代理人：×××（写明姓名、性别、年龄、民族、籍贯、职业或者工作单位和职务、住址、联系电话）。
被上诉人：×××（写明姓名、性别、年龄、民族、籍贯、职业或者工作单位和职务、住址、联系电话）。
上诉人因________纠纷一案，不服________法院于________年________月________日________字第________号判决，现提出上诉。
上讼请求
事实和理由
证人姓名和住址，其他证据名称、来源
此　致 ____________________人民法院 起诉人：________（签字或盖章） ________年________月________日
附：1. 本上诉状副本________份 2. 证明材料________件

五、上诉状的注意事项

上诉请求，包括要求全部或部分撤销、变更原判决等内容。事实和理由部分，应全面陈述第一审人民法院在认定事实和适用法律上的不当或错误，以及程序违法方面的问题，提出所依据的事实和理由，包括在一审程序中未提供的事实、理由和证据。

拓展阅读

民事诉讼期限一览表

一、一审相关期限（28 项）	
1-1　诉讼时效	普通 2 年诉讼时效。自权利人知道或应该知道权利受侵害之日起算。（《民法通则》135 条） 1 年诉讼时效。身体受到伤害要求赔偿的、出售质量不合格的商品未声明的、延付或拒付租金的、寄存财物被丢失或毁损的。（《民法通则》136 条） 3 年诉讼时效。因环境污染损害赔偿提起诉讼的。（《环境保护法》42 条） 4 年诉讼时效。因国际货物买卖合同和技术进出口合同提出诉讼或仲裁的。（《合同法》129 条） 最长诉讼时效。从权利受侵害之日起 20 年。（《民法通则》137 条）

(续)

一、一审相关期限(28 项)	
1-2　申请财产保全	诉前财产保全。法院应在 48 小时内作出裁定,裁定保全的,应立即执行(申请人必须提供担保)。申请人应该在采取保全措施后 30 日内起诉。(《民诉》《民事诉讼法》101 条) 诉中财产保全。情况紧急的,法院应在 48 小时内作出裁定,裁定保全的,应该立即执行。(《民诉》100 条) 对财产保全或先予执行裁定不服的,可以申请复议一次。(《民诉》108 条)
1-3　申请证据保全	诉前证据保全。《商标法》58 条规定,法院必须在接到申请后 48 小时内做出裁定,同意的立即执行,申请人应在采取保全措施后 15 日内起诉。(《商标法》58 条) 诉中证据保全。民诉没有规定诉前证据保全,诉中申请证据保全,应当在举证期限届满前 7 日提出。证据保全未规定当事人有权申请复议。(《证据规定》(《最高人民法院关于民事诉讼证据的若干规定》)23 条)
1-4　立案	法院应在收到起诉状或口头起诉后 7 日内立案,立案庭应在决定立案的 3 日内移送审判庭。(《审限若干规定》(《最高人民法院关于严格执行案件审理期限制度的若干规定》)6、7 条)
1-5　申请先于执行	法院应当在受理案件后终审判决前采取(《民诉意见》106 条)
1-6　公告送达	国内。适用于受送达人下落不明或用其他方式无法送达的。自发出公告之日起经过 60 天的,视为送达。(《民诉》92 条) 涉外。适用于不能用其他方式送达的。自公告之日期满 3 个月。(民诉 267 条)
1-7　答辩期	国内。法院应在立案之日起 5 日内将起诉状副本送达被告,被告收到之日起 15 日内答辩,法院收到答辩之日起 5 日内发送原告(但被告提交的证据何时提交给原告没有明确规定)。(《民诉》125 条) 涉外。答辩期 30 日,并可申请延长。(《民诉》268 条)
1-8　管辖权异议	应在答辩期间内提出,法院应在收到异议之日起 15 日内作出书面裁定。对该裁定不服的,可以向上级法院提出上诉,上级法院应在 30 日内审结。(《民诉》127 条,经济审判工作中严格执行民诉的若干规定 5 条)
1-9　举证期限	由双方协商并经法院认可,法院指定的普通程序不少于 30 日,但经双方当事人同意,可以少于 30 日,前述举证时限届满后,基于特定事实法院酌情要求提供证据或反证的期限,不受 30 日限制。简易程序法院指定可以少于 30 日,当事人协商不超过 15 日。从收到受理通知书和应诉通知书次日计算。(《证据规定》33 条,《举证时限规定通知》1、2 条,《简易程序》规定(《最高人民法院关于适用简易程序审理民事案件的若干规定》)22 条)
1-10　简易转普通后举证期限	简易程序转为普通程序的,应该补足不少于 30 日的举证期限,但在征得当事人同意后可以少于 30 日。(《举证时限规定通知》2 条)
1-11　管辖权异议后举证期限	当事人在一审答辩期内提出管辖权异议的,人民法院应当在驳回当事人管辖权异议的裁定生效后,依照《证据规定》第 33 条第 3 款的规定,重新指定不少于 30 日的举证期限。但在征得当事人同意后,人民法院可以指定少于 30 日的举证期限。(《举证时限规定通知》3 条)
1-12　法院调查证据反证期间	人民法院依职权调查收集的证据提出相反证据的举证期限问题。人民法院依照《证据规定》第 15 条调查收集的证据在庭审中出示后,当事人要求提供相反证据的,人民法院可以酌情确定相应的举证期限。(《举证时限规定通知》4 条)
1-13　增加当事人举证期限	关于增加当事人时的举证期限问题。人民法院在追加当事人或者有独立请求权的第三人参加诉讼的情况下,应当依照《证据规定》第 33 条第 3 款的规定,为新参加诉讼的当事人指定举证期限。该举证期限适用于其他当事人。(《举证时限规定通知》5 条)

（续）

一、一审相关期限(28 项)	
1-14　申请延期举证	应在举证期限内提出，并可再次提出，延长的期限同样适用其他当事人。（《证据规定》36 条，《举证时限规定通知》6 条）
1-15　申请证人出庭	应在举证期限届满前 10 日提出（《证据规定》54 条） 简易程序的，应该在举证期限届满前提出。（《简易程序规定》12 条）
1-16　申请调查取证	申请法院调查取证应该在举证期限届满前 7 日提出，对法院决定不予取证的，应当向当事人送达通知书，当事人可在收到不予准许次日起 3 日内向受理法院书面申请复议，法院应在 5 日内作出答复。（《证据规定》19 条） 简易程序的，应该在举证期限届满前提出。（《简易程序规定》12 条）
1-17　申请鉴定	应在举证期限内提出，但符合证据规定 27 条规定情形的除外；鉴定机构、人员由双方协商，协商不成的，由法院指定。（《证据规定》25、26、27、28 条）27 条指对人民法院委托的鉴定有异议，申请重新鉴定的情形。28 条规定，乙方当事人自行委托有关部门作出的鉴定结论，另一方有证据足以反驳并申请重新鉴定的，法院应该准许
1-18　增加、变更诉讼请求或提出反诉期间	应在举证期限届满前提出，但在《证据规定》35 条规定的情形下，可以变更诉讼请求。35 条规定，当事人主张的法律关系的性质或者民事行为的效力与法院根据案件事实作出的认定不一致的，法院应当告知当事人可以变更诉讼请求。当事人变更诉讼请求的，人民法院应当重新指定举证期限。（《证据规定》34 条）根据《合同法司法解释（一）》第 30 条的规定，请求权竞合的情况下，债权人依据《合同法》122 条的规定起诉时作出选择后，在一审开庭以前又变更诉讼请求的，法院应该准许。（《合同法解释（一）》30 条）
1-19　变更诉讼请求或反诉后举证期限	人民法院应当根据案件的具体情况重新指定举证期限，当事人对期限有约定的，经法院认可。（《举证时限规定通知》7 条）
1-20　申请增加当事人的期限	对于申请增加当事人，没有明确规定在什么期限内提出，但是鉴于申请增加当事人必然涉及增加、变更诉讼请求。因此，应该在举证期限内提出。（《民诉意见》57 条）
1-21　证据交换	交换证据应该在答辩期满后，开庭审理前交换。（《证据规定》37 条） 法院组织证据交换的，交换之日举证期限届满。（《证据规定》38 条）
1-22　提交新证据	一、二审新证据。应当在开庭前或开庭时提出，当事人提交新证据，人民法院指定举证期限不受少于 30 日限制。（《证据规定》42 条，《举证时限规定通知》8 条） 再审新证据。应当在申请再审时提出（《证据规定》44 条、《民诉》200 条）
1-23　传唤期限	法院应当在开庭前 3 日用传票传唤当事人。对代理人应当用通知书通知到庭（对诉讼参与人没有规定提前多久通知）。传票传唤是按撤诉处理和缺席判决的前提条件。（《民诉意见》155 条）
1-24　申请回避	案件开始审理前提出，也可在法庭辩论终结前提出。法院应在提出后 3 日内以口头或书面的形式作出决定，当事人对决定不服的，可以在接到决定时申请复议，法院应在 3 日内对复议作出决定。（《民诉》45、47 条）
1-25　罚款、拘留复议	对民事罚款、拘留决定不服向上级法院申请复议的，审理期限为 5 日。（《审限若干规定》2 条，《民诉》116 条）
1-26　期限耽误后的补救	应在障碍消除后 10 日内向法院申请延期（《民诉》83 条）

(续)

一、一审相关期限(28 项)	
1-27 一审审限	普通程序。6 个月,经本院院长批准可延长 6 个月,还需延长的,报上级法院批准可以再延长 3 个月。 简易程序。3 个月。无延长规定,如超过三个月,则转为普通程序,从立案之日起计算审限。(《审限若干规定》8 条) 特别程序。30 日,经本院院长批准可以延长 30 天。 船舶碰撞、共同海损。1 年,经本院院长批准可以延长 6 个月。(《审限若干规定》2 条,《民诉》149、161 条,《民诉意见》170 条)
1-28 判决书送达期限	当庭宣判的,应当在 10 日内发送判决书 定期宣判的,宣判后立即发给判决书。(《民诉》148 条)
二、二审相关期限(3 项)	
2-1 上诉期间	对判决上诉。对判决的上诉期为 15 日 对裁定上诉。对裁定的上诉期为 10 日。(《民诉》164 条) 涉外案件。对判决、裁定上诉均为 30 日,并可申请延长。(《民诉》269 条)
2-2 上诉后法院移送案件期限	原审法院收到上诉状后,在 5 日内送达对方当事人,对方在收到上诉状后 15 日内提出答辩状,法院在收到答辩状后 5 日内送达上诉人;原审法院在收到上诉状、答辩状后,应在 5 日内连同全部案卷和证据报送二审法院。(《民诉》167 条) 即最迟在提交上诉状后 5 + 15 + 5 = 25 天
2-3 二审审限	对判决上诉。审理期限为 3 个月,经本院院长批准可以延长三个月 对裁定的上诉。审理期限为 30 日。(《审限若干规定》第 2 条,《民诉》176 条)

拓展训练

【案情接任务 2】

法院审理,虽涉案房屋存在裂缝,但经鉴定该裂缝并不影响主体结构安全与使用,被告以此不给付购房款理由不能成立。关于维修问题,双方合同仅约定,原告对房屋存在的裂缝负有保修义务,被告可要求原告给予维修,若原告拒绝履行义务,被告可另行委托他人维修并就产生的费用再行主张权利。因调解不成,综上,依照《中华人民共和国合同法》第 8 条、第 114 条、第 130 条、第 159 条和《中华人民共和国民事诉讼法》第 142 条的规定,判决如下:

一、被告电信公司于本判决生效之日起 10 日内给付原告房地产公司购房款 1 000 000 元及违约金(以 1 000 000 元为基数,从 2016 年 4 月 1 日起按日万分之三计算至给付之日止)。

二、驳回原告的其他诉讼请求。

案件受理费 13 800 元,由被告负担(原告已预付,待被告履行义务时一并给付原告)。

如不服本判决,可在判决书送达之日起 15 日内,向本院递交上诉状,并按对方当事人人数提出副本,上诉于市中级人民法院,同时向该院预交上诉案件受理费 13 800 元(户名:市财政局国库处;开户行:中国农业银行柳城支行;账号:960101040004780;征收单位:柳城市中级人民法院)。

2016 年 12 月 14 日，经原被告双方协商一致，由原告委托房屋安全鉴定有限公司对涉案房屋能否安全使用进行鉴定。2017 年 1 月 21 日，房屋安全鉴定有限公司出具房屋安全鉴定书，鉴定结论为：鉴定对象正常使用性评定为 C 级，显著影响承载功能和使用功能。原告在加固之前拒绝支付 100 万元，并提起上诉。

以此理由，写一份上诉书，注意上诉书的格式。

附　录

附录 A

中共中央办公厅　国务院办公厅
关于印发《党政机关公文处理工作条例》的通知

中办发〔2012〕14 号

各省、自治区、直辖市党委和人民政府，中央和国家机关各部委，解放军各总部、各大单位，各人民团体：

《党政机关公文处理工作条例》已经党中央、国务院同意，现印发给你们，请遵照执行。

中共中央办公厅
国务院办公厅
二〇一二年四月十六日

党政机关公文处理工作条例

第一章　总则

第一条　为了适应中国共产党机关和国家行政机关（以下简称党政机关）工作需要，推进党政机关公文处理工作科学化、制度化、规范化，制定本条例。

第二条　本条例适用于各级党政机关公文处理工作。

第三条　党政机关公文是党政机关实施领导、履行职能、处理公务的具有特定效力和规范体式的文书，是传达贯彻党和国家方针政策，公布法规和规章，指导、布置和商洽工作，请示和答复问题，报告、通报和交流情况等的重要工具。

第四条　公文处理工作是指公文拟制、办理、管理等一系列相互关联、衔接有序的工作。

第五条　公文处理工作应当坚持实事求是、准确规范、精简高效、安全保密的原则。

第六条　各级党政机关应当高度重视公文处理工作，加强组织领导，强化队伍建设，设立文秘部门或者由专人负责公文处理工作。

第七条　各级党政机关办公厅（室）主管本机关的公文处理工作，并对下级机关的公文处理工作进行业务指导和督促检查。

第二章　公文种类

第八条　公文种类主要有：

（一）决议。适用于会议讨论通过的重大决策事项。

（二）决定。适用于对重要事项作出决策和部署、奖惩有关单位和人员、变更或者撤销下级机关不适当的决定事项。

（三）命令（令）。适用于公布行政法规和规章、宣布施行重大强制性措施、批准授予和晋升衔级、嘉奖有关单位和人员。

（四）公报。适用于公布重要决定或者重大事项。

（五）公告。适用于向国内外宣布重要事项或者法定事项。

（六）通告。适用于在一定范围内公布应当遵守或者周知的事项。

（七）意见。适用于对重要问题提出见解和处理办法。

（八）通知。适用于发布、传达要求下级机关执行和有关单位周知或者执行的事项，批转、转发公文。

（九）通报。适用于表彰先进、批评错误、传达重要精神和告知重要情况。

（十）报告。适用于向上级机关汇报工作、反映情况，回复上级机关的询问。

（十一）请示。适用于向上级机关请求指示、批准。

（十二）批复。适用于答复下级机关请示事项。

（十三）议案。适用于各级人民政府按照法律程序向同级人民代表大会或者人民代表大会常务委员会提请审议事项。

（十四）函。适用于不相隶属机关之间商洽工作、询问和答复问题、请求批准和答复审批事项。

（十五）纪要。适用于记载会议主要情况和议定事项。

第三章　公文格式

第九条　公文一般由份号、密级和保密期限、紧急程度、发文机关标志、发文字号、签发人、标题、主送机关、正文、附件说明、发文机关署名、成文日期、印章、附注、附件、抄送机关、印发机关和印发日期、页码等组成。

（一）份号。公文印制份数的顺序号。涉密公文应当标注份号。

（二）密级和保密期限。公文的秘密等级和保密的期限。涉密公文应当根据涉密程度分别标注“绝密”“机密”“秘密”和保密期限。

（三）紧急程度。公文送达和办理的时限要求。根据紧急程度，紧急公文应当分别标注“特急”“加急”，电报应当分别标注“特提”“特急”“加急”“平急”。

（四）发文机关标志。由发文机关全称或者规范化简称加“文件”二字组成，也可以使用发文机关全称或者规范化简称。联合行文时，发文机关标志可以并用联合发文机关名称，也可以单独用主办机关名称。

（五）发文字号。由发文机关代字、年份、发文顺序号组成。联合行文时，使用主办机关的发文字号。

（六）签发人。上行文应当标注签发人姓名。

（七）标题。由发文机关名称、事由和文种组成。

（八）主送机关。公文的主要受理机关，应当使用机关全称、规范化简称或者同类型机关统称。

（九）正文。公文的主体，用来表述公文的内容。

（十）附件说明。公文附件的顺序号和名称。

（十一）发文机关署名。署发文机关全称或者规范化简称。

（十二）成文日期。署会议通过或者发文机关负责人签发的日期。联合行文时，署最后签发机关负责人签发的日期。

(十三)印章。公文中有发文机关署名的,应当加盖发文机关印章,并与署名机关相符。有特定发文机关标志的普发性公文和电报可以不加盖印章。

(十四)附注。公文印发传达范围等需要说明的事项。

(十五)附件。公文正文的说明、补充或者参考资料。

(十六)抄送机关。除主送机关外需要执行或者知晓公文内容的其他机关,应当使用机关全称、规范化简称或者同类型机关统称。

(十七)印发机关和印发日期。公文的送印机关和送印日期。

第十条 公文的版式按照《党政机关公文格式》国家标准执行。

第十一条 公文使用的汉字、数字、外文字符、计量单位和标点符号等,按照有关国家标准和规定执行。民族自治地方的公文,可以并用汉字和当地通用的少数民族文字。

第十二条 公文用纸幅面采用国际标准 A4 型。特殊形式的公文用纸幅面,根据实际需要确定。

第四章 行文规则

第十三条 行文应当确有必要,讲求实效,注重针对性和可操作性。

第十四条 行文关系根据隶属关系和职权范围确定。一般不得越级行文,特殊情况需要越级行文的,应当同时抄送被越过的机关。

第十五条 向上级机关行文,应当遵循以下规则:

(一)原则上主送一个上级机关,根据需要同时抄送相关上级机关和同级机关,不抄送下级机关。

(二)党委、政府的部门向上级主管部门请示、报告重大事项,应当经本级党委、政府同意或者授权;属于部门职权范围内的事项应当直接报送上级主管部门。

(三)下级机关的请示事项,如需以本机关名义向上级机关请示,应当提出倾向性意见后上报,不得原文转报上级机关。

(四)请示应当一文一事。不得在报告等非请示性公文中夹带请示事项。

(五)除上级机关负责人直接交办事项外,不得以本机关名义向上级机关负责人报送公文,不得以本机关负责人名义向上级机关报送公文。

(六)受双重领导的机关向一个上级机关行文,必要时抄送另一个上级机关。

第十六条 向下级机关行文,应当遵循以下规则:

(一)主送受理机关,根据需要抄送相关机关。重要行文应当同时抄送发文机关的直接上级机关。

(二)党委、政府的办公厅(室)根据本级党委、政府授权,可以向下级党委、政府行文,其他部门和单位不得向下级党委、政府发布指令性公文或者在公文中向下级党委、政府提出指令性要求。需经政府审批的具体事项,经政府同意后可以由政府职能部门行文,文中须注明已经政府同意。

(三)党委、政府的部门在各自职权范围内可以向下级党委、政府的相关部门行文。

(四)涉及多个部门职权范围内的事务,部门之间未协商一致的,不得向下行文;擅自行文的,上级机关应当责令其纠正或者撤销。

(五)上级机关向受双重领导的下级机关行文,必要时抄送该下级机关的另一个上级机关。

第十七条 同级党政机关、党政机关与其他同级机关必要时可以联合行文。属于党委、政府各自职权范围内的工作,不得联合行文。党委、政府的部门依据职权可以相互行文。部门内设机构除办公厅(室)外不得对外正式行文。

第五章 公文拟制

第十八条 公文拟制包括公文的起草、审核、签发等程序。

第十九条 公文起草应当做到:

(一)符合国家法律法规和党的路线方针政策,完整准确体现发文机关意图,并同现行有关公文相衔接。

(二)一切从实际出发,分析问题实事求是,所提政策措施和办法切实可行。

(三)内容简洁,主题突出,观点鲜明,结构严谨,表述准确,文字精炼。

(四)文种正确,格式规范。

(五)深入调查研究,充分进行论证,广泛听取意见。

(六)公文涉及其他地区或者部门职权范围内的事项,起草单位必须征求相关地区或者部门意见,力求达成一致。

(七)机关负责人应当主持、指导重要公文起草工作。

第二十条 公文文稿签发前,应当由发文机关办公厅(室)进行审核。审核的重点是:

(一)行文理由是否充分,行文依据是否准确。

(二)内容是否符合国家法律法规和党的路线方针政策;是否完整准确体现发文机关意图;是否同现行有关公文相衔接;所提政策措施和办法是否切实可行。

(三)涉及有关地区或者部门职权范围内的事项是否经过充分协商并达成一致意见。

(四)文种是否正确,格式是否规范;人名、地名、时间、数字、段落顺序、引文等是否准确;文字、数字、计量单位和标点符号等用法是否规范。

(五)其他内容是否符合公文起草的有关要求。需要发文机关审议的重要公文文稿,审议前由发文机关办公厅(室)进行初核。

第二十一条 经审核不宜发文的公文文稿,应当退回起草单位并说明理由;符合发文条件但内容需作进一步研究和修改的,由起草单位修改后重新报送。

第二十二条 公文应当经本机关负责人审批签发。重要公文和上行文由机关主要负责人签发。党委、政府的办公厅(室)根据党委、政府授权制发的公文,由受权机关主要负责人签发或者按照有关规定签发。签发人签发公文,应当签署意见、姓名和完整日期;圈阅或者签名的,视为同意。联合发文由所有联署机关的负责人会签。

第六章 公文办理

第二十三条 公文办理包括收文办理、发文办理和整理归档。

第二十四条 收文办理主要程序是:

(一)签收。对收到的公文应当逐件清点,核对无误后签字或者盖章,并注明签收时间。

(二)登记。对公文的主要信息和办理情况应当详细记载。

(三)初审。对收到的公文应当进行初审。初审的重点是:是否应当由本机关办理,是否符合行文规则,文种、格式是否符合要求,涉及其他地区或者部门职权范围内的事项是否已经协商、会签,是否符合公文起草的其他要求。经初审不符合规定的公文,应当及时退回来文单位并说明理由。

(四)承办。阅知性公文应当根据公文内容、要求和工作需要确定范围后分送。批办性公文应当提出拟办意见报本机关负责人批示或者转有关部门办理;需要两个以上部门办理的,应当明确主办部门。紧急公文应当明确办理时限。承办部门对交办的公文应当及时办理,有明确办理时限要求的应当在规定时限内办理完毕。

(五)传阅。根据领导批示和工作需要将公文及时送传阅对象阅知或者批示。办理公文传阅应当随时掌握公文去向,不得漏传、误传、延误。

(六)催办。及时了解掌握公文的办理进展情况,督促承办部门按期办结。紧急公文或者重要公文应当由专人负责催办。

(七)答复。公文的办理结果应当及时答复来文单位,并根据需要告知相关单位。

第二十五条 发文办理主要程序是:

(一)复核。已经发文机关负责人签批的公文,印发前应当对公文的审批手续、内容、文种、格式等进行复核;需作实质性修改的,应当报原签批人复审。

(二)登记。对复核后的公文,应当确定发文字号、分送范围和印制份数并详细记载。

(三)印制。公文印制必须确保质量和时效。涉密公文应当在符合保密要求的场所印制。

(四)核发。公文印制完毕,应当对公文的文字、格式和印刷质量进行检查后分发。

第二十六条 涉密公文应当通过机要交通、邮政机要通信、城市机要文件交换站或者收发件机关机要收发人员进行传递,通过密码电报或者符合国家保密规定的计算机信息系统进行传输。

第二十七条 需要归档的公文及有关材料,应当根据有关档案法律法规以及机关档案管理规定,及时收集齐全、整理归档。两个以上机关联合办理的公文,原件由主办机关归档,相关机关保存复制件。机关负责人兼任其他机关职务的,在履行所兼职务过程中形成的公文,由其兼职机关归档。

第七章 公文管理

第二十八条 各级党政机关应当建立健全本机关公文管理制度,确保管理严格规范,充分发挥公文效用。

第二十九条 党政机关公文由文秘部门或者专人统一管理。设立党委(党组)的县级以上单位应当建立机要保密室和机要阅文室,并按照有关保密规定配备工作人员和必要的安全保密设施设备。

第三十条 公文确定密级前,应当按照拟定的密级先行采取保密措施。确定密级后,应当按照所定密级严格管理。绝密级公文应当由专人管理。公文的密级需要变更或者解除的,由原确定密级的机关或者其上级机关决定。

第三十一条 公文的印发传达范围应当按照发文机关的要求执行;需要变更的,应当经发文机关批准。涉密公文公开发布前应当履行解密程序。公开发布的时间、形式和渠道,由发文机关确定。经批准公开发布的公文,同发文机关正式印发的公文具有同等效力。

第三十二条 复制、汇编机密级、秘密级公文,应当符合有关规定并经本机关负责人批准。绝密级公文一般不得复制、汇编,确有工作需要的,应当经发文机关或者其上级机关批准。复制、汇编的公文视同原件管理。复制件应当加盖复制机关戳记。翻印件应当注明翻印的机关名称、日期。汇编本的密级按照编入公文的最高密级标注。汇编,确有工作需要的,应当经发文机关或者其上级机关批准。复制、汇编的公文视同原件管理。

第三十三条 公文的撤销和废止，由发文机关、上级机关或者权力机关根据职权范围和有关法律法规决定。公文被撤销的，视为自始无效；公文被废止的，视为自废止之日起失效。

第三十四条 涉密公文应当按照发文机关的要求和有关规定进行清退或者销毁。

第三十五条 不具备归档和保存价值的公文，经批准后可以销毁。销毁涉密公文必须严格按照有关规定履行审批登记手续，确保不丢失、不漏销。个人不得私自销毁、留存涉密公文。

第三十六条 机关合并时，全部公文应当随之合并管理；机关撤销时，需要归档的公文经整理后按照有关规定移交档案管理部门。工作人员离岗离职时，所在机关应当督促其将暂存、借用的公文按照有关规定移交、清退。

第三十七条 新设立的机关应当向本级党委、政府的办公厅（室）提出发文立户申请。经审查符合条件的，列为发文单位，机关合并或者撤销时，相应进行调整。

第八章　附　　则

第三十八条 党政机关公文含电子公文。电子公文处理工作的具体办法另行制定。

第三十九条 法规、规章方面的公文，依照有关规定处理。外事方面的公文，依照外事主管部门的有关规定处理。

第四十条 其他机关和单位的公文处理工作，可以参照本条例执行。

第四十一条 本条例由中共中央办公厅、国务院办公厅负责解释。

第四十二条 本条例自 2012 年 7 月 1 日起施行。1996 年 5 月 3 日中共中央办公厅发布的《中国共产党机关公文处理条例》和 2000 年 8 月 24 日国务院发布的《国家行政机关公文处理办法》停止执行。

二〇一二年四月十二日

附录 B

党政机关公文格式

（GB/T 9704—2012）

1　范围

本标准规定了党政机关公文通用的纸张要求、排版和印制装订要求、公文格式各要素的编排规则，并给出了公文的式样。

本标准适用于各级党政机关制发的公文。其他机关和单位的公文可以参照执行。

使用少数民族文字印制的公文，其用纸、幅面尺寸及版面、印制等要求按照本标准执行，其余可以参照本标准并按照有关规定执行。

2　规范性引用文件

下列文件对于本标准的应用是必不可少的。凡是注日期的引用文件，仅所注日期的版本适用于本标准。凡是不注日期的引用文件，其最新版本（包括所有的修改单）适用于本标准。

GB/T 148　印刷、书写和绘图纸幅面尺寸

GB 3100　国际单位制及其应用

GB 3101　有关量、单位和符号的一般原则

GB 3102（所有部分）量和单位

GB/T 15834　标点符号用法

GB/T 15835　出版物上数字用法

3　术语和定义

下列术语和定义适用于本标准。

3.1

字　word

标示公文中横向距离的长度单位。在本标准中，一字指一个汉字宽度的距离。

3.2

行　line

标示公文中纵向距离的长度单位。在本标准中，一行指一个汉字的高度加 3 号汉字高度的 7/8 的距离。

4　公文用纸主要技术指标

公文用纸一般使用纸张定量为 60 g/m^2 ~ 80 g/m^2 的胶版印刷纸或复印纸。纸张白度

80% ~90%，横向耐折度≥15 次，不透明度≥85%，pH 值为 7.5 ~9.5。

5 公文用纸幅面尺寸及版面要求

5.1 幅面尺寸

公文用纸采用 GB/T 148 中规定的 A4 型纸，其成品幅面尺寸为：210 mm×297 mm。

5.2 版面

5.2.1 页边与版心尺寸

公文用纸天头（上白边）为 37 mm±1 mm，公文用纸订口（左白边）为 28 mm±1 mm，版心尺寸为 156 mm×225 mm。

5.2.2 字体和字号

如无特殊说明，公文格式各要素一般用 3 号仿宋体字。特定情况可以作适当调整。

5.2.3 行数和字数

一般每面排 22 行，每行排 28 个字，并撑满版心。特定情况可以作适当调整。

5.2.4 文字的颜色

如无特殊说明，公文中文字的颜色均为黑色。

6 印制装订要求

6.1 制版要求

版面干净无底灰，字迹清楚无断划，尺寸标准，版心不斜，误差不超过 1 mm。

6.2 印刷要求

双面印刷；页码套正，两面误差不超过 2 mm。黑色油墨应当达到色谱所标 BL100%，红色油墨应当达到色谱所标 Y80%、M80%。印品着墨实、均匀；字面不花、不白、无断划。

6.3 装订要求

公文应当左侧装订，不掉页，两页页码之间误差不超过 4 mm，裁切后的成品尺寸允许误差±2 mm，四角成 90°，无毛茬或缺损。

骑马订或平订的公文应当：

a）订位为两钉外订眼距版面上下边缘各 70 mm 处，允许误差±4 mm；

b）无坏钉、漏钉、重钉，钉脚平伏牢固；

c）骑马订钉锯均订在折缝线上，平订钉锯与书脊间的距离为 3 mm~5 mm。

包本装订公文的封皮（封面、书脊、封底）与书芯应吻合、包紧、包平、不脱落。

7 公文格式各要素编排规则

7.1 公文格式各要素的划分

本标准将版心内的公文格式各要素划分为版头、主体、版记三部分。公文首页红色分隔线以上的部分称为版头；公文首页红色分隔线（不含）以下、公文末页首条分隔线（不含）以上的部分称为主体；公文末页首条分隔线以下、末条分隔线以上的部分称为版记。

页码位于版心外。

7.2 版头

7.2.1 份号

如需标注份号，一般用 6 位 3 号阿拉伯数字，顶格编排在版心左上角第一行。

7.2.2 密级和保密期限

如需标注密级和保密期限，一般用 3 号黑体字，顶格编排在版心左上角第二行；保密期限中的数字用阿拉伯数字标注。

7.2.3　紧急程度

如需标注紧急程度,一般用3号黑体字,顶格编排在版心左上角;如需同时标注份号、密级和保密期限、紧急程度,按照份号、密级和保密期限、紧急程度的顺序自上而下分行排列。

7.2.4　发文机关标志

由发文机关全称或者规范化简称加"文件"二字组成,也可以使用发文机关全称或者规范化简称。

发文机关标志居中排布,上边缘至版心上边缘为35 mm,推荐使用小标宋体字,颜色为红色,以醒目、美观、庄重为原则。

联合行文时,如需同时标注联署发文机关名称,一般应当将主办机关名称排列在前;如有"文件"二字,应当置于发文机关名称右侧,以联署发文机关名称为准上下居中排布。

7.2.5　发文字号

编排在发文机关标志下空二行位置,居中排布。年份、发文顺序号用阿拉伯数字标注;年份应标全称,用六角括号"〔〕"括入;发文顺序号不加"第"字,不编虚位(即1不编为01),在阿拉伯数字后加"号"字。

上行文的发文字号居左空一字编排,与最后一个签发人姓名处在同一行。

7.2.6　签发人

由"签发人"三字加全角冒号和签发人姓名组成,居右空一字,编排在发文机关标志下空二行位置。"签发人"三字用3号仿宋体字,签发人姓名用3号楷体字。

如有多个签发人,签发人姓名按照发文机关的排列顺序从左到右、自上而下依次均匀编排,一般每行排两个姓名,回行时与上一行第一个签发人姓名对齐。

7.2.7　版头中的分隔线

发文字号之下4 mm处居中印一条与版心等宽的红色分隔线。

7.3　主体

7.3.1　标题

一般用2号小标宋体字,编排于红色分隔线下空二行位置,分一行或多行居中排布;回行时,要做到词意完整,排列对称,长短适宜,间距恰当,标题排列应当使用梯形或菱形。

7.3.2　主送机关

编排于标题下空一行位置,居左顶格,回行时仍顶格,最后一个机关名称后标全角冒号。如主送机关名称过多导致公文首页不能显示正文时,应当将主送机关名称移至版记,标注方法见7.4.2。

7.3.3　正文

公文首页必须显示正文。一般用3号仿宋体字,编排于主送机关名称下一行,每个自然段左空二字,回行顶格。文中结构层次序数依次可以用"一、""(一)""1.""(1)"标注;一般第一层用黑体字、第二层用楷体字、第三层和第四层用仿宋体字标注。

7.3.4　附件说明

如有附件,在正文下空一行左空二字编排"附件"二字,后标全角冒号和附件名称。如有多个附件,使用阿拉伯数字标注附件顺序号(如"附件:1. ×××××");附件名称后不加标点符号。附件名称较长需回行时,应当与上一行附件名称的首字对齐。

7.3.5 发文机关署名、成文日期和印章

7.3.5.1 加盖印章的公文

成文日期一般右空四字编排，印章用红色，不得出现空白印章。

单一机关行文时，一般在成文日期之上、以成文日期为准居中编排发文机关署名，印章端正、居中下压发文机关署名和成文日期，使发文机关署名和成文日期居印章中心偏下位置，印章顶端应当上距正文（或附件说明）一行之内。

联合行文时，一般将各发文机关署名按照发文机关顺序整齐排列在相应位置，并将印章一一对应、端正、居中下压发文机关署名，最后一个印章端正、居中下压发文机关署名和成文日期，印章之间排列整齐、互不相交或相切，每排印章两端不得超出版心，首排印章顶端应当上距正文（或附件说明）一行之内。

7.3.5.2 不加盖印章的公文

单一机关行文时，在正文（或附件说明）下空一行右空二字编排发文机关署名，在发文机关署名下一行编排成文日期，首字比发文机关署名首字右移二字，如成文日期长于发文机关署名，应当使成文日期右空二字编排，并相应增加发文机关署名右空字数。

联合行文时，应当先编排主办机关署名，其余发文机关署名依次向下编排。

7.3.5.3 加盖签发人签名章的公文

单一机关制发的公文加盖签发人签名章时，在正文（或附件说明）下空二行右空四字加盖签发人签名章，签名章左空二字标注签发人职务，以签名章为准上下居中排布。在签发人签名章下空一行右空四字编排成文日期。

联合行文时，应当先编排主办机关签发人职务、签名章，其余机关签发人职务、签名章依次向下编排，与主办机关签发人职务、签名章上下对齐；每行只编排一个机关的签发人职务、签名章；签发人职务应当标注全称。

签名章一般用红色。

7.3.5.4 成文日期中的数字

用阿拉伯数字将年、月、日标全，年份应标全称，月、日不编虚位（即 1 不编为 01）。

7.3.5.5 特殊情况说明

当公文排版后所剩空白处不能容下印章或签发人签名章、成文日期时，可以采取调整行距、字距的措施解决。

7.3.6 附注

如有附注，居左空二字加圆括号编排在成文日期下一行。

7.3.7 附件

附件应当另面编排，并在版记之前，与公文正文一起装订。“附件”二字及附件顺序号用 3 号黑体字顶格编排在版心左上角第一行。附件标题居中编排在版心第三行。附件顺序号和附件标题应当与附件说明的表述一致。附件格式要求同正文。

如附件与正文不能一起装订，应当在附件左上角第一行顶格编排公文的发文字号并在其后标注“附件”二字及附件顺序号。

7.4 版记

7.4.1 版记中的分隔线

版记中的分隔线与版心等宽，首条分隔线和末条分隔线用粗线（推荐高度为 0.35 mm），

中间的分隔线用细线(推荐高度为0.25 mm)。首条分隔线位于版记中第一个要素之上,末条分隔线与公文最后一面的版心下边缘重合。

7.4.2 抄送机关

如有抄送机关,一般用4号仿宋体字,在印发机关和印发日期之上一行、左右各空一字编排。“抄送”二字后加全角冒号和抄送机关名称,回行时与冒号后的首字对齐,最后一个抄送机关名称后标句号。

如需把主送机关移至版记,除将“抄送”二字改为“主送”外,编排方法同抄送机关。既有主送机关又有抄送机关时,应当将主送机关置于抄送机关之上一行,之间不加分隔线。

7.4.3 印发机关和印发日期

印发机关和印发日期一般用4号仿宋体字,编排在末条分隔线之上,印发机关左空一字,印发日期右空一字,用阿拉伯数字将年、月、日标全,年份应标全称,月、日不编虚位(即1不编为01),后加“印发”二字。

版记中如有其他要素,应当将其与印发机关和印发日期用一条细分隔线隔开。

7.5 页码

一般用4号半角宋体阿拉伯数字,编排在公文版心下边缘之下,数字左右各放一条一字线;一字线上距版心下边缘7 mm。单页码居右空一字,双页码居左空一字。公文的版记页前有空白页的,空白页和版记页均不编排页码。公文的附件与正文一起装订时,页码应当连续编排。

8 公文中的横排表格

A4纸型的表格横排时,页码位置与公文其他页码保持一致,单页码表头在订口一边,双页码表头在切口一边。

9 公文中计量单位、标点符号和数字的用法

公文中计量单位的用法应当符合GB 3100、GB 3101和GB 3102(所有部分),标点符号的用法应当符合GB/T 15834,数字用法应当符合GB/T 15835。

10 公文的特定格式

10.1 信函格式

发文机关标志使用发文机关全称或者规范化简称,居中排布,上边缘至上页边为30 mm,推荐使用红色小标宋体字。联合行文时,使用主办机关标志。

发文机关标志下4 mm处印一条红色双线(上粗下细),距下页边20 mm处印一条红色双线(上细下粗),线长均为170 mm,居中排布。

如需标注份号、密级和保密期限、紧急程度,应当顶格居版心左边缘编排在第一条红色双线下,按照份号、密级和保密期限、紧急程度的顺序自上而下分行排列,第一个要素与该线的距离为3号汉字高度的7/8。

发文字号顶格居版心右边缘编排在第一条红色双线下,与该线的距离为3号汉字高度的7/8。

标题居中编排,与其上最后一个要素相距二行。

第二条红色双线上一行如有文字,与该线的距离为3号汉字高度的7/8。

首页不显示页码。

版记不加印发机关和印发日期、分隔线,位于公文最后一面版心内最下方。

10.2　命令(令)格式

发文机关标志由发文机关全称加“命令”或“令”字组成，居中排布，上边缘至版心上边缘为 20 mm，推荐使用红色小标宋体字。

发文机关标志下空二行居中编排令号，令号下空二行编排正文。

签发人职务、签名章和成文日期的编排见 7.3.5.3。

10.3　纪要格式

纪要标志由“×××××纪要”组成，居中排布，上边缘至版心上边缘为 35 mm，推荐使用红色小标宋体字。

标注出席人员名单，一般用 3 号黑体字，在正文或附件说明下空一行左空二字编排“出席”二字，后标全角冒号，冒号后用 3 号仿宋体字标注出席人单位、姓名，回行时与冒号后的首字对齐。

标注请假和列席人员名单，除依次另起一行并将“出席”二字改为“请假”或“列席”外，编排方法同出席人员名单。

纪要格式可以根据实际制定。

11　式样

A4 型公文用纸页边及版心尺寸见附图 B-1；公文首页版式见附图 B-2；联合行文公文首页版式 1 见附图 B-3；联合行文公文首页版式 2 见附图 B-4；公文末页版式 1 见附图 B-5；公文末页版式 2 见附图 B-6；联合行文公文末页版式 1 见附图 B-7；联合行文公文末页版式 2 见附图 B-8；附件说明页版式见附图 B-9；带附件公文末页版式见附图 B-10；信函格式首页版式见附图 B-11；命令(令)格式首页版式见附图 B-12。

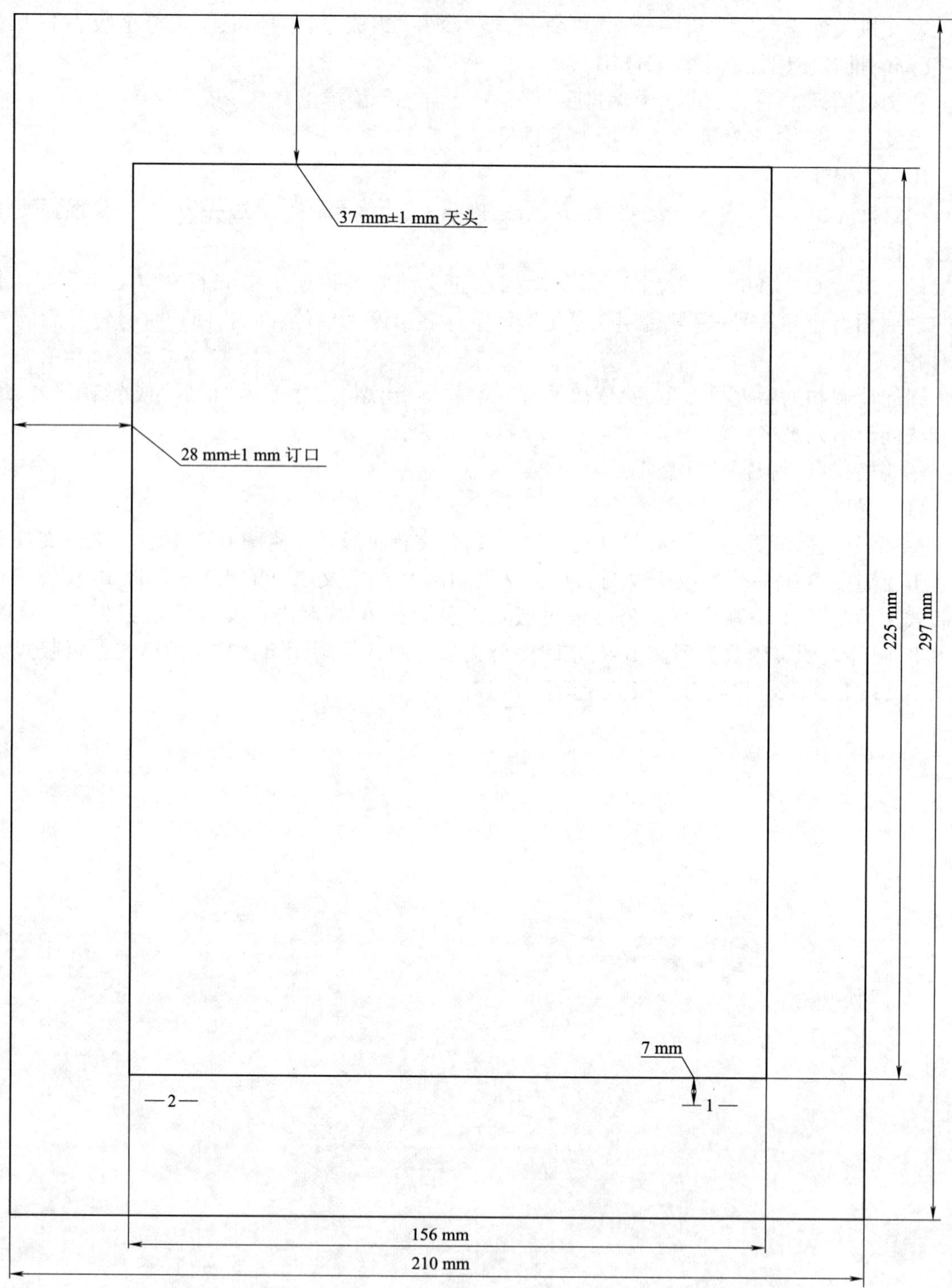

附图B-1　A4型公文用纸页边及版心尺寸

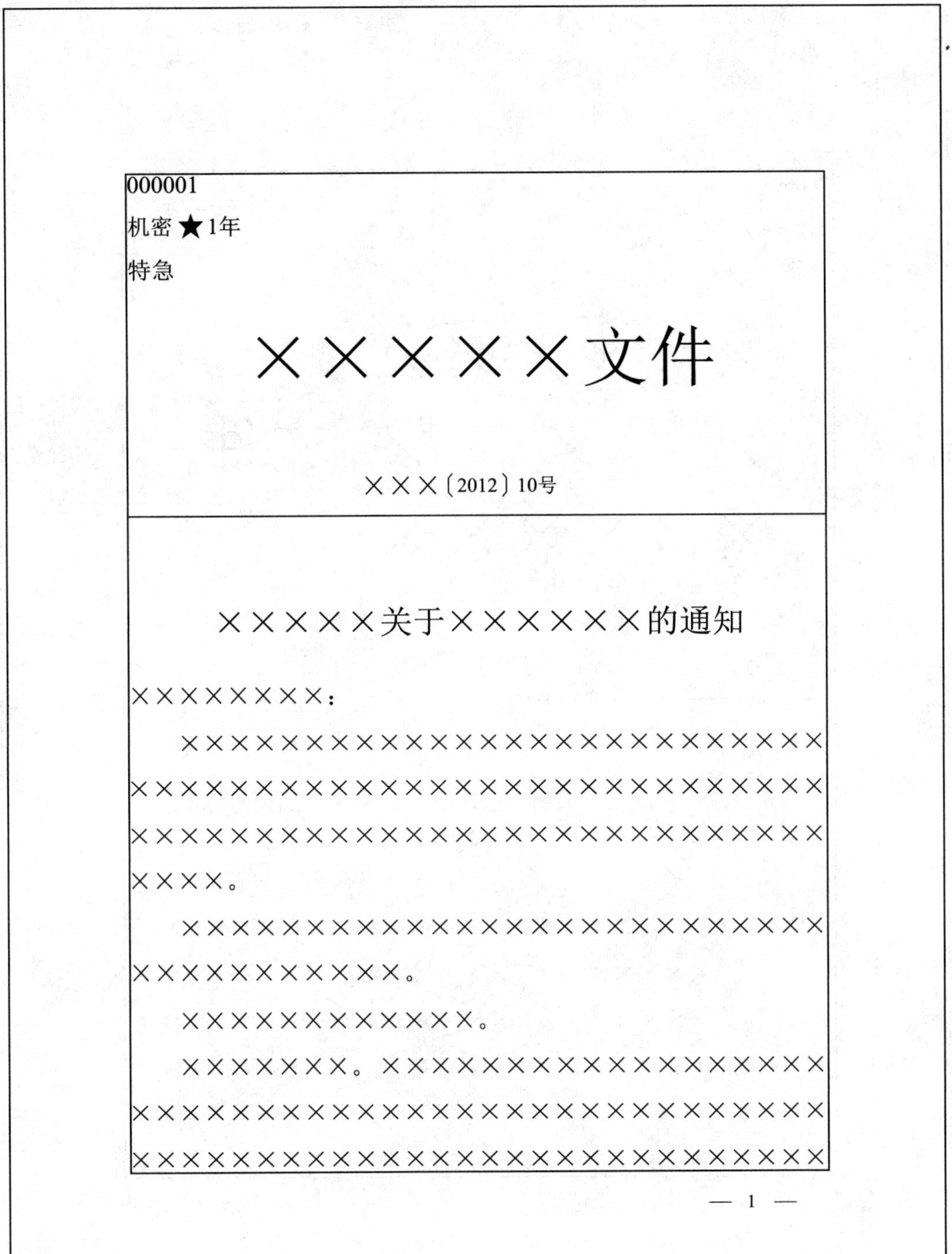

000001
机密★1年
特急

×××××文件

×××〔2012〕10号

×××××关于××××××的通知

××××××××：

××。

××。

××××××××××××。

×××××××。×××

— 1 —

附图B-2　公文首页版式

注：版心实线框仅为示意，在印制公文时并不印出。

000001

机密★1年

特急

××××××

×　　×　　× 文件

××××××

×××〔2012〕10号

××××××关于×××××××的通知

××××××××：

××××××××××××××××××××××××××。

××××××××××××××××××××××××××××

××××××××××××××××××××××××××××

××××××××××××××××××××××××××××

××××。

××××××××××××××××××××××××××××

— 1 —

附图B-3　联合行文公文首页版式1

注：版心实线框仅为示意，在印制公文时并不印出。

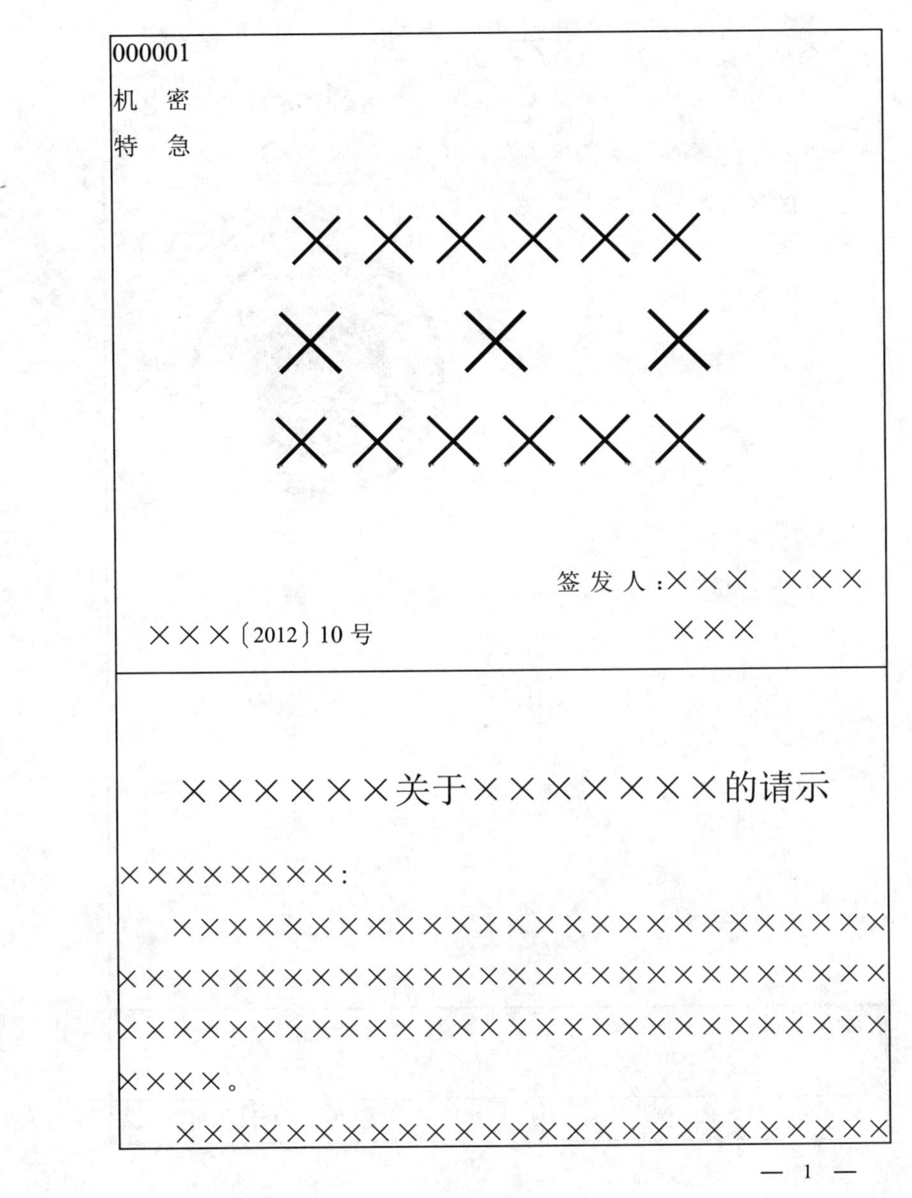

000001

机　密

特　急

××××××

×　×　×

××××××

签发人：×××　×××

×××〔2012〕10 号　×××

××××××关于××××××××的请示

×××××××××：

××。

×××××××××××××××××××××××××

— 1 —

附图B-4　联合行文公文首页板式2

注：版心实线框仅为示意，在印制公文时并不印出。

××××××××××××××××。

××。

××部

2012年7月1日

（×××××）

抄送：×××××××××，××××××，×××××，×××××，×××××。

×××××××××× 2012年7月1日印发

— 2 —

附图B-5　公文末页版式1

注：版心实线框仅为示意，在印制公文时并不印出。

××××××××××××××××。

　　××××××××××××××××××××××××××

×××××××××××××××××××××××××××

×××××××××。

××××××××××××

2012年7月1日

（×××××）

抄送：×××××××××，×××××××，××××××，××××××，
　　　××××××。

×××××××××× 　　　　2012年7月1日印发

— 2 —

附图B-6　文公末页版式2

注：版心实线框仅为示意，在印制公文时并不印出。

××××××××××××××××。

××。

中共中央××××部　　中华人民共和国××××部

2012年7月1日

（×××××）

抄送：×××××××××，××××××，×××××，×××××，×××××。

×××××××××　　2012年7月1日印发

— 2 —

附图B-7　联合行文公文末页版式1

注：版心实线框仅为示意，在印制公文时并不印出。

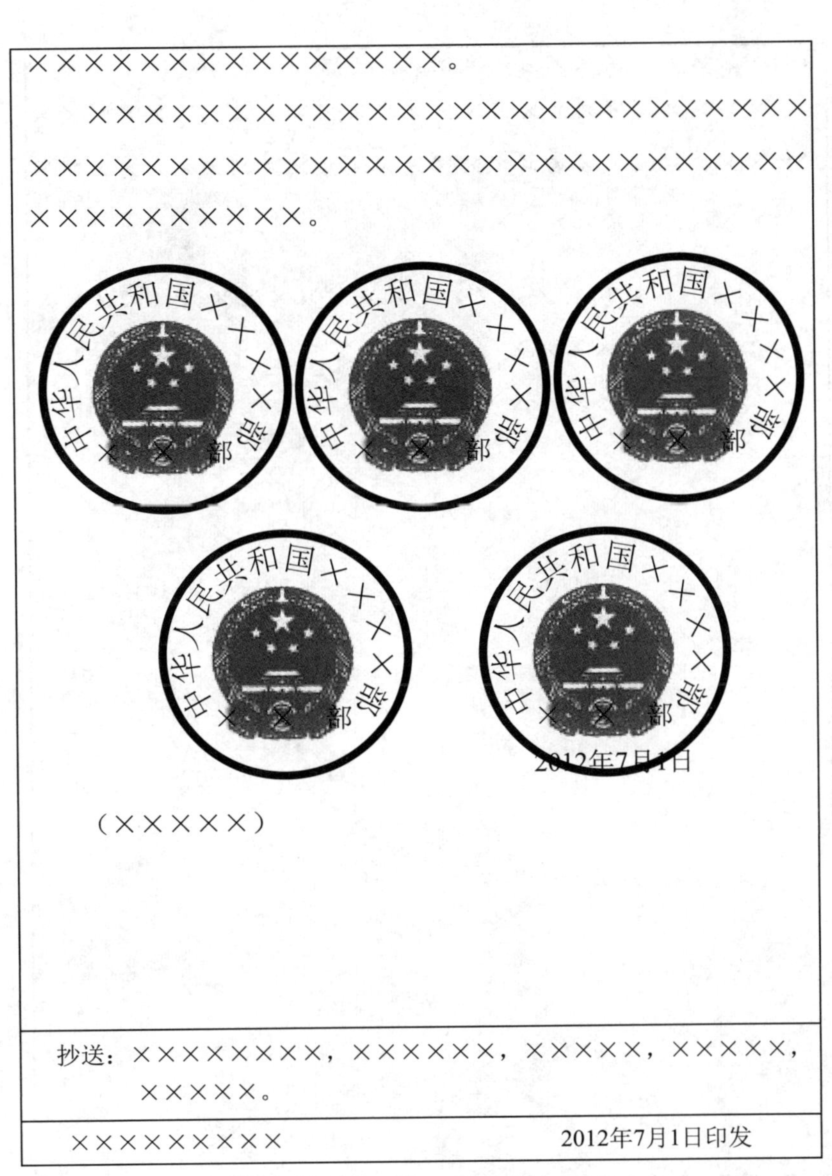

××××××××××××××××。

××。

2012年7月1日

（×××××）

抄送：×××××××××，×××××××，××××××，××××××，××××××。

××××××××××　　2012年7月1日印发

— 2 —

附图B-8　联合行文公文末页版式2

注：版心实线框仅为示意，在印制公文时并不印出。

××××××××××××××××。

　　××××××××××××××××××××××××××××

××××××××××××××××××××××××××××

××××××××××××××。

　　附件：1. ××××××××××××××××××××××××

　　　　　××××××

　　　　2. ××××××××××××××

××××××××

× × × ×

2012年7月1日

（×××××）

— 2 —

附图B-9　附件说明页版式

注：版心实线框仅为示意，在印制公文时并不印出。

附件2

××××××××××××××

　　××。

　　×××。

抄送：×××××××××，××××××，×××××，×××××，×××××。

××××××××××　　2012年7月1日印发

— 4 —

附图B-10　带附件公文末页版式

注：版心实线框仅为示意，在印制公文时并不印出。

中华人民共和国×××××部

000001　　　　　　　　　　　　　　　　×××〔2012〕10号

机　密

特　急

×××××关于×××××××××的通知

××××××××：

××。

××。

×××。

附图B-11　信函格式首页版式

注；版心实线授权为示意，在印制公文时并不印出。

第×××号

××。×××。

部　长　×××

2012年7月1日

— 1 —

附图B 12　命令（令）格式首页版式

注；版心实线框仅为示意，在印制公文时并不印出。

参考文献

[1] 张浩. 最新办公室文秘写作大全[M]. 北京:蓝天出版社,2007.

[2] 中国就业培训技术指导中心. 秘书国家职业资格培训教程[M]. 北京:中央广播电视大学出版社,2006.

[3] 孙宝水. 应用写作[M]. 北京:高等教育出版社,2006.

[4] 饶士奇. 应用写作[M]. 沈阳:辽宁教育出版社,2010.

[5] 陆雅慧. 公文写作[M]. 北京:北京师范大学出版社,2007.

[6] 马永飞,帅学华. 公文写作方法与技巧[M]. 北京:高等教育出版社,2006.